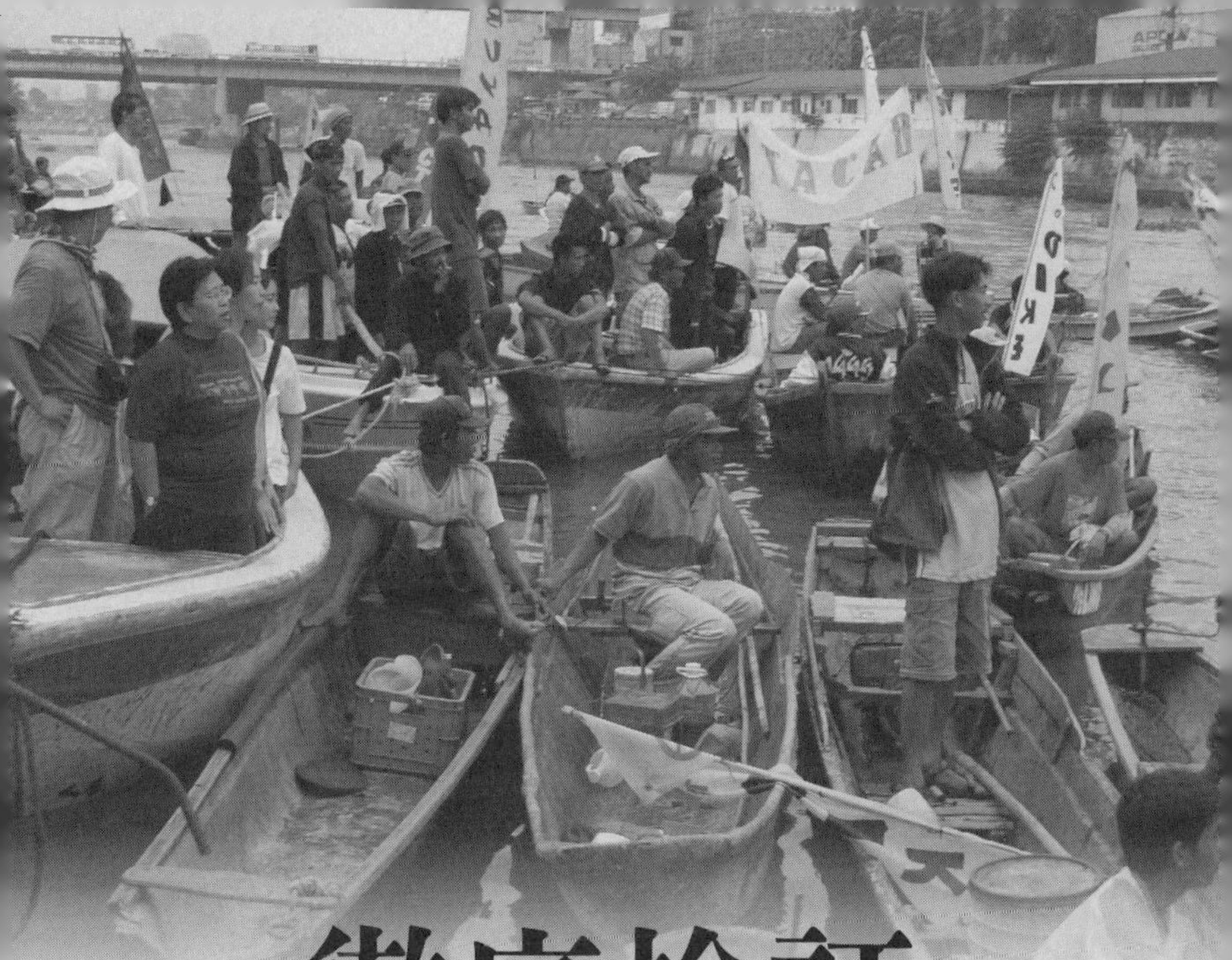

徹底検証
ニッポンのODA

村井吉敬 編著

コモンズ

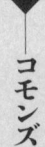

はしがき――ODA五〇年のいま

日本がコロンボ・プランに加わった一九五四年が、日本のODA元年とされている。半世紀が過ぎた。外務省は二〇〇四年に、ODA五〇年を記念して『ODA五〇年の成果と歩み』と題するパンフレットを発行し、その冒頭で日本のODAを自賛している。

「これまで日本のODAは、アジアをはじめとする多くの開発途上国の発展に寄与してきました。それだけにとどまらず、日本と相手国との友好関係の強化、国民同士の交流の促進、国際社会における日本の地位の向上などにも多大な貢献をしてきたのです」

しかし、五〇年の歩みをただ礼賛してすませるわけにはいかない、というのが私たちの立場である。〇四年一〇月、アジア太平洋資料センター(PARC)、国際協力NGOセンター(JANIC)、上智大学アジア文化研究所主催、ODA改革ネットワーク、**The Reality of Aid-Asia Pacific** 協賛で、「アジアの人びとと語る日本のODA五〇年」が開催された。インドネシア、バングラデシュ、スリランカなど被援助国の住民も参加したこのシンポジウムでPARCは、ODA五〇年に際し、つぎのような立場をとった。

「日本のODAについてはさまざまな評価がある。日本のODAは、アジア諸地域の経済開発、経済成長を強力に支えた、とりわけ日本が得意としてきた経済インフラ建設の面での貢献には大きなものがあるとの評価がある。しかし、一方で、貧困の根絶など社会開発の側面での貢献が少ない、あるいはアジア諸国における権威主義体制、開発独裁の存続に『貢献』し、汚職腐敗に『貢献してきた』とのネガティブな評価もある。私たちはあくまでも、権力の中枢にいない、ODA政策にほとんど関与できないでいる『普通の人びと』の視点から日本のODAを評価し、展望を語りたいと考えている」

私たちは、自省がなければ改革はあり得ないと思っている。ODAを取り仕切ってきたのは外務省、財務省、経済産業省など官僚と、財界（コンサルタント業界、商社、ゼネコンなど）と一部の与党政治家である。官僚はODAにかかわるさまざまな問題点や過ちの多くを知っているが、その世界からは自省の声は聞こえてこない。責任をとらされるからである。財界からも自省の声はない。そこである程度の利益追求が実現できたからである。

一番しっかりと方向づけや監視をすべき政治家から、最近になってやっと少しだけ声が聞こえてくるようになった。しかし、一部政治家はいまだにODAを利権の巣窟と考え、国内公共事業の延長くらいに考えている（第3章）。残念ながら、ODAはいまの政・官・財一体構造のもとでは改革できないのではないか、と思ってしまう。

「アメリカの声」が「改革」（改悪）につながることもしばしばある。〇一年の九・一一同時多発テロ以降、アメリカは世界中の国家を「反テロ戦争」に動員しようとしてきた。ODAもその方向に引っ張られている。たとえば、〇六年度ODA予算にはテロ対策ODA（フィリピン）が盛り込まれている(第4章)。だが、アメリカが言えばODAが変わる、というのでは困る。

五〇年の試行錯誤や、外からのさまざまな批判のなかで、ODAはそれなりに変わってきた部分もある。戦争への賠償がODAの原型になったという特別の背景が日本のODAにはあり、賠償と初期ODAが経済復興の手段として位置づけられた(第1章)。高度経済成長時代のODAも、経済利益を追い求めるために利用されてきた(第2章)。

しかし、ODAが巨額化し、日本が紛れもなく「経済大国」になるにつれ、日本のODAに対する世界の眼は厳しいものになっていく。経済利益追求だけのODA、あるいは巨大なインフラ建設(ダム、港湾、道路など)に偏ってきた日本のODAは、ベーシック・ヒューマン・ニーズ(BHN)、環境、ジェンダー、貧困撲滅、人間開発など幅広い戦略を求められるようになる。そして、もっと大きな底流として二つのことがある。

一つは「経済大国にふさわしい政治的役割の認識」で、ODAを政治戦略的に利用しようとする動きである。これは中曽根内閣時代から始まり、九〇、九一年の湾岸戦争できわめて明確に意識されるようになる。

もう一つは「グローバル化」である。九〇年代は「グローバル化」が顕在的になった時代だ。社会主義諸国の崩壊により、自由主義市場経済が世界を覆い始める。自由主義市場経済は、アメリカとIMF・世界銀行・WTOという国際機関が推進する新たな世界の潮流で、軍事的にはアメリカの一極支配体制ともいえる。九二年のODA大綱はグローバル化の流れでとらえなければならないし、〇三年の新ODA大綱もアメリカの一極集中からくる矛盾＝対テロ戦争という皮膜なしには考えられない。

一方、新ODA大綱には「国益」中心主義がある。これは日本国内に台頭するネオ・ナショナリズムと無関係ではない。自衛隊を含め、NGOまでをもODAの一環に位置づけ、役割を果たさせようとする動きもある（第4・5章）。アメリカ中心のグローバル・マーケット・エコノミーと、日本のネオ・ナショナリズムは、いつかは平和共存できなくなるおそれが十分にある。

私たちの立場は、新ODA大綱に述べられている国益主義ではない。狭隘な経済利益追求主義でもない。アメリカの進めるグローバルな自由市場経済や対テロ戦争でもない。ODA五〇年を期して私たちがつくろうとしたこの本は、これまでの日本のODAのあり方を深く自省するところから始まった。その自省とは、実は援助を受ける多くのアジア・第三世界の「普通の人びと」から私たちに届けられた声に端を発している。債務のつけを負わされ、あるいはODAの犠牲になってきた人びと（とくに第6章）の立場から日本のODAを振り返ろうという立場である。

ODAの全体益からすれば多少の犠牲はやむを得ない、とする「主流派」開発論者がたくさんいる。しかし、「多少の犠牲」というなかで、住まいを奪われ、生業を失い、ときには負傷し、命までをも奪われた人びとは、たくさんいる。それでも仕方がないとしたら、人間としての対話は成り立たない。

独裁政権や軍事政権が借りた債務を、なぜ、いま生きる「普通の人びと」が負わなければならないのか。債務ゆえに、教育費や医療費が削られ、グローバル化ゆえに食べるものさえつくれない現実を前にすると、私たちはODAの根本的な変革というより、根本的な思考変革をしなければならないのではないかと考える。

本書の執筆者は、これまでのODAのあり方の自省と、アジア・第三世界の人びとと「ともに生きる」基盤をつくるためにODAはどうあるべきか、というところで共通している。もちろん、それぞれの見解を完全に一致させたわけではなく、それぞれの論考はそれぞれの執筆者の責任において書かれている。たとえば、第2章と第3章には強調の仕方に違いがある。また、第7章では贈与よりも借款が平等な関係のためには望ましいとされているが、この将来の提言については執筆者同士の十分な討論が進んだわけではない。

にもかかわらず、ODA五〇年を期に、援助を受けてきた「普通の人びと」の立場に立って、そのあり方を批判的にとらえ、ODAの哲学・思考の回路を変え、広く世界の人びとから信頼される「公共政策」としてのODAを構築していこうというところでは、私たちみなが一致している。

二〇〇六年三月

村井　吉敬

もくじ●徹底検証ニッポンのＯＤＡ

装幀●林佳恵

第1章　戦争賠償からＯＤＡ大国へ

内海愛子
村井吉敬

1　大きく削減された日本の戦争賠償

敗戦国の義務としての賠償

二〇〇四年版『政府開発援助（ODA）白書』には「日本のODA五〇年の成果と歩み」というサブタイトルがついている。政府ベースによる資金協力が本格的に始まったビルマとの賠償協定から、五〇年というのである。

一九九〇年代に入って、アジアの戦争被害者から賠償を求める裁判が数多く起こされている。その数は八〇件を超える。日本政府は、対日平和条約（以下、平和条約）やビルマ賠償のような二国間の条約ですべて解決済みと主張している。だが、被害者は賠償を受け取っていないと訴えている。なぜ、賠償がODAとなり、戦争被害者に賠償が届いていないのだろうか。

戦争に負けた国が与えた被害に賠償を支払う、これは、敗戦国が国際社会に復帰するための戦後処理として、避けて通れないものである。

日清戦争に勝利した日本は、清国から一八九五（明治二八）年度歳出額の四・二倍にのぼる三億五八三六万円という巨額な賠償を受け取った。第一次世界大戦で連合国の一員だった日本は、パリ講和会議（一九一九年一月～六月）で中国の山東半島にあったドイツ利権、赤道以北のドイツ領諸島の無条件譲渡を要求している。山東半島は中国での抗議運動（五・四運動）もあり、一部を除き「還付」、ドイツ領諸島を委任統治領として獲得した。なお、ベルサイユ条約（一九一九年）で一三二〇億マルクという巨額な賠償を求められたドイツはその天文学的な支払いにより経済が疲弊、ナチスの台頭を許した一因ともなったのである。こうした歴史的経緯から、敗戦国日本にも厳しい賠償の取り立てが予想された。

中間賠償として産業能力の三〇％の取り立てを予定

「ポツダム宣言」（一九四五年八月一四日、日本は受諾を通告）には、再軍備をするための産業は許されないが、経済を支えかつ公正な実物賠償の取り立てを可能にするような産業を維持することは許されるとある（第一一項）。アメリカの「初期対日方針」（四五年九月二二日）では、平和的日本経済、または占領軍に対する補給のために必要でない物資や資本設備・施設を引き渡すよう、指示している（第四部賠償及び返還）。占領が始まった当初、日本の戦争能力を将来にわたって徹底的に除去するために、厳しい賠償の取り立てが考えられていた。それは「制裁、復讐、懲罰の色合いの濃い、戦争中の反日感情を反映した厳しいもの[1]」であった。

一九四五年一一月一三日、エドウィン・ポーレ賠償調査団が来日した。一二月七日のポーレ大使声明は、こう始まる。

「四年前の今日、日本はパール・ハーバーを攻撃した。アメリカはこの攻撃を決して忘れることはない。日本はそれがもたらした結果を忘れることはないだろう」

そして、日本の工業は圧倒的に軍事目的であり、戦争による破壊にもかかわらず、平時経済の需要をはるかに超えるものが残っている。この過剰分を除去し、侵略を受けた諸国に引き渡すべきであると、言及していた。ポーレ大使は、GHQ(General Headquarters、連合国軍最高司令官総司令部)との会談で、兵器関連工業施設は即刻撤去または破壊する、輸出用の鉄鋼生産は認めない、食料・衣料分野の生活水準は日本人に蹂躙され略奪された近隣連合国民のそれより高くない数字とする、ことを求めている。これらが全面的に実施されていれば、日本の工業生産力は一九二八〜三三(昭和三〜八)年程度の水準にまで引き下げられていたといわれる。それほど、その内容は厳しかった(2)。

日本占領の最高政策決定機関である極東委員会(Far Eastern Commission, FEC)は、このポーレ報告にもとづいて賠償の前渡しとして中間賠償の計画案をまとめ、指定された産業施設の一部を戦災国に即時取り立てさせるよう、マッカーサー連合国軍最高司令官に指令した。賠償用として日本の産業能力の三〇%の取り立てが予定されたのである。その結果、四万三九一九台の工場機械など一億六五一五万八八三九円(一九三九年の評価)が、中華民国五四・一%、オランダ(蘭領インド=現在のインドネシア向け)一一・五%、フィリピン一九・〇%、イギリス(マレーシア向け)一五・四%へ、分けて引き渡された。

ジャカルタにあるインドネシア国立公文書館に、中間賠償で何を取り立てるのか、バタビア(現在のジャカルタ）の蘭領インド政府と東京のオランダ代表部の間で、品目をめぐってやりとりされた書簡や電文の一部が残っている。蘭印政府は再占領した蘭領インド経済の立て直しに必要な資材の取り立てを考えていたと思われる。イギリスもマレーシアへ中間賠償を積み出している。植民地経済の再編に日本の賠償があてられたのである。

経済復興に重点をおいた賠償へ

アジアにおける冷戦が激化し、緊張が高まっていった。そのなかで、日本を全体主義に対する防波堤とするために、アメリカは日本の非武装化から経済の自立へと、政策の重点を移し始めていく。GHQやアメリカの国務・陸軍・海軍三省調整委員会（State–War–Navy Coordinating Committee, SWNCC）も、日本からの賠償取り立てがアメリカの経済援助の負担を増加させることを問題視していた。陸軍省は独自の賠償計画を作成するために、クリフォード・ストライク調査団を派遣（一九四七年一月）し、さらに第二次調査団を派遣した。その調査報告書（四八年二月）には、日本で有効に使用できる生産施設は、①第一次軍事施設を除いて原則として撤去しない、②日本人の生活水準を五〇年をめどに三五年ごろの水準にまで回復させる、ことが盛り込まれていた。

陸軍省はさらに一九四八年三月二〇日、ドレーパー調査団を派遣している。その報告書では、第一次軍需施設を主たる賠償とするが、そのうち平和目的に使用し得るものは残置すべしとの方針を示していた。ストライク第二次調査団による賠償の範囲をさらに限定し、日本の経済復興を重視して賠償の見直しを打ち出したのである。こうして日本からの賠償取立額の案はしだいに縮小し、四五年のポーレ案の四分の一近くまで減少する(3)。

一九四九年五月一二日には、極東委員会がこれまで続けてきた中間賠償の取り立てを中止する声明(マッコイ声明)を出した。そして、五〇年五月のフィリピン向け積み出しを最後に、中間賠償の引き渡しが中止されたのである。重大な影響を蒙るフィリピンは二回にわたって抗議声明を出し、アメリカに「翻意」させようとした。フィリピンは、日本を一方的に優遇するアメリカの姿勢に困惑し、理解に苦しんだという(4)。

すでに一九四八年八月、南朝鮮に大韓民国、九月に朝鮮民主主義人民共和国、四九年一〇月には中華人民共和国が成立し、東アジアの緊張が高まっていた。五〇年六月には朝鮮戦争が始まった。こうした冷戦の激化のなかで、アメリカにとって日本の戦略的位置が大きく変わってきた。軍事力の空白地域になっている日本の再軍備と経済復興の必要性に迫られ、賠償どころではなくなったのである。

すでに侵略戦争の指導者を裁いた戦争裁判(極東国際軍事裁判)は終結し、戦犯容疑者として拘留されていた岸信介ら一九人は、東条英機ら七人の処刑の翌日(一九四八年一二月二四日)に、無罪釈放されていた。日本の戦争指導者への責任追及はこうした形で終わっている。ただし、BC級戦犯と呼ばれる「通例の戦争犯罪」を犯した将兵への責任追及は一部で続いていた。さらに、五〇年八月に警察予備隊(現在の自衛隊)が発足し、旧軍の軍人の追放が解除されていく。

一九五〇年一一月二四日にアメリカ国務省が提案した「対日講和七原則」では、すべての交戦国が賠償請求権を放棄することが謳われている。当初予定されていた厳しい賠償は、冷戦と朝鮮戦争のなかで、日本にとって「かなり有利な形」になった。外務省がこう安堵したほど、賠償は日本の経済復興に重点をおいたものに変わったのである。

2　賠償から出発したＯＤＡ

アメリカの意向を反映した役務、生産物供与、加工賠償方式

外務省によると、日本のアジア太平洋戦争の賠償には三つの特徴がある。

①日本の現実の支払い能力を考慮して賠償額を決める。

②戦勝国の一方的な押しつけではなく、平和条約では賠償解決方式の原則だけにとどめる。具体的な内容は、それぞれの求償国(戦勝国)と日本の間で、日本の独立回復後に別途、外交交渉を行い、協定によって決める。同じように、賠償の実施面も協議と合意をその基礎とする。

③受け取り国の経済の回復発展と社会の福祉増進のために用いる。そして、現金ではなく役務と生産物で支払う。[5]

賠償の方式は平和条約で決め、額や実施方法は二国間の交渉で決める。その場合、日本の支払

い能力を考慮して額を決め、現金ではなく機械や発電所など相手国の要請にもとづいた生産物を引き渡し、据え付けや工事に日本人技術者がおもむくという、生産物供与と役務という方式で行う。これによって、日本は貴重な外貨を使わずに賠償を支払うことができる。アメリカの意向が強く反映された賠償の実施方法である。

アメリカが初めに作成した条約草案は、「対日講和七原則」にあるように、すべての連合国が賠償放棄をするとの内容だった。この草案をもって、ジョン・フォスター・ダレス国務相顧問の外交が始まった。

各国との折衝にあたったダレスは、賠償がもっともむずかしい問題だったという。たとえばオーストラリアのキャンベラでは、大衆の間での日本に対する強烈な「うらみや恐怖心、そして憎しみ」をまざまざとみせつけられている。

また、一九五一年二月にマニラを訪問したダレスに、エルピディオ・キリーノフィリピン大統領は、アメリカが日本の利益を優先させているとの不満を述べている。キリーノ大統領諮問委員会は、日本が戦争中にフィリピンに与えた人命の損失を一六億六七八九万二〇〇〇ドル、財産上の損害を八億七四七万一〇〇〇ドル、徴発された物資および労役の賃金分を五五億一四三二万一〇〇〇ドルなど、損害の合計を八〇億七九六二万四〇〇〇ドルと推定していた。この金額の一部でも支払わせることが「絶対に必要だ」と主張したのである。

ダレスは、日本を同盟に引き入れることこそ地域的ならびに全世界的な平和の維持という共通利益に適うはずだと応酬している。キリーノ委員会の主張の「道義的正当性」を認めながらも、賠償が日本に与える経済的重圧を強調したのである。しかし、フィリピンは、賠償の代わりとしての安全保障条約ではなく、「安保も賠償も」（マイロン・カウエン駐フィリピンアメリカ大使）と要求し、アメリカは何らかの譲歩をせざるを得なかった。

平和条約にフィリピンの同意を得るためには、アメリカの援助だけでは不十分であると考えたダレスは、賠償条項の修正を行っている。そこで「日本はすべての賠償を免除されるのではなく、日本の侵略による犠牲者に対する生産物の引き渡しと役務の提供で戦争による被害を埋め合わせる」という、生産物と役務による先の支払い方式が考え出されたのである。だが、金銭による賠償の可能性を残す案を提出していたフィリピンは、アメリカ側の譲歩にも満足しない。

そこでアメリカは、フィリピンから同意を取りつけるために、「米比相互防衛条約」を結んだ。その目的は「日本の産業や再軍備に何の制限もつけず、期待されていた賠償を形式でも金額でも提示しない対日講和条約を、オーストラリアやニュージーランド、フィリピン各政府に認めさせる」ことであった[6]。日本を優遇するアメリカの姿勢は、基本的には変わっていない。だが、条約に賠償支払い義務が挿入されたのは、フィリピンの役割に負うところが少なくなかった[7]。

一九五一年三月二三日、アメリカは二二カ条からなる平和条約の草案をイギリスやFEC構成国に手渡した。同年六月四日から一四日まで、ロンドンでこの草案をめぐって英米会談が開かれ、ここでアメリカ草案になかった捕虜への補償を盛り込んだ第一六条が挿入されている。

七月一三日、アメリカ・イギリス合同の対日条約案が公表された。草案の第一四条と第一六条が賠償に関連した条文である。一四条a項では、日本が戦争中に与えた損害や苦痛に対して、連合国に賠償を支払うべきことが承認されている。しかし、日本の資源は「完全な賠償を行い且つ同時に他の債務を履行するためには現在充分でない」とある。日本に生じた賠償の支払い義務は経済力が充分でないことの承認のうえでの支払いで、これが外務省のいう支払い能力を考慮した賠償である。フィリピンだけでなく、日本軍の侵略を受けた東南アジアは、この草案に強い不満を表明した。条約案に対するアジアの反応は、ほとんど不満か絶対反対であった。

一九五一年九月五日、サンフランシスコのオペラハウスで第一回サンフランシスコ講和会議の総会が開かれた。同日午後の第二回総会で、アメリカ代表ダレスは、出席した国が数十億ドルにおよぶ請求権をもっており、中国もまた同様な要求をすることができ、「その適当な金額の見積りは一千億弗に上るでありましょう[8]」と演説している。中国をはじめ連合国が賠償請求権をもっていることを確認し、日本がこうした「損害と苦痛」に賠償を支払うべきであるとも述べた。だが、同時に、次のようにも述べている。

「現在四つの本島に縮小された日本が立っておりますが、これらの島は国民の生存に必要な食糧も又働くために必要な原料も生産することが出来ないのであります。降伏以降日本は、最低生活のために輸入しなければならなかつた食糧及び原料の代金を支払うために要した金は二十億弗不足しました。合衆国は、その二十億弗の不足を補償しました。私達は、それを私達の占領義務の一として承認しました。然し乍ら、合衆国は、日本が、私達に依存するのを止めて経済的に自立することを期待する資格があります。そして合衆国は、直接的にも間接的にも日本の将来の賠償を支拂いたくないのであります」[9]。

日本が賠償を支払い、経済復興が遅れれば、アメリカの負担が増大する。アメリカは、これ以上日本の援助をしたくないというのである。アメリカが援助することなく、アジアの賠償要求をある程度は満たし、しかも日本の生産力を高めるという一石三鳥を狙った支払い方式が役務、生産物供与という方式だった。ダレスによると、この方式はフィリピンとインドネシアと長い意見の交換を行った結果、考え出されたという。この方式は、アメリカの安全保障強化案とアジアの賠償要求と日本の経済復興の妥協案として生まれたものだが、何よりも日本の復興と企業のアジア進出に大きく寄与することになったのである。

アジアの不満

平和条約第一四条の規定による「日本により占領され、損害を受け、かつその損害の賠償を希望する意志を表明した連合国」は六カ国である(フィリピン・インドネシア・ビルマ・ベトナム・ラオス・カンボジア)。

金銭賠償にこだわっていたアジアの代表は、平和条約の賠償方式に不満をいだいていた。フィリピンとインドネシアは会議に出席したが、署名を拒否する懸念があった。このため、アメリカの示唆を受けた日本の代表が、会議場の内外で「誠意をもって賠償の実施にあたる旨」を働きかけたという。アジアの代表たちは日本の賠償責任を鋭く指摘し、その履行を強く求めたうえで、ようやく署名したのである。

フィリピン代表カルロス・P・ロムロ将軍は一四条a項にはっきり不満の意を表明し、その受益国は大国であり、日本の一九五〇年の一人あたり国民所得は、被害を受けたアジアのどの国より高く、四九年には戦前の工業水準に達した、と数字をあげて指摘した。日本の賠償支払いのための四条件——存立可能な経済の維持、他の債務の履行、連合国の追加負担を避ける、外国為替の負担を課すことを避ける——は認めるが、賠償の「役務」という方式への制限は、要求国を日本の工業機械に対する単なる原料供給者としての従属的な位置におくことになると指摘している。(10)フィリピンのこの指摘は、その後の賠償交渉で現実のものになっていった。

また、インドネシア代表アフマッド・スバルジョは、四〇〇万の人命の損失と数十億ドルの物質的被害に言及した。インドネシアの賠償要求に対して日本が「現在」は支払えないことを承知するが、一四条は満足できるものではないとして、連合国民の苦痛を和らげるための基金をつくるなどの内容の修正案を提案している。(11)

フィリピンもインドネシアも平和条約に署名はしたが、国内の世論は厳しかった。フィリピンは批准が大幅に遅れ、インドネシアは結局、批准しなかった。ビルマは講和会議に欠席、ラオスやカンボジアは条約に署名したが、賠償請求権を放棄し、一九五八年と五九年にそれぞれ経済技術協力協定を結んだ。中華人民共和国と中華民国、朝鮮民主主義人民共和国と大韓民国は、いずれも講和会議に招請されていない。占領し、植民地支配した国との賠償は未解決なままで、その後の二国間の交渉に委ねられていく。

賠償協定の締結へ

平和条約は、賠償の支払い方式にも枠をはめていた。日本政府が胸をなで下ろしたように、この役務、生産物供与方式が日本の経済復興に役立ち、貿易の拡大になったのである。アジアはこの支払い方式にしたがって交渉に臨まざるをえず、初めから「結果」が見えている交渉だった。当然、条約に署名したフィリピンやインドネシアも含めて、アジアの国々は賠償協定の締結に難色を示した。交渉は難航し、ゆきづまった日本はアメリカに助けを求めている。

一九五三年一〇月八日、吉田茂首相の私設特使としてワシントンにおもむいた池田勇人は、「賠償問題は長期防衛計画策定の主要な障害である」との文書をロバートソン国務次官補に示し、アメリカの東南アジアへの援助を賠償と調整するように提案している。池田提案には、①アメリカの東南アジア援助を日本の賠償支払いと組み合わせる、②アメリカが開発計画を決めるときは、日本から資本財と技術情報の提供を求めるよう考慮する、③日本がアジアの国との共同開発事業の合意がなされたとき、アメリカが資本その他の援助をする、などがもりこまれていた。アメリカは日本の提案に同情的ではあったが、言質は与えなかったという。[12]

平和条約の調印から四年後の一九五五年、日本はようやくビルマと賠償協定の成立にこぎつける。ビルマは講和会議には出席しなかったが、賠償協定(一九五四年一一月五日調印、五五年四月一六日発効)で、一〇年間に年平均七二億円、総額七二〇億円の生産物と役務の供与を締結した。その内容は、発電所の建設、大型・中型・小型トラック、バス、乗用車や家庭電気器具の組み立てなどのプロジェクトである。

フィリピンとの賠償協定は一九五六年五月九日に調印され、七月二三日に発効した。ビルマの二七・五倍の賠償額となる一九八〇億円を二〇年間にわたって供与するという内容である。電気通信施設の拡張改善計画、フィリピン鉄道カガヤン路線の延長、マリキナ・ダムの建設などが、賠償を担保とした借款で行われた。

インドネシアとの賠償協定は一九五八年四月一五日に発効し、総額八〇三億八八〇万円を一二年間にわたって支払った。船舶、巡視艇、ホテル・インドネシアの建設、ムシ河の架橋工事、パルプ工場やデパートの建設が、同じく賠償担保の借款で行われている。

分断国家だったベトナムに対しては、南の政府と一九五九年五月一三日に賠償協定を結んだ。六〇年一月一二日に発効し、総額一四〇億四〇〇〇万円の支払いを決め、ダニムダム水力発電所や製紙工場の建設、灌漑工事などが行われた。

なお、ビルマへの賠償は、その後に結ばれた国々と比べて低すぎるという不満が出たため、一九六三年にあらためて「ビルマとの賠償再検討要求に関する議定書」が結ばれ、経済・技術協力として五〇四億円が決まった。

これら四カ国には経済開発借款の供与が合意されている。平和条約による戦時賠償は、この四カ国で終わった。当初の四カ国賠償の総額は三六四三億四八八〇万円、これにビルマの追加賠償を含めると四一四七億四八八〇億円で、七六年に完了している。

賠償請求権を放棄したカンボジアやラオスなど他の戦争被害国との間では、準賠償の意味をもつ経済協力協定が締結された。講和会議に招請されなかった中華民国や大韓民国との国交回復の交渉も始まっていく。

アメリカに押されて日本が韓国との予備会談の席に着いたのは、平和条約が調印された直後の一九五一年一〇月二〇日である。交渉は一四年におよび、六五年六月二二日、日韓条約（日本国と大韓民国との間の基本関係に関する条約）が調印され、同年一二月一八日に発効した。同時に発効した「日韓請求権並びに経済協力協定」で韓国は請求権を放棄し、日本が一〇年間に一〇八〇億円（三億ドル）を無償供与し、七二〇億円（二億ドル）の借款、一〇八〇億円（三億ドル）以上の民間信用の供与を決めている。

中華民国との間には「日本国と中華民国との間の平和条約」（日華条約）が、平和条約発効の日（一九五二年四月二八日）に調印され、同年八月五日に発効した。中華民国は、一四ページに述べたように中間賠償で二〇〇〇万ドル分に相当する日本の軍需施設を受け取っているが、賠償は放棄し、請求権問題は「特別取決の主題とする」とされた。だが、この取り決めがなされないうちに、日本は中華人民共和国と「日中共同声明」(七九年九月二九日署名)を発表、日華条約は「終了」する。「声明」の第五項で、中国は「日本国に対する戦争賠償の請求を放棄することを宣言」した。

賠償や賠償に代わる戦後処理の一環として行われた経済協力(準賠償)、戦前債務の支払い、借款などの合計は、二六四億二八六四ドル(一兆三五二五億二七八九万八一四五円、一ドル三六〇円、一ポンド一〇〇九・一三円、一フラン八四・〇二円などの換算を含む。換算レートは年によって異なる)である。そのうち賠償・中間賠償・準賠償だけを計算すると、二五四億四三七二万二六一九ドル(九九七九億五四六六万四二一九円)となる。私たち一人ひとりが支払った賠償支払いは全部合計しても約八〇〇〇円程度である。しかも、支払い時期は高度成長期へとずれ込んでいる。第一次世界大戦後のドイツと対照的に、日本は賠償の負担にあえぐことなくアジアへの戦争賠償を終えたといえるだろう。

賠償部から経済協力局へ

戦後賠償問題は戦争裁判とともに、敗戦国日本の大きな課題であった。一九四五年一二月に外務大臣の監督下に「賠償協議会」が設置され、翌年九月の閣議決定で、外務省の終戦連絡中央事務局に賠償部を設けることを決定している。賠償部がＧＨＱとの連絡にあたり、その実施業務や運営を一元化した。賠償協議会が基本事項を決定し、賠償部が各地方の終戦連絡事務所に通牒するとともに、関係各省庁に通報し、そこから出先機関に通牒するという仕組みである。

GHQ覚書にもとづいて、航空機、苛性ソーダ、硫酸、工作機械、造船、民間兵器など各工業部門における賠償指定が行われた。四七年七月には、賠償業務の処理機構が整理され、賠償協会が廃止された。そして、経済安定本部総裁のもとに、中央賠償協議会、地方賠償協議会、都道府県賠償協議会がおかれ、「賠償充当設備等撤去令」(昭和二二年一二月二九日、政令第三一八号)にもとづいて、中間賠償のために工場などの撤去作業にあたることになった。四八年二月には内閣総理大臣のもとに賠償庁が設置され(「賠償庁臨時設置法」昭和二三年一月三一日公布、同年二月一日施行)、同庁が賠償実施に関する作業責任官庁の事務調整や推進などを行っていく。

このように、一九四九年五月に中間賠償の取り立てが中止されるまでの賠償問題は、日本からの中間賠償向けの機械・工場などの撤去がおもな業務だった。

平和条約発効後の賠償問題は、二国間の外交交渉による生産物と役務などによる支払に移っていく。ビルマ賠償が決まった一九五五年二月には、外務省アジア局に臨時賠償連絡室が置かれた。これが同年七月、アジア局賠償部に昇格している。「六〇年代のなかごろまで、アジア外交の中心は賠償と準賠償の協定の締結と履行におかれていた」と評されるほど、賠償交渉がアジア外交の柱になっていた。この賠償部が六四年に発展的に解消し、経済協力局(六二年に経済協力部(五九年四月設置)から局に格上げされていた)に吸収されていったのである。賠償部が経済協力局へ吸収されていくという行政機構の変遷が、賠償とは何だったのかを如実に物語る。

日本のODAは、賠償と準賠償から出発した。アメリカの極東戦略のなかで、本来、金銭で支払うべき賠償が生産物や役務の形になっていったのである。被害者が手にするべき賠償金が工場や橋やホテルに姿を変え、しかも、その工事を受注するのは日本企業である。日本人技術者がサービスを供与し、日本の工場で加工された機械などが相手国に送り出されていった。

こうして、賠償は日本経済の復興につながるが、同時に、日本はアメリカの極東戦略のもとで重要な役割を担わされた。平和条約に調印した直後に、日米安全保障条約が調印された。日本の経済復興に重点をおいた有利なアジア賠償とアメリカ軍の駐留・沖縄の分離は、冷戦のなかでの戦後日本の枠組みというコインの裏表である。

九〇年代に入って冷戦の崩壊のなかで、ようやくこのような戦後の枠組みが問い直された。アジアの人びとは、あらためて「支払い能力」に応じた賠償を日本に求めたのである。アジアからの戦後補償要求の動きが大きなうねりとなり、被害者が封印してきた戦争の記憶を語り始めている。(13)

3　日本のODAの五原則

日本のODAが始まって五〇年、それはどのような構造でなされてきたのだろうか。時代とともに理念や構造も変遷をとげてきているが、およそ次の五つの原則のもとで行われてきたと言える。

①対米協調

前節でみたように、日本の戦後外交自体がアメリカの外交政策への協調、もっと率直な言葉で言えば追従姿勢にある。賠償の延長線にあるODAについても同じことが言える。ところが、ODAを表面的に取り仕切ってきた外務省は、アメリカの枠組みのなかで日本の対途上国政策とODA政策があるにもかかわらず、このホンネを国民の前で明確に語ることはほとんどない。「アメリカの世界政策に協調するため」では、出資者である国民を十分に納得させられないからである。

②政官業一体化（癒着）と日本の成長への利用

日本的構造として「政官業の癒着」ないし「政官財支配構造」が言われる。ODAも、政官業の三位一体体制で執行されてきた。政官業の癒着は、日本の経済成長を三者の協力で成しとげるための構造である。その背後にはとりわけ、エリート官僚の生涯利益最大化という計算がある。だが、「政官業癒着の日本株式会社のため」のODAでは、国民への説得材料としては美しくない。

ODAは実質的には、民間企業（とくにコンサルタント会社や商社）の予備的なプロファイ（案件発掘）から始まり、日本と受け取り国双方の官僚によって計画の実質化作業が民間企業を巻き込みつつなされ、政治家が口利きなどで介入し、商社、メーカー、ゼネコンが実施にかかわる。しかし、政治家が賄賂をとったり、業者が談合など不正行為をしないかぎり、三者によるODA執行体制を非難することはむずかしい。もちろん、政官業癒着構造は批判にさらされるなかで、それなりの変化をとげてきたことも事実であろう。

③相互依存関係の認識

対米追従、政官業癒着では、国民を説得しにくい。ＯＤＡ大綱が九二年に制定される以前の援助理念には、「人道主義」と並んで、「相互依存関係の認識」という名分が大きく主張されていた（いまもあるが）。日本を取り巻く国々が豊かで平和にならないかぎり、日本の繁栄も平和もないという理屈だ。それはそれで正しい。しかし、ＯＤＡを国民に説得するには、まだいかにも不十分である。

④人道主義

国民にカネを負担させるもっとも大きな理屈に人道主義がある。貧しい者に手助けするという大義名分に、正面切って反対する人は少ない。ＯＤＡに人道主義的な配慮がないと言うつもりはないが、それがいちばん大きな動機であるとは言えない。それはＯＤＡの内容を見れば明らかである。インフラ重視のＯＤＡも、経済成長を助けるという面では人道主義と言えなくはないかもしれない。しかし、現に飢えた多数の人びとを前に、たとえばエジプトのカイロでオペラ・ハウスが堂々とつくられていたのは、どう見ても人道主義とはかけ離れすぎている。

⑤要請主義

「相手の国が望んでいる」という理屈は、都合のよい大義名分になる。「貧しい相手国からの要請です」というのである。これは、それなりの説明原理になってきた。しかし、要請の中味が実質的に日本のコンサルタント会社によってつくられる場合もしばしばある。要請主義は、官僚が国民や国会に説明する際の口実として使われてきた。また、全斗煥（韓国）やマルコス（フィリピン）やスハルト（インドネシア）など独裁体制の指導者に代表される国の場合、要請主義だけではすまされない問題がある。汚職体質もあれば、計画自体が本当に国民的な要請かどうかという問題もある。こうした批判にさらされ、要請主義はなし崩し的に説明原理から少し遠ざけられ、いまは相手国への積極的な介入（政策対話など）が図られている。

4　ＯＤＡの時期区分——前走期から新ナショナリズム時代まで

コロンボ・プラン[14]に参加して五〇年の〇四年、外務省は、小冊子『ＯＤＡ五〇年の成果と歩み』を出版した（ウェブでは http：//www.mofa.go.jp/mofaj/gaiko/oda/index/kouhou/50.html）。そこでは、ＯＤＡを四つの時期に区分して解説している。

①体制整備期——一九五四～七六年
②計画的拡充期——一九七七～九一年
③政策・理念充実期（旧ＯＤＡ大綱期）——一九九二～二〇〇二年
④新たな時代への対応（新ＯＤＡ大綱）——二〇〇三年～

この時期区分は、たぶんに外務省的な、つまり対内的な説明としてはあり得る。しかし、日本のODAはもう少し広い文脈、つまり先の五つの原則と国際的な文脈のなかに位置づける必要がある。私は以下のように区分してみたい。

①前走期：賠償とODAの並走――一九五四～六八年
②経済益追求期――一九六九～七七年
③ODA高度成長期――一九七八～九〇年
④冷戦終結と新たなODAの模索期――一九九一～二〇〇〇年
⑤新ナショナリズム時代――二〇〇一年～

前走期：賠償とODAの並走（一九五四～六八年）

日本のODAは、賠償交渉ただ中の一九五四年に始まった。コロンボ・プランへの参加がODAの始まりとされている。実際にコロンボ・プランで技術研修員の受け入れと専門家が派遣されたのは翌五五年からで（技術協力の開始）、予算は三八四〇万円だった。円借款が開始されたのが五八年である。賠償とは別に、カンボジア、ラオス、タイ、マレーシア、シンガポール、韓国、ミクロネシアに対して無償資金協力（準賠償）が行われた。これは戦争の賠償に準ずるもので、ODAのカテゴリーとしての無償援助とは本来、性格が異なる。

いわゆる無償援助が本格化するのは六八年の食糧援助、六九年の一般無償資金協力が行われてからである。つまり、六〇年代末期近くにＯＤＡ体制ができあがる。

この時期は、ＯＤＡにとってはまだ前走期といえる。五六年から六八年までのＯＤＡ実績（支出純額）は二四億四五〇〇万ドル、年平均一・九億ドル（六七七億円）にすぎない。賠償支払いは五五年のビルマから始まり、七六年のフィリピンを最後に、二二年間にわたって行われた。

制度的には、まず技術協力（コロンボ・プラン）を行う目的で五四年に社団法人アジア協会が、執行機関として海外経済協力基金（ＯＥＣＦ）が六一年に発足した。続いて六二年に海外技術協力事業団（ＯＴＣＡ）が発足し、国際協力事業団（ＪＩＣＡ、七四年）を経て、今日の国際協力機構（独立行政法人として〇三年発足）となる。一方、円借款執行機関として六一年に発足した海外経済協力基金（ＯＥＣＦ）は、日本輸出入銀行と合体して（九九年一〇月）、現在は国際協力銀行となっている。

六〇年代のアジアは激動の時代だった。アメリカ対ソ連・中国の対立が大きな影を落とした冷戦期である。アメリカは六五年の北爆（北ベトナムへの爆撃）を契機に、本格的にベトナム戦争に関与する。インドネシアではスカルノ政権が東側に傾斜していく。これに軍部とイスラーム勢力が反発を強め、同じ六五年に九月三〇日事件が起きる。スカルノ政権は崩壊し、スハルト将軍が政権を奪取した形になる。米欧日はこの政権に肩入れする。六六年にアジア開発銀行（ＡＤＢ）とＡＳＥＡＮ（東南アジア諸国連合）が、日本と韓国との間には六五年に日韓基本条約がそれぞれ成立し、アジアは自由主義陣営の強力な連携を構築するべく、次のステップに歩み出そうとしていた。

日本は高度経済成長をとげるなかで、ベトナム戦争が外資収入をさらに大きなものにした。べ

図１　日本のODA実績の推移（1956〜2003年、支出純額ベース）

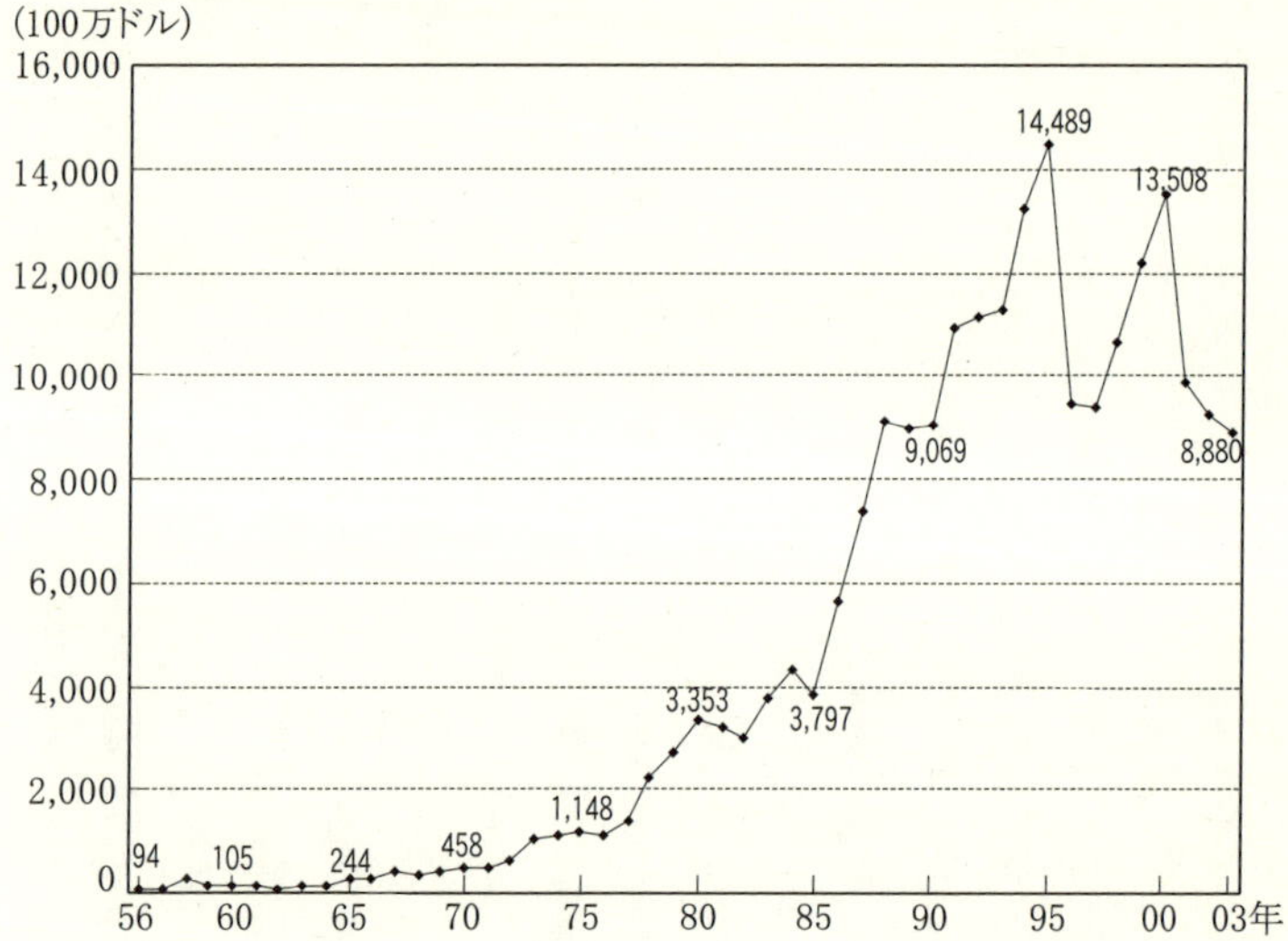

（出所）外務省経済協力局。

トナムでの軍事物資関連商品から米兵の食べる即席麺まで、朝鮮戦争時ほどのシェアでないにしても輸出に大きな貢献をし、貿易黒字が六九年以降に恒常化していく。六九年（黒字は六五、六六年にも記録されている）は、ＯＤＡ拠出のゆとりができた年である。この年のＯＤＡ実績は四・三六億ドル、前年比で二二％増となった。七三年には一〇億ドルを超え（一〇・一一億ドル）、海外直接投資も本格化する。六九年は第一次海外投資自由化措置もとられ、海外投資激増基調が始まり、七二年には「海外投資元年」と呼ばれるほどになる。

この時期にあげられるべき第一の特徴は、アメリカのアジア冷戦戦略への追随であり、それを反映したＯＤＡのアジア重視である。地域別配分をみると、アジア地域にほとんどが向けられている。とりわけ重視されたのは、インドネシアと韓国であった。韓国は三八度線を挟んで「東側」（中ソ）と対峙する戦略的な最重要地域である。また、インドネシアは東南アジア最大の国と同時に、日本にとっては石油をはじめとする重要な資源供給地であり、石油ルートたるマラッカ海峡、スンダ海峡、ロンボク海峡を抑えている。しかも、共産党を壊滅させたスハルト政権へのテコ入れは、東南アジアの共産化を食い止める重要戦略だったのである。

アメリカの冷戦戦略との連動抜きに、日本のODAはあり得なかった。このアジア重視の傾向は七〇年代中期以降、徐々に低下していく（六一ページ表3参照）。

もう一点指摘すべきことは、この時期、とくに賠償との絡みで汚職・腐敗の構造ができあがったことである。日本の官僚は口が曲がっても認めたがらないが、賠償とその後のODAをめぐる汚職・腐敗はなかば公然の秘密になっていた。一つだけ事例をあげておこう。

東日貿易という小さな商社のジャカルタ駐在員だった桐島正也氏が、NHKのテレビ番組で証言している。[15] 東日貿易は賠償案件として、ジャカルタの独立記念塔やサリナ・デパートを受注している。当時、スカルノ大統領にコミッション（手数料）を支払うのは「当然」であった。それは受注額の一〇％が基本で、サリナ・デパートの場合は受注額一一〇〇万ドルに対し一〇〇万ドル（九％）が支払われたという。

東日貿易と受注競争を繰り広げていた木下商店は、中古船一〇隻のうち九隻を受注した。この支払いのキックバックとして当時の岸信介首相に汚職疑惑が持ち上がったのは、周知のことである。国会でも追及されたが、岸は「何らやましいことはございません」と疑惑を否定している[16]。だが、ODA案件の受注についても同様なことが行われただろうと容易に想像がつく。
桐島氏は、日本はこうした賠償を通じて「アジア市場を確保することができた」と述べている。政官業癒着の賠償とODAのなかで、日本経済のアジア進出が容易になったといえる。そして、ODAは汚職腐敗がつきもののように進められたのである。

経済益追求期(一九六九〜七七年)

七〇年代までのODAは賠償とセットになり、経済成長、とりわけ資源確保、企業の海外進出、市場確保の道具としての位置づけが濃厚であった。『ODA五〇年の成果と歩み』のなかでも、こう述べられている。

「一九五八年、日本はインドに対して最初の円借款の供与を行い、本格的な経済協力を開始しました。これは賠償という戦後処理の問題とは関係なく行われ、日本が譲許的な条件での資金協力を開始したという意味で画期的な意義を持つものでした。当時、日本の経済にとって輸出振興は最重要課題でしたが、タイドの有償資金の供与は日本の輸出促進という効果もあり、一九六〇年代を通じて積極的に供与されることとなりました」(傍点は引用者)[17]

この時期、大型の経済インフラ建設(ダム、港湾、道路など)や、もっと直截な資源開発プロジェクトが目につく。インドネシアのアサハン開発事業(一六三三億円の借款)、石油開発計画(一六二〇億円の借款）、ＬＮＧ開発計画（五六〇億円の借款）などは、明らかに日本のための資源開発ＯＤＡである。石油やＬＮＧはほとんどすべてを海外に依存しているため、民間資金でなくＯＤＡによって開発し、輸入できるようにしてきた。

アサハン開発は、水力発電を行い、その電力でアルミ精錬をする事業で、電力コストの高騰とアルミニウム公害に悩まされていた日本にとっては、やはりＯＤＡを利用して業界の利益を確保したプロジェクトといえよう。[18]また、大型インフラ建設は、受け取り国の経済開発であるとともに、日本にとっても商品市場の確保につながる効果をもたらした。外務省より通産省や大蔵省、さらには日本の大企業、それと癒着した自民党有力政治家がＯＤＡを切り盛りし、日本経済の活力源としてきたのである。

対米協調の姿勢は変わらないが、七〇年代初頭にはアメリカの経済力衰退が明らかになる。アメリカはベトナム戦争の「ベトナム化」（もはや手を引きたい。ベトナム人に委ねてしまうという意味）をはかるとともに、七三年一月にはベトナム和平協定が成立し、米軍は撤退した。アメリカの軍事力の「余白」を埋めていったのが日本資本である。六〇年代末に貿易黒字国に転じた日本は貿易、投資、援助（政府開発援助＝ＯＤＡ）の「三点セット」を武器に、受け入れ態勢の整ったＡＳＥＡＮ諸国に怒涛のごとく進出していく。まさに、賠償から商売への転換である。そのパートナーが朴正熙、マルコス、スハルトに象徴される開発独裁政権であった。

しかし、東南アジアでは七二〜七四年、日本の集中豪雨ともいえるような投資ラッシュのなかで、にわかに反日運動が盛り上がる。その間に第一次石油ショックが日本を襲った。反日運動ショックやベトナム統一などもあって、日本のアジアへのかかわりには、やや慎重で自制的な姿勢が見られる。昨今の反中国的な姿勢とは異なる雰囲気が、まだあったと言える。

七七年八月に東南アジアを訪問した福田赳夫首相は、①軍事大国化しない、②心と心の触れ合う相互信頼関係を築く、③対等な協力者としてASEANと協力する、を骨子としたいわゆる福田ドクトリンを発表する。クアラ・ルンプル(マレーシア)での日本=ASEAN共同声明では、ASEAN工業化プロジェクトに一〇億ドルの拠出が約束され、同時にインドシナ諸国との共存を図ることも確認された。

ODA高度成長期(一九七八〜九〇年)

ここは外務省の区分「計画的拡充期」とほぼ重なり合う。七八年からODAの計画的な増額が図られるようになったことに象徴されるように、日本のODAが本格化した時期である。政府はまず七八年に、第一次中期目標として七八〜八〇年の三年間で七七年の実績を倍増する目標を立て、それ以後中期目標を第五次(九三〜九七年)まで設定する。円高が進むなか、この五年間倍々ゲームは実現していく。七七年に一四億ドル余だった日本のODAは、支出純額で八八年に九一億ドル、八九年には約九〇億ドルで、この年に世界一のODA大国になり、九一年には一〇〇億ドルを超えた(一位の座は九〇年を除いて〇〇年まで続く)。

五年間ごとの累計では、七三～七七年が五八億ドルだったのに対し、七八～八二年が一四四億ドル、八三～八七年が二四九億ドル、八八～九二年が四六三億ドル（表1）。まさに、五年間でほぼ二倍ずつに拡大していったのである。

しかしながら、量的な拡大を手放しで礼賛するわけにはいかない。政官財癒着の「日本株式会社」とODA拡大は相変わらず歩を一にしているからである。『ODA五〇年の成果と歩み』は次のように述べている。

「この時期……それまでのアジア一辺倒を改め、中東、アフリカ、中南米、大洋州地域の占める割合が増加しましたが、特に一九七三年第一次石油ショックを経験したことにより、中東地域の重要性が認識され、日本の同地域に対する援助の割合は一九七二年の〇・八％から七七年には二四・五％に達しました」

中東地域への比率がとくに高かったのは七七年と七八年である。石油確保とODAが連動するのが悪とまでは言わないが、ODAのホンネが見え隠れしている。

それ以上に問題なのは、イラン・イラク戦争でアメリカがイラクを支持すると、日本の対イラン援助はほとんどストップし、サダム・フセイン政権（七九年に成立）のイラクをODAで支援することである。石油ほしさと対米協調がドッキングしたODA

表1　日本のODA実績（5年間の累計額）
（支出純額ベース、単位：100万ドル）

年	実績
1968～72	2,372
1973～77	5,814
1978～82	14,447
1983～87	24,853
1988～92	49,271
1993～97	57,784
1998～2002	55,440

（出典）DAC。

の典型だ。中東地域でＯＤＡが多く供与されてきたのはエジプトとトルコであるが、これは石油というよりも中東におけるアメリカ同盟国という位置づけである。

アジア外交で名を残すことになった福田首相の後に登場した大平正芳首相は、経済益中心の外交から政治大国としての外交への転換を訴え、総合安全保障政策を提唱したが、志半ばで病死した。福田や大平の意図は、皮肉なことに、中曽根康弘＝ロナルド・レーガンの新冷戦体制に巻き込まれていく。カンボジアへのベトナム軍侵攻（七八年一二月）、ポルポト政権の崩壊（七九年一月）、中越軍事衝突（七九年二〜三月）、膨大な数の難民流出などの事態を受け、ＡＳＥＡＮは緊張した。ゆるやかな経済協力という機構以上に、対ベトナム、対ソ連（七九年一二月、ソ連がアフガニスタンに侵攻）の政治的役割がのしかかるようになる。中曽根は福田や大平の意図を飛び越えて政治戦略援助に踏み込んだ。

福田と大平は政治的役割のなかにアジアとの平和共存戦略が見え隠れするが、中曽根（八二〜八七年）の場合はより露骨な対米協調（冷戦志向）と大国ナショナリズムが潜んでいると言えよう。こうして、いわゆる紛争周辺国援助がタイにつぎ込まれた（パキスタン、ホンジュラスへの援助も戦略的と言える。パキスタンはアフガニスタンの「容共化」の前線、ホンジュラスは「容共」サンディニスタ政権のニカラグアの隣国で、サンディニスタに反対するコントラ勢力の基地であった）。フィリピン北部に達するシーレーン防衛計画も本格化していく。

アジアの強権的な独裁体制国家へのＯＤＡによる肩入れも目立った。中曽根政権は、レーガン

子どもたちと釣りに興じるスハルト。このころ、インドネシアの累積債務は1兆円を超えていた（写真提供：インドネシア民主化支援ネットワーク）

政権（八一～八九年）、全斗煥政権[19]（八〇～八八年）など新冷戦時代の反共政権と協調したＯＤＡ政策を実施する。韓国に対しては、八三年一月の訪韓時に約束された対韓四〇億ドル援助がある。これは「安保絡み援助」といわれ、韓国では「安保経協」と呼ばれた（九七・九八ページ参照）。

また、スハルト政権は七五年に東ティモールに軍事侵攻し、七六年には同地をインドネシア領土に併合するという、サダム・フセインが後にやったような行為をはたらく。しかし、このときは、アメリカも日本もスハルト政権への肩入れを止めようとはしなかった。政権が強権化し、腐敗していくのを、黙視していただけである。

さらに、マルコス政権は八六年にいわゆるピープル・パワーによって打倒され、その結果膨大な日本からのＯＤＡ文書が流出した。[20]ＯＤＡの腐敗構造が天下にさらされたにもかかわらず、日本で「縄付き」になった関係者は誰もいない。この年、いわばガス抜きをするかのように、JICA職員とコンサルタント業者が贈収賄容疑で逮捕され、裁判にかけられた[21]。伏魔殿は温存されたままである。

冷戦終結と新たなODAの模索期（一九九一～二〇〇〇年）

東西冷戦体制の崩壊は、ODAのあり方に大変革をもたらした。その流れは現在も続いている。東西対立のなかで、西側とりわけアメリカとの協調ないし追随に力を注いできた日本は、ODAの政策でも対米協調を根幹として、その枠内で「日本株式会社」の利益を追求してきた。敵対してきたソ連邦や東ヨーロッパ社会主義国の崩壊と自由主義市場経済への移行、さらには中国やベトナムなどアジア諸国の自由主義経済への移行は、当然ODAに大きな転換を促す。こうして、旧社会主義国の自由主義市場経済への移行を支援するという新しいODAが登場した。東ヨーロッパ・中央アジア諸国支援が、それに該当する。

もうひとつ重要な転換の契機に、イラクを含めた中東情勢がある。九〇年にイラクがクウェートを侵略し、アメリカは九一年にイラクを攻撃、湾岸戦争が勃発した。サダム・フセインのような非民主主義的で侵略的な国家は、アメリカにとって脅威となるからだ。侵略そのものはもちろん非難されるべきだが、スハルトの東ティモール侵略が非難されず、サダム・フセインはなぜ非難されるのか。おそらく中東の石油に行きつくが、ここではそれは論じない。もともとサダム・

フセインもタリバーンも冷戦時代の産物だが、それらが一人歩きし、パワーアップしたことを、アメリカは許せなくなったのである。

アメリカは日本に対して、このころから「目に見える」国際貢献を求めるようになる。経済超大国でありながら、アメリカの進める「戦争」に対してカネだけですませようとする外交に、反発があったからである。その一つの柱がODAだ。日本は湾岸戦争に際し、対イラク経済協力の凍結措置に踏み切る。さらに、アメリカからの強い要請もあり、「中東貢献策」として、トルコ、エジプト、ヨルダンの紛争周辺三カ国に対して総額二〇億ドルのODAを拠出した。多国籍軍への協力費としても一一〇億ドルを拠出している。

国内的には、ODA四指針を九一年に出し、翌九二年には「ODA大綱」を制定するにいたった(これは閣議決定で、法的な実効性はない)。外務省は『ODA五〇年の成果と歩み』で「湾岸戦争は、被援助国の民主化や人権、軍事政策といった問題とODAとの関係を見直す契機となりました」(傍点は引用者)と述べ、それがODA四指針につながったとしている。そしてODA大綱について、以下のように述べる。

「日本のODAの歴史、実績、経験、教訓などを踏まえた上で、国際的な援助潮流とともに、日本の独自性と積極性をもって定められた援助の基本理念として、従来の①人道的考慮、②相互依存関係の認識に加え、③環境の保全、④開発途上国の離陸に向けての自助努力の支援、の四点を掲げました。また、重点地域としてアジアが、重点項目としては環境問題をはじめとする全地球的課題への対応などが取り上げられています。相手国との政策対話の強化や女性や子どもなど社会的弱者への配慮、貧富の差の是正、不正・腐敗の防止、情報公開の促進なども明示されました」

理念のなさ、民主主義や人権への配慮のなさ、経済開発重視などの批判に、一応は応える形になっている。しかし、ODA大綱が出てきた背景には、社会主義陣営の崩壊と自由主義市場経済への移行、「テロ国家」(そのころあった言葉ではない)を生み出さないというグローバル時代への指針があり、その背後にはアメリカの影があった。当時、自民党の幹事長であった小沢一郎が何度か訪米し、政策当局者とのやりとりのなかでその意を汲んで、しだいに「普通の国」への脱皮を提唱していったことからも、それはうかがえる。

その後、中国、インド、パキスタンの核実験、イラクの大量破壊兵器保持疑惑、カンボジアの和平・復興、東ティモールの主権回復、スリランカの地域・民族紛争など日本のODAともかかわるさまざまな問題がつぎつぎに出現していく。ODA大綱が必ずしも運用原則としては十分に機能していないことも、以下のように明らかになった。

たとえば「環境の保全」は、とりわけ九二年にリオデジャネイロで行われた国連環境開発会議(地球サミット)に参加して以来、日本のODAの中心課題の一つに位置づけられ、関連予算が増えていった。JICAもJBICも、現在は環境ガイドラインを制定しており、従来型の環境を二の次にした開発には手を染めにくくなっていることは事実である。

だが、環境プロジェクトとして実際に行われている内容を検討すると、「居住環境」への支出が多いとはいえ、実態は上水道・ダム建設、廃棄物処理などである。上水道建設は水問題の解消、居住環境改善につながるのかもしれないが、その水源であるダムは自然破壊のうえに成り立っているのではないか。たとえば、インドネシアのスラウェシ島の「ウジュンパンダン上水道整備事業」(九三年、七〇億円)は、「ビリビリ多目的ダム建設事業(九〇〜九二年)と明らかに関連している。

また、「森林保全」名目での、造林やプランテーション造成というプロジェクトもある。たとえばOECFが九五年に出資したスマトラ・パルプはアカシアの植林木を原料とするパルプ工場の建設が目的だったのだが、OECFはこれを「環境保全事業」と呼んでいた。JBICやJICAが個別に環境配慮のガイドラインを出したにしても、企業が行っている南洋材やエビの輸入などが環境を破壊していては元も子もない。企業の関与の監視を含めた、より総合的な取り組みがなされなければならない。

もっとわかりにくいのは、「開発途上国の離陸に向けての自助努力の支援」という「基準」である。これは言ってみれば、円借款の多さへの弁明のように使われてきた、借款を返す努力こそが「自立」につながるという理屈だ。韓国、タイ、シンガポール、マレーシアなど東・東南アジアの一部の国は、高度経済成長によって、借款の返済を果たすことができた。しかし、周知のように、多くの途上国は債務返済に汲々としている。郵便貯金などを原資とした借款の構造そのものを含め、金を貸すことが本当に自立につながっていくのかを詳細に検証すべきである。

新ナショナリズム時代(二〇〇一年〜)

ＯＤＡ疑惑も取り沙汰された鈴木宗男衆議院議員とともに、逮捕・起訴された外務省のロシア情報分析官(国際情報局分析第一課)だった佐藤優氏は、その著『国家の罠』(新潮社、二〇〇五年)のなかで、鈴木議員がなぜ逮捕されるにまで至ったかについて述べている。佐藤氏によれば、小泉純一郎政権は「ハイエク型新自由主義モデル」に乗っているのに、鈴木議員は「ケインズ型公正配分路線」に立っている。自由競争、効率の重視、弱者切り捨てになりがちの新自由主義モデルでは、鈴木議員のような地方重視は切り捨てられるという。

また、佐藤氏は排外的ナショナリズムの問題を提起している(鈴木氏は決して排外主義ではなかったという)。佐藤氏の言う排外的ナショナリズムとは、民族的帰属で人間を区分し、民族と国家が一体となって、意思をもった主体であるかのようにふるまうことである。小泉氏自身の行動を見ていると、新自由主義モデルに乗りながら、排外的ナショナリズムの実践をしている。これがなぜ共存しうるのか、あるいは共存はあり得ないのか、佐藤氏は答えを出していない。新自由主義モデルが横行するなか、「日本株式会社の護送船団方式的ＯＤＡ」も大変革をとげるのかどうか、やはりまだ答えははっきり見えない

外務省は二〇〇三年八月に「新ＯＤＡ大綱」を発表した。世界情勢が大きく変化し、日本の財政事情も困難になったのでＯＤＡ大綱を見直そうというのである。情勢変化のもっとも大事な点は、九・一一アメリカ同時多発テロによるものだという。たしかに、大規模テロが起きている。

だが、アメリカにとって深刻なテロであったにしても、ほかの地域の人びとがそれだけを変化の基準にできるのだろうか。もう一点の財政逼迫は事実で、日本経済が苦しいのになぜODAなのだという疑問が湧くのは当然である。その理屈をつけねばならない。それが大綱見直しの底流である。

しかし、排外的ナショナリズムと国際協調主義が相乗りした、不可解な大綱といえる。どう見直したのか。基本理念だけを紹介する。

「我が国ODAの目的は、国際社会の平和と発展に貢献し、これを通じて我が国の安全と繁栄の確保に資することである」「最近、多発する紛争やテロは深刻の度を高めており、これらを予防し、平和を構築するとともに、民主化や人権の保障を促進し、個々の人間の尊厳を守ることは、国際社会の安定と発展にとっても益々重要な課題となっている」(傍点は引用者)

この二点が肝要である。ひとつは、ODAは日本の安全と繁栄に貢献するという立場である。これを盛り込まないと納得できない「国益派」(排外的ナショナリズム)の台頭が著しいともいえる。本当は「国益」という言葉すら盛り込まれる予定だったらしいが、国際的批判を恐れて、それは削除したようだ。もうひとつは、より重要かもしれないが、ODAを平和構築(紛争の予防、平和の定着、復興支援など)に用いるという意志である。

バブル経済の崩壊と長引く不況は、右肩上がりのODAの伸張にブレーキをかけ、九・一一事件がさらに国益志向の流れに導いた。削られる財源、対米協調、北朝鮮による日本人拉致問題浮上後のネオナショナリズムの高揚などが、ODAの環境も変えつつある。それは国益志向への傾斜というべきものである。

「国益」にはさまざまな解釈があり、立場もある。小泉政権の政治戦略、対米協調主義、国連重視志向、資源確保を含んだ経済利益重視主義などがすべてではないだろう。ODAを拠出する立場には、これ以外にも、地球福祉、従属論、非抑圧や貧困の構造的な克服など、さまざまな立場があり得る。ODAを偏狭なナショナリズムの立場から実施することは国際的に許容されない。

なお、〇六年初めになって、政府系金融機関の再編が進みつつある。国際協力銀行の名称は残るものの、円借款業務については国際協力機構と統合、国際金融業務については一つに統合される政府系金融機関に吸収されそうな形勢である。ただし、最終決着点はまだ見えていない。また、ODAを一元化するODA庁のような機関の設置はない模様である。

5　ナショナリズムからの脱却を

ODA改革ネットワーク(ODA-NET)は九九年に、「ODA改革に向けての提言」を日本政府に対して行った。そこでは、狭い国益論ではなく、地球市民益の立場からODAを行うべきだと提言している。

「援助国では、ODA改革が地球規模の諸課題への対応としてではなく、もっぱら財政赤字削減をはかる手段として実施されている。日本においても膨大な財政赤字の削減、非効率な行政機構の改革推進、日本企業などの民間資金の利用・支援の観点から、ODA政策見直しの動きが急である。私たちは、地球市民的利益という立場から日本のODA改革はどうあるべきかについて提言する。その前提として、私たちの税金などをもとに支出されるODAは、貧困根絶、地球環境の回復、ジェンダー、人権などの地球的規模の課題に向けて寄与すべきであり、決して問題を深刻化するために使われてはならないことを強調しておく」

平和を築くことに誰も反対はしないだろうが、これまで手を染めてこなかった紛争地でのODA行使はかなりの危うさを伴う。たとえば、自衛隊がODA予算の一部でイラクでの水供給を行っている。イラクは戦地である。いかに内容が人道支援であると言い張ろうと、アメリカと協力して、イラクで支援活動を行えば、確実にある人びとを敵に回す。そして、人道支援であろうと襲撃の危険性が伴う。それ以上に自衛隊の存在によって、日本のNGOの支援活動に支障が生じる。

ODAは国家の意思ではあろうが、理念は「困っている人、貧しい人を助ける」ということにおかれるべきだろう。短期的で狭隘なナショナリズムに駆られたODAは、健全とは言えない。国家の意思と私たちの意思を無理矢理一致させた結果の悲劇を繰り返してはならない。戦前、軍部の台頭のなかで、人びとの意志は徹底的に踏みにじられ、軍の無謀な戦争遂行に駆り立てられたことを忘れるわけにはいかない。

ＯＤＡはたしかに大きな転換点に立っている。グローバル化の行方、日本の排外的ナショナリズムの行方がどうなるかを見極めなければならない。ＯＤＡは本来、国際的な協調主義の原則に立たねば実施できない。そこから逸脱し、排外的なナショナリズムで実施されたらどうなるのか。曲がりなりにも五〇年、数々の問題点をかかえながら、ＯＤＡは歩んできた。そのなかで、軍事との協力には踏み込まずにきた。この最低限の一線だけは踏み越えないのが、援助される側の人びとの願いでもあるだろう。

（1）外務省『戦後外交史』世界の動き社、一九八二年、四〇ページ。
（2）賠償庁・外務省共編『対日賠償文書集』第一巻、一九五一年、一〜一四ページ。
（3）前掲（2）、二六〜三七ページ。原朗「戦争賠償問題とアジア」『岩波講座 近代日本と植民地8アジアの冷戦と脱植民地化』岩波書店、一九九三年、二七二〜二七三ページ。
（4）吉川洋子『日比賠償外交交渉の研究』勁草書房、一九九一年、七ページ。
（5）前掲（1）、四〇ページ。
（6）ロジャー・ディングマン「対日講和と小国の立場」渡辺昭夫・宮里政玄編『サンフランシスコ講和』東京大学出版会、一九八六年、二七六〜二七七ページ。
（7）ハワード・Ｂ・ショーンバーガー著、宮崎章訳『占領一九四五〜五二――戦後日本をつくりあげた八人のアメリカ人』時事通信社、一九九四年、三一六〜三一八ページ。
（8）外務省編『サン・フランシスコ会議議事録』一九五一年、六九ページ。
（9）前掲（8）、六九ページ。

(10) 前掲(8)、二二四～二四五ページ。
(11) 前掲(8)、二二八～二三四ページ。
(12) ジョン・ダワー著、大窪愿二訳『吉田茂とその時代(下)』中央公論社、一九九一年、二三四～二三五ページ。
(13) 戦後補償は、日本の侵略戦争、植民地支配によって生じたアジアの人びとに対する個人補償を意味する。日本の法的・道徳的・人道的な責任や謝罪の意味をふくめた個人補償や賠償もふくめた広い意味で、用いられている。日本軍によるアジアへの加害の事実をみつめ、戦争責任を考えようとする市民運動のなかで生まれ、定着した用語である。
(14) アジア太平洋戦争後の南アジアや東南アジアの経済開発の推進を目的とした経済協力機構。一九五〇年一月にセイロン(現スリランカ)の首都コロンボ(当時)で開催された英連邦外相会議により設立が決定され、五一年に創設。五四年一〇月六日、日本は加盟を閣議決定、アメリカの後押しを得て、コロンボ・プランの第六回会合に正式加盟国として参加した。日本は翌五五年から研修員の受け入れ、専門家の派遣といった政府ベースの技術協力を開始する。加盟を決定した一〇月六日は、八七年より「国際協力の日」と定められた。
(15) NHKスペシャル「シリーズ戦後五〇年、その時日本は・プロローグ・アジアが見つめた〝奇跡の大国〟」九五年一月二二日放映。
(16) 同じNHKスペシャルで放映されている。賠償時の日本＝インドネシア関係については、Nishihara, Masashi, *The Japanese and Sukarno's Indonesia : Tokyo–Jakarta Relations, 1951–1966*, Univ. of Hawaii Press, 1976 に詳しい。
(17) タイド(ひも付き)の援助は日本の業者を契約相手として指定する制度で、日本の業者による機器材、部品、製品の輸出につながる。
(18) アサハン開発については、藤林泰「あふれるアルミ製品と四一一〇億円のつけ」(福家洋介・藤林泰編著『日本人の暮らしのためだったODA』コモンズ、一九九九年、六六～八七ページ)、および本書第2章、第6章1参照。

(19) 全斗煥元大統領は九六年一一月、在任中に財閥企業から巨額の「秘密資金」を受け取っていたとして捜査が開始され、一二月三日逮捕。九七年四月一七日に大法院で、光州事件や不正蓄財に関与したとして死刑判決を受ける。その後、特赦で出獄し、隠遁生活を送っている。

(20) 一九八六年二月にマルコス政権が崩壊し、マルコスはフィリピンを脱出してハワイに逃亡した。マルコス大統領がフィリピンから持ち出し、ハワイで押収された文書(マルコス文書)のほかにも、ロドリゲス公共事業・道路省次官(円借款事業執行官)が行政監察委員会(PCGG)に提出した文書(ロドリゲス文書)は、日本のODAがいかにフィリピン・日本双方の民間業者に食い物にされているかを、部分的とはいえ暴露した。

(21) 一九八六年八月に国際協力事業団(JICA)職員とコンサルタント会社役員が贈収賄容疑で逮捕され、起訴された事件。モロッコ王国ウジュダ州地下水・農村開発計画実施調査の指名業者選定などに関して便宜を図ってもらったことの謝礼として、当該実施調査を請け負った会社から現金を受け取ったという。

第2章　ＯＤＡによる経済利益の確保

金子文夫

1 「経済主義」の五〇年

日本のODAは、アジア太平洋戦争の敗戦から復興した一九五〇年代なかばにスタートし、すでに半世紀の歴史をもつ。戦後日本の経済大国化に歩調を合わせて供与額は増大し、九〇年代にはアメリカを抜いて世界第一位のODA大国となった。

しかし、量の増大とは裏腹に、質の面ではさまざまな批判にさらされてきた。それは、日本のODAが、他の主要供与国に比べ、かなり特異な性格をもっているからである。表1をみてみよう。これは、DAC(OECD開発援助委員会)を主導する五カ国について、最近のいくつかの指標を取り上げたものである。供与額では、日本は近年の予算削減にもかかわらず、なお世界第二位を維持している。ただし、GNI(国民総所得)に対する比率では、国際目標の〇・七%よりはるかに低い〇・二%、第一九位にすぎない。

さらに問題なのは、贈与比率、グラント・エレメント(金利・据置期間・返済期間によって算出される、援助の質を示す指標)の低さである。ODAを贈与と貸付に二分した場合、多くの国は大部分を贈与にあてている。これに対して日本は、半分を貸付(円借款)としており、DAC平均からかけ離れた水準で、最下位にある。これに対応して、グラント・エレメントも最下位である。日本のO

表1　主要国のODA

	日　本	アメリカ	フランス	ドイツ	イギリス	DAC22カ国
供与額（100万ドル）	②8,880	①15,791	③7,337	④6,694	⑤6,166	合計　68,451
対GNI比（%）	⑲ 0.20	㉒ 0.14	⑦ 0.41	⑫ 0.28	⑩ 0.34	平均　0.25
贈与比率（%）	㉒ 53.3	⑩ 99.2	⑲ 87.9	⑱ 90.4	⑰ 96.3	平均　87.4
グラント･エレメント（%）	㉒ 88.0	⑫ 99.9	⑰ 97.7	⑲ 97.5	①100.0	平均　97.1
LDCへの供与比率（%）	⑳ 26.2	⑱ 35.6	⑪ 46.3	⑮ 40.8	⑭ 42.3	平均　41.1
経済インフラ比率（%）	37.7	5.2	3.4	11.1	6.4	平均　12.3

（注1）①②などはDAC22カ国中の順位。
（注2）供与額と対GNI比は支出純額ベース、2003年。
（注3）贈与比率とグラント・エレメントは約束額ベース、2001/2002年。
（注4）LDCへの供与比率は支出純額ベース、2002/2003年。
（注5）経済インフラ比率は2国間ODAの6分野分類基準、2002年。
（出典）外務省『政府開発援助（ODA）白書（2004年版）資料編』。LDC（後発開発途上国）への供与比率はOECD-DAC, Development Co-operation report, 2004.

DAは、返済を前提とした貸付を多くすることにより、財源不足をカバーしながら量の拡大を実現してきたといえる。しかしながら、ODA受入国にとっては、債務負担を負うことになり、円高になれば負担はより重くなる。

また、LDC（後発開発途上国）への供与比率が低いことも日本の特徴である。ODAが貧困国の救済という人道主義を理念とするならば、LDCに優先的に振り向けられるべきであるが、日本はそうではない。さらに、ODAの対象分野では、多くの国が社会インフラやプログラム援助（構造調整援助、商品援助など）を主としているのに、日本は経済インフラに重点を置いている。そして、おもな供与先は日本と経済的関係の強いアジア諸国である。

これらの特徴は、日本のODAが、人道主義よりも「経済主義」(日本の経済利益の確保)の性格を強く帯びていることをうかがわせる。主要国の特徴をみると、アメリカは世界戦略の実現の手段、イギリスやフランスは旧植民地に対する影響力行使というように政治主義の色彩が濃く、北欧諸国は人道主義を基調としている。[1]それと比較するならば、日本は経済主義を基調としているといって間違いあるまい。戦後日本国家がひたすら経済成長を追求してきた事実の忠実な反映といえる。経済主義は二つのレベルで考える必要がある。

第一は、日本企業の直接の利益(ODA事業の受注)を目的とする点である。これは政府調達による輸出であって、「ヒモ付き援助」「商業主義」としてしばしば批判を招いた。ただし、円借款のヒモ付き比率は七〇年代以降、急速に低下した。そのため「商業主義」批判はやや時代遅れになった感があるが、近年の「顔の見える援助」政策によって、あらためて問題化する可能性がある。

第二は、日本の産業界全体の利益(投資・貿易促進)を目的とする点である。ヒモ付き援助が減ったとしても、日本と関係の強いアジア諸国の経済インフラが整備されるならば、日本企業の投資・貿易が増えることは確実である。日本貿易会会長(住友商事会長)の宮原賢次はこう語っている。「政府が重視したアジア向け円借款は日本企業の輸出促進策としての意義も大きかった。日本企業に資材などの調達先を限るタイド(ひも付き)援助により道路などのインフラを整備することで、日本企業の現地進出も促し、商機が生まれた[2]」

経済主義は、二つのレベルのいずれにおいても日本側の利益を第一とする。その根底には、「日本企業の利益＝日本の国益」とする企業国家観がある。しかし、日本側の利益と途上国の人びとの利益とが常に一致するとは限らない。現地の人びとのニーズに合わない事業によって、ムダや浪費、立ち退き問題や環境破壊が生じる可能性は避けられない。それに対して、相手国政府の要請によるといって、責任逃れをするわけにはいかない。

日本の経済主義的ODAは、現地からのさまざまな批判を浴びながら五〇年を経過してきた。以下では、戦後日本のODAの歴史的展開を大きく三期に区分したうえで、各時期の理念、実態、影響を検討し、経済主義がいかに貫かれてきたかを検証していきたい。

2　高度成長期のODA（一九五〇年代〜七〇年代）

戦争賠償からのスタート

一九五〇年代から七〇年代に至る二〇年間は、経済主義がストレートに現れた時期である。日本のODAは、五四年のコロンボ・プラン参加、戦争賠償開始からスタートした。六五年までの一〇年間は賠償（無償資金供与）がODAの大半を占め、六五年以降は政府貸付等（おもに円借款）が中心となっていく（表2）。

賠償は戦争によって与えた損害の補償が本来の主旨である。ところが、サンフランシスコ講和

表２　ODA の形態別実績　（単位：100 万ドル、％）

年	無償資金供与	技術協力	政府貸付等	国際機関への拠出	合　計
1961	65(61.2)	2(2.2)	28(25.9)	11(10.7)	107
1965	76(31.3)	6(2.5)	144(59.1)	18(7.2)	244
1970	100(21.7)	22(4.7)	250(54.7)	87(18.9)	458
1975	115(10.0)	87(7.6)	649(56.5)	297(25.9)	1,148
1980	375(11.3)	278(8.4)	1,308(39.6)	1,343(40.6)	3,304
1985	763(20.1)	422(11.1)	1,372(36.1)	1,240(32.7)	3,797
1990	1,680(18.5)	1,334(14.7)	3,772(41.6)	2,282(25.2)	9,069
1995	2.973(20.2)	3,462(23.5)	4,123(28.0)	4,170(28.3)	14,728
2000	2,109(15.7)	3,705(27.6)	3,827(28.5)	3,779(28.2)	13,419

（出典）通産省『経済協力の現状と問題点』、海外経済協力基金編『海外経済協力便覧』各年版など。

条約では、冷戦構造のもとで日本の経済復興を促すべく、賠償は基本的に放棄された。これに同意しないアジアのいくつかの国々が、個別交渉によって日本から賠償を獲得することになる。そして、ビルマ、フィリピン、インドネシア、南ベトナムの四カ国が計一〇億ドルを確保した。その他のアジア太平洋地域の国々（韓国、マレーシア、シンガポール、タイなど）には、賠償とほぼ同様の主旨で準賠償として計五億ドルが約束され、合計一五億ドルが二〇年間にわたって供与された。[3] 五五年の日本の輸出総額が二〇億ドルであったから、政府の負担は小さくはない。

賠償によって供与されたのは、工場プラント、船舶、農業機械、建設機械などの日本製重工業製品である。賠償は敗戦国が戦勝国に支払うもので、ODAとは異なる概念であるが、日本の場合は供与先がアジアの途上国に限定され、ヒモ付き無償援助の性格を備える結果となった。これによって日本のODAは、当初から経済主義の色彩を帯びていくのである。

賠償の経済的役割について、外務省の文書は次のように述べている。

「賠償に通常輸出のための途を開くことが暗に期待されており、このため賠償協定中に『賠償が通常貿易を阻害してはならない』と規定される一方、賠償の中味を資本財中心のものとする配慮を行った(4)」

また、吉田茂首相は、「向うが投資という名を嫌ったので、ご希望によって賠償という言葉を使ったが、こちらからいえば、投資なのだ」と語ったという(5)。さらに、財界の調査機関である日本経済調査協議会は、六五年にまとめた報告書『南北問題と日本経済』で、こう論じている。

「賠償はわが国だけからしか調達できないという点で一種の売手市場というべきものであり、従来通常貿易で輸出されていなかった物資が賠償によって供与されることから、相手国市場において馴染まれた場合には、賠償が終った後の販路開拓に役立つことが期待されるのはもちろんのこと、賠償支払中の期間においても相手国に外貨の余裕がある場合には当該物資が通常貿易でも輸出されることがありうるのである。また、プラント等が賠償によって調達されたときは、これに伴って部品等の通常輸出の道も開かれることとなる(6)」

要するに、賠償により輸出が行われるだけでなく、それに影響されて関連する輸出が促進されるというわけである。賠償は、一種の無償援助(ヒモ付き援助)として、日本とアジアとの経済関係の土台を築いた。その延長上に、円借款というヒモ付き有償援助が提供されることになる。たとえば、ビルマ賠償の四大工業化プロジェクトでは、軽車両製造工場に東洋工業、重車両製造工場に日野自動車、農機具製造工場に久保田鉄工、電気機器製造工場に松下電器産業が関与し、賠償終了後は円借款(商品借款)によって部品供給が長期にわたって続けられた(7)。

円借款と輸出振興

表2(五八ページ)にみるように、六五年を画期として日本のODAの中心は無償資金(おもに賠償)から政府貸付等(おもに円借款)に移行した。この後、円借款は日本のODAの主役を演じ続ける。

まず理念からみていこう。この時期、ODA(この用語の使用は七二年以降)に関する政府白書は、外務省でなく通産省から発行されている。円借款第一号が登場した五八年、『経済協力の現状と問題点』(以下『経済協力白書』)が刊行を開始した。まさに通産省発行という点に、経済主義の特徴が如実に現れている。八〇年代に入ってようやく外務省の『ODA白書』が刊行されはじめ、『経済協力白書』は二〇〇一年に廃止された。第一回の『経済協力白書』は、「はしがき」でこう述べている。

「国際協調の理念を基調として、低開発国の経済発展に積極的に協力するとともに、資本財輸出の振興、重要原料の供給源の確保をはかるため……」

「経済協力に関する基本政策の基調は、国際協調の精神に立脚して、低開発国の経済開発の促進に寄与するとともに、わが国の経済発展の方向に即応し、輸出市場の拡大、重要原材料の輸入市場の確保に貢献し得るものでなければならない」

輸出振興、貿易立国のためという経済主義の理念を率直に表明している。円借款が主流となる六五年以降も、基調は同様であった。[8] ODA五〇年を総括した『ODA白書』二〇〇四年版も、次のように再確認している。

「一九五〇年代から一九六〇年代における日本の賠償、円借款の供与は、日本にとっての輸出市場の拡大、重要原材料の輸入の確保という目的を持ち、それが日本経済に裨益するという効果が期待されていた[9]」

それでは、高度成長期のODAの内容はどのようなものであったのか。表2に見るように国際機関への拠出はまだ少なく、大半は二国間であり、その地域別配分は表3のようであった。しだいに低下するとはいえ、アジアへの集中が明らかである。

円借款の累計額は、七七年九月末で二兆五八九一億円に達し、その六三・一％がプロジェクト借款、二七・四％が商品借款、九・五％が債務救済その他にあてられた。[10] もっとも多いプロジェクト借款の分野別構成は表4（六二ページ）に示されるとおりで、経済インフラに半分以上が使われる傾向がわかる。七七年九月末累計をみると、経済インフラ五六・一％（電力二〇・六％、陸運一二・六％、海運九・七％、通信九・〇％など）、鉱工業二四・九％、農林水産七・二％、社会インフラ一・一

表3　2国間ODAの地域別配分（単位：％）

年	アジア	中東	アフリカ	中南米	その他
1965	91.2	0.0	0.4	8.8	0.0
1970	98.3	3.3	2.3	-4.0	0.1
1975	75.1	3.9	13.0	5.6	2.5
1980	70.6	2.5	18.9	6.0	2.0
1985	67.7	1.7	15.0	8.8	6.8
1990	59.3	10.2	11.4	8.1	11.0
1995	54.4	6.8	12.6	10.8	15.3
2000	54.8	7.5	10.1	8.3	19.3
2003	53.6	6.9	8.8	7.7	23.0

（注）1970年の中南米は回収超過。
（出典）前掲『経済協力の現状と問題点』『海外経済協力便覧』各年版など。

表4　円借款の分野別構成　　(単位：億円、%)

年	農林水産	鉱工業	経済インフラ	社会インフラ	その他	合　計
1966	8(1.8)	156(35.0)	203(45.5)	0(0.0)	79(17.7)	446
1970	12(5.8)	36(17.3)	137(65.8)	1(0.5)	22(10.6)	208
1975	161(6.6)	674(27.5)	1,485(60.7)	16(0.7)	111(4.5)	2,447
1980	(10.7)	(9.5)	(66.5)	(5.0)	(8.4)	
1985	577(9.4)	884(14.4)	3,614(59.0)	658(10.7)	393(6.4)	6,127
1990	785(9.3)	1,290(15.3)	4,320(51.1)	588(7.0)	1,468(17.4)	8,452
1995	1,459(13.3)	77(0.7)	6,969(63.8)	1,479(13.5)	946(8.7)	10,930
2000	889(10.3)	70(0.8)	5,604(64.6)	2,056(23.7)	54(0.6)	8,673
2003	359(6.4)	0(0.0)	3,699(66.3)	1,519(27.2)	0(0.0)	5,577

(注1)交換公文ベース。
(注2)プロジェクト借款のみとし、商品借款、債務救済を除く。ただし、1980年は無償資金供与を含む。
(注3)1980年は、資料がドル表示であるため、比率のみ掲出。
(出典)1975年までは外務省経済協力局長菊地清明編『南北問題と開発援助』国際協力推進協会、1978年、486〜87ページ、80年以降は前掲『経済協力の現状と問題点』『ODA白書』各年版。

%、その他一〇・七%であり、電力(火力・水力発電、送電線)、陸運(道路、鉄道、橋梁、車両)、海運(港湾、船舶)、通信(マイクロウエーブ、電話、放送)などの経済インフラに重点的に使われた[11]。

こうした経済インフラ中心のODAは、日本にとってどのような意味をもったのか。

第一に、日本企業がODA事業を受注し、輸出を伸ばす効果をもった。七〇年までの円借款は表5にみるように一〇〇%タイド(ヒモ付き)であり、その後、アンタイド化が進むとはいえ、なお輸出拡大のテコの役割を果たした。また、無償資金供与や技術協力がヒモ付きであることは言うまでもない。七二年に公表された調査レポートによれば、ODA関連の輸出は日本の総輸出の一%程度にすぎないが、一般機械・鉄鋼製品・肥料などの特定品目ではそのウエイトが一〇%以上とかなり高くなり、しかもODA関連輸出単価は一般輸出単価の一四~一八%増しになっているという[12]。輸出競

表5　円借款の調達条件（単位：%）

年度	タイド	部分アンタイド	一般アンタイド
1957〜70	100.0	—	—
1971	98.6	—	1.4
1972	71.9	—	28.1
1973	62.1	5.6	32.3
1974	60.0	38.6	1.4
1975	46.0	48.0	6.0
1976	26.2	73.0	0.8
1977	41.9	37.9	20.2
1978	32.3	47.9	19.8
1979	16.6	30.0	53.4
1980	—	34.8	65.2
1981	—	41.7	58.3
1982	—	45.8	54.2
1983	4.0	33.7	62.3
1984	1.7	28.1	70.2
1985	2.5	44.8	52.7
1986	—	49.2	50.8
1987	1.6	36.7	61.6
1988	—	22.6	77.4
1989	—	19.5	80.5
1990	—	15.6	84.5
1991	—	9.6	90.4
1992	—	8.8	91.2
1993	—	3.2	96.9
1994	—	1.7	98.3
1995	—	2.3	97.7
1996	—	—	100.0
1997	—	1.0	99.0
1998	1.6	7.4	91.0
1999	15.3	1.6	83.1
2000	34.4	—	65.6
2001	40.5	—	59.5
2002	3.6	—	96.4
2003	8.0	—	92.0

（注1）交換公文ベース。ただし1977、78、83、84年度は支出総額ベース。
（注2）債務救済等を除く商品借款・プロジェクト借款。
（出典）1976年までは前掲『南北問題と開発援助』485〜86ページ、77年以降は『経済協力の現状と問題点』『ODA白書』各年版。

争力の弱い業界にとって、かなりうま味のあるビジネスだったわけである。

第二に、経済インフラの造成によって投資環境が整備され、日本企業の進出が促進された。この効果には時間差があるし、企業の進出は市場、労働、法規などさまざまな要因によって決定されるため、単純化はできない。それでも、表6から一定の関連をうかがうことができる。この表はそれぞれの年次における円借款と直接投資の国別累計額について九一年の円借款累計額上位一〇カ国を取り上げて、〇二年の多い順に並べたものである。七七年では、インドネシア、韓国、マレーシア、フィリピンが両方に顔を出していた。なかでも、ともにトップのインドネシアは金額

表６　円借款・直接投資の国別累計額

	1977 年		1991 年		2002 年	
	円借款（億円）	直接投資（100万ドル）	円借款（億円）	直接投資（100万ドル）	円借款（億円）	直接投資（100万ドル）
インドネシア	①4,112	①2,703	①20,498	①11,540	①35,468	①43,538
中国	—	—	②11,230	⑧ 2,823	②28,725	③25,970
フィリピン	⑤ 725	⑧ 354	③10,429	⑩ 1,580	③19,878	⑨ 9,355
タイ	⑥ 602	228	④ 8,835	⑤ 4,422	④18,851	⑥20,406
インド	②3,711	32	⑤ 8,787	196	⑤17,168	2,544
マレーシア	⑦ 574	⑦ 356	⑨ 4,158	⑦ 3,231	⑥ 8,274	⑧13,714
パキスタン	④1,527	…	⑦ 4,223	110	⑧ 6,487	477
韓国	③1,790	④ 690	⑥ 5,960	⑥ 4,138	⑨ 5,962	⑦13,987
バングラデシュ	⑧ 517	…	⑧ 4,207	57	5,471	237
ミャンマー	⑩ 366	…	⑩ 4,030	1	4,100	67

（注 1）①②などは国別順位、直接投資は途上国のなかでの順位（パナマ、ケイマン諸島は除く）。

（注 2）円借款は承諾額累計。1977 年は 77 年 9 月、1991 年は 92 年 3 月、2002 年は 02 年 3 月末現在。

（注 3）直接投資は許可・届出額累計。1977 年は 77 年 3 月、1991 年は 91 年 3 月、2002 年は 02 年 3 月末現在。

（注 4）—は皆無、…は未詳を示す。

（出典）円借款は前掲『南北問題と開発援助』、『海外経済協力便覧』1992 年版、国際協力銀行編『国際協力便覧』2003 年版、直接投資は大蔵省『財政金融統計月報』305 号（1977 年 9 月）、476 号（1991 年 12 月）、608 号（2002 年 12 月）。


的にもきわめて多く、ＯＤＡと直接投資の連結を象徴する国となっている。

資源確保の大型プロジェクト

七三年に勃発した第一次石油危機は、資源小国・日本にかつてない深刻な衝撃を与えた。七四年の国連資源特別総会では新国際経済秩序の樹立が打ち出され、途上国の資源ナショナリズムが大きく高揚する。この事態を契機に、資源確保を目的としたＯＤＡが顕著な伸びをみせていく。ここに、日本のＯＤＡの経済主義的性格をあらためて確認できる。

資源関連のＯＤＡのなかでも、民間資本の大型海外投資と結合した大規模経済協力プロジェクトの発足が、七〇年代の目立った特徴といえる。『経済協力白書』では、資源確保関連、企業連合が主体、大規模事業、経済協力上の意義、海外経済協力資金の相当額の出資、閣議了解などを要件として、ナショナル・プロジェクト、あるいは大規模経済協力プロジェクトと称している。インドネシアのアサハン・アルミ、シンガポール、イラン、サウジアラビアの石油化学、ブラジルの製鉄、紙パルプ、アルミなどが代表例とされる[13]。

これらプロジェクトの日本にとっての意義について、『経済協力白書』はこう述べる。

「①モニュメンタルな経済協力としてそれぞれの相手国との経済交流を一層緊密なものとする上で、極めて大きな貢献をしていること

②大規模経済協力の相手国は主として豊富な資源の保有国であり、経済協力の実施が資源の安定的供給確保の一助となること

③安価な電力資源を利用できるアサハン・アルミ・プロジェクトのごとく、エネルギー・原料立地主義によって全体として我が国経済のパフォーマンスを向上させ得ること[14]」

そこで、アサハン・アルミを取り上げて、その資金面の構成をみよう。このプロジェクトは、スマトラ島のアサハン川に大規模な水力発電所を建設し、その電力とインドネシアに豊富なボーキサイトを結びつけ、アルミ製錬を行うものである。計画自体はかなり以前から存在したが、石油危機直後の七四年一月に日本のアルミ精練五社(住友化学工業、昭和電工など)とインドネシア政府との基本合意が成立する。七六年一月には、日本・インドネシア合弁のインドネシア・アサハン

・アルミ社が設立され、出資比率は日本側が七五％を占めた。

注意すべきは、日本側投資会社(日本アサハン・アルミ)の出資者として海外経済協力基金が五〇％を拠出したことである。このほか、総所要資金四一一〇億円の七八％は借入金、その九〇％は日本からとされ、円借款、輸銀融資など相当の政府資金が注ぎ込まれた。[15] 民間主体、政府支援のプロジェクトといいつつ、ODAの役割は大きなものだったのである。

このように資金面からみるかぎり、日本側、それも政府資金の比重が大きく、ODAの経済主義の色が濃いプロジェクトといえる。地元への経済効果として建設工事中の雇用はあったとしても、その後については投資規模に見合った意義があったとは思われず、逆に地域住民の生活破壊を招いている。[16] そして事業自体、その後のアルミ市況の低迷で不振が続き、追加支援が必要な事態に陥ってしまう。[17]

もっと明白な失敗例は、イランの石油化学プロジェクトであろう。これは、アラビア湾岸のバンダルシャプール(後にバンダルホメイニと改称)に大型の石油化学コンプレックスを建設するプロジェクトで、七三年四月に日本側とイラン側が五〇％ずつ出資する合弁会社・イラン日本石油化学が設立された。当初は海外経済協力基金の出資はなく、三井物産を中心とする民間事業として七六年に工事に着工したが、七九年のイラン革命に遭遇し、工事は中断する。イラン新政府の要請にもとづき、日本政府は支援を決定し、海外経済協力基金は日本側投資会社の資本金の二〇％を引き受けた。しかし、その後イラン・イラク戦争が勃発・長期化して事業継続が不可能となり、結局、撤退に追い込まれている。

こうした大型プロジェクトは、八〇年代以降は目立たなくなる。石油危機を背景として資源確保熱が高まった時代の産物といえよう。

3　ODA大国への道（一九七〇年代〜九〇年代）

中期目標の設定

日本の戦争賠償の支払いは七六年に完了した。戦後五〇年のODA史の第一期はこれをもって終了する。七七年にODA増額の最初の国際公約（中期目標）が発表された。ここから第二期、ODA拡充の時代が始まる。[18]

第一次石油危機以後、世界経済が低迷するなかで、日本経済は円切り上げにもかかわらず強靭な輸出競争力を発揮し、貿易黒字の増大を実現していく。これに対して、対日貿易赤字を増やしていくアメリカを先頭にして、黒字国の国際責任を追及する「外圧」が強まってくると、日本政府はODA増額によって責任を果たす政策を打ち出した。七七年五月の国際経済協力会議（CIEC）におけるODA五年倍増計画の発表が、その始まりである。

その後の円高の進行をふまえ、七八年七月のボン・サミットにおいて、福田首相があらためて三年倍増計画（七七年実績一四・二億ドルを八〇年までに倍増）を表明した。ＯＤＡ増額を国際的に約束する国は他になく、日本の動向が注目されるなかで、八〇年の実績は三三億ドルに達し、倍増目標は余裕をもってクリアーされる。

八一年には、第二次中期目標として、五カ年倍増計画（八一〜八五年のＯＤＡ実績総額を七六〜八〇年の総額一〇七億ドルの倍以上とする）が策定された。その実現のため、ＯＤＡ関連予算は「聖域」扱いで毎年増額されていく。実績はやや伸び悩み、八一〜八五年の合計一八一億ドル、達成率八四・六％に終わったとはいえ、この間、主要国の実績は低迷しており、日本はフランスと西ドイツを抜いて世界第二位の援助供与国となった。

八五年に策定された第三次中期目標は、九二年の実績を八五年の二倍の七六億ドルとし、七年間の合計を四〇〇億ドル以上とするという七年倍増計画であった。この目標は、円高の影響で二年でほぼ達成（八七年に七四・五億ドル）され、第四次中期目標（八八〜九二年）に差し替えられる。これは、五年間の総額を五〇〇億ドル以上とする計画で、実績は四九三億ドルとおおむね達成された。この結果、八九年に日本はアメリカを抜き、世界第一位のＯＤＡ大国となる。

九三年に策定された第五次中期目標は、九三〜九七年の総額を七〇〇〜七五〇億ドルと設定し、量の伸び率を押さえつつ、質の改善を図るねらいをもっていた。結果的には五八二億ドルで、達成率は七八〜八三％にとどまる。とはいえ、この間、世界一位の座を維持し続ける。

こうしたＯＤＡの増大は、新たな理念を必要とする。それに応じたのが、外務省経済協力局の担当者が八〇年に作成した報告書『経済協力の理念――政府開発援助はなぜ行うのか』である。そこでは、「平和国家としてのコスト」「経済大国としてのコスト」といった論法で、日本の狭義の国益(日本の経済的利益の確保)と区別される広義の国益(国際秩序の構築を通じた日本の総合的な安全保障の確保)のためのODAが主張されている。これは従来の経済主義的な発想を一歩超えた論理である。

とはいえ、こうした論理に沿ったODAは全体の一部であって、量的に増大したODAのかなりの部分は、依然として経済利益の確保のためであることを見落としてはなるまい。また、量の拡大が優先された結果として、現地のニーズに適合せず、持続可能でない、あるいは予算消化を目的とした無駄なODAが少なからず見受けられたことも指摘しておきたい(19)。

ODAの多様化

第一次から第五次までのODA拡大中期目標の設定によって、日本のODA総額は飛躍的に増大した。表2(五八ページ)にみるように、七五年の一一億ドルから九五年の一四七億ドルへと、二〇年間で一〇倍以上の増加である。ただし、対GNP比は七五年の〇・二三%から九五年の〇・二八%へと若干上昇したにとどまっており、日本経済の規模拡大と円高の影響を考慮しておく必要がある。ともあれ、量の増大は、ODAの形態、供与先、供与方式など、さまざまな面での多様化を伴っていた。では、それによって日本のODAの経済主義的性格は変化したのだろうか。

まず形態別実績では、七〇年代に過半を占めていた政府貸付等(円借款等)の地位が相対的に低下し、国際機関への拠出、無償資金供与、技術協力の割合が上昇した(表2)。

国際機関への拠出の増加は、黒字大国の責任を果たすためであって、日本の国際的発言力の増大をもたらすとしても、経済利益とは直接には結びつかない。無償資金供与は、後発途上国に対するBHN分野(福祉、保健、教育、食糧などの基礎生活関係)の援助を主とするため、その増加はODAの質の改善(贈与比率の上昇)、人道主義的援助の拡大として評価される。しかし、無償資金供与はヒモ付き援助として日本企業が受注し、日本の商品が供給される場合が多いため、経済主義に沿った動きとも言える。

技術協力は、研修員受け入れ、専門家派遣、機材供与などを組み合わせた援助形態であり、その増加は贈与比率の上昇をもたらすと同時に、日本の商品供給、日本の技術システムの移転を意味し、経済利益の確保に直結している。円借款については、八〇年代は累積債務問題や円高傾向のため金額の伸び悩みがみられたが、九〇年代には拡大の方向をたどった。分野別では、引き続き経済インフラが半分以上を占めている。

こうみてくると、ODAの形態は多様化したが、経済主義という性格は基本的に変わっていないと考えてよいであろう。

次に二国間ODAの地域別配分動向をみると、アジアの比率が徐々に低下し、アフリカ、中南米、中東がそれぞれ割合を増やしている(六一ページ表3)。主要援助国と比較すると、九五年の場合、日本はアジアで一位は当然として、中南米でも一位、アフリカでフランスに次いで二位、中近東でアメリカ、フランスに次いで三位に位置した。[20]

この間の変化で注目されるのは、援助対象国の増加である。贈与の拡充によって、円借款になじまないアフリカや中南米の国々への供与が年々増えていった。日本が最大の援助供与国となっている国の数は、七〇年は六カ国にすぎなかったが、七五年一三カ国、八〇年一五カ国、八五年二〇カ国、九〇年二八カ国と増加し、九五年には一挙に五三カ国となった。[21] これによって、たしかに貧困国への人道主義的援助が増えたことがうかがえる。ただし、金額ベースでみた場合、二国間ODA全体のなかで後発途上国に向けた割合は九五年で一五％程度であって、[22] 主流は相変わらず、所得水準の相対的に高い途上国向けの経済主義的ODAなのである。

ところで、八〇年代には円借款のヒモ付き比率が急速に低下していくが、[23] これは経済主義の性格を変える意味をもったのだろうか。表5（六三ページ）によれば、完全なタイドは八〇年度からほぼゼロとなる。ただし、途上国の企業に開かれた、つまり先進国の企業に開かれていない「部分アンタイド」が一定の割合を占め続け、「一般アンタイド」が九〇％以上に達するのは九〇年代に入ってからである。

こうした調達条件の変化について、『ODA白書』は興味深い記述をしている。九〇年版では、「我が国の援助は商業主義的であるか」との項目を立て、円借款の大半が一般アンタイド化された事実に加えて、八九年度の日本企業の落札比率は、円借款全体で三八％、一般アンタイド円借款では二五％にすぎないというデータを掲げる。そして、こう主張する。[24]

「以上の数字は、日本の企業の競争力を考えれば、我が国の円借款が制度的にも結果的にも開かれたものであることを示しているとともに、我が国の援助が輸出振興や商業主義に基づくとの批判はもはや当たらないことを示している」

ただし、こうした比率は件数ベースであって、金額ベースでないこと、また途上国企業のなかに日本企業の現地法人が含まれている可能性があることには注意が必要である。ともあれ、九〇年代なかばまでは、外務省は国際社会からの「商業主義批判」に対する反論に力を入れていた。

ところが、九〇年代後半になると論調が異なってくる。九七年版の『ODA白書』では、「近年、円借款事業における日本企業の受注率が低すぎるとして再びタイド化を求める意見が聞かれる」と、国内企業からの批判を取り上げ、これに反論を加えている。

「一般に日本企業の受注率が低すぎると言われる場合の根拠は約三割という数値であるが、円借款の約三割を占める現地通貨建費用（現地労働者の賃金や現地で調達される砂利等であり、日本企業の関心部分ではない）を除いた場合、日本企業は四～五割程度を受注している。**円借款のうち、日本企業が関心のある規模の大きな（一〇億円以上）契約に限定した場合、日本企業はその約八割に応札して、そのうち六割を落札**しているのが近年の実情である」[25]

タイド化はOECDガイドラインで禁止されていると説明しつつ、日本企業のビジネスチャンスは確保されているとして、円借款の「商業主義」を認めているわけである。たしかに、ODA

ビジネスの現場の流れをみれば[26]、ヒモ付きがなくなったといっても、日本企業の利益は一定程度確保されているとみて間違いあるまい。同時に、それでも日本企業に不満があったのは事実であり、その圧力が九八年の特別円借款制度創設をもたらしたとみることができる。

東アジアの経済成長

アジアにODAを集中的に投入し、インフラを整備したうえで民間企業の投資・貿易活動を盛んにし、アジアの経済発展を図るという構想は、六〇年代から存在した。六六年から開催される東南アジア開発閣僚会議、同じ年に設立されたアジア開発銀行は、そうした構想の具体化を図ったものとみてよい。六九年のアジア開発銀行第二回総会で、福田蔵相はアジアへの援助を五年以内に倍増すると表明している。ODA白書は、「こうしたアジアへの経済協力は、当時の開発輸入、投資活動との三位一体のアプローチとして、東南アジア経済発展の基礎づくりに大いに貢献」と評価している[27]。

七〇年代にアジア諸国が採用した輸出加工区開設、外国資本導入、輸出指向工業化という経済発展策は、日本のアジア戦略と合致したものであり、日本のODAで開設された輸出加工区には、多くの日本企業が進出した。八〇年代以降、アジアNIESの躍進、ASEANの統合強化、中国の改革・開放などの注目すべき動きを見据えつつ、ODA・投資・貿易の三位一体アプローチが引き続き展開されていく。『通商白書』や『経済協力白書』は、このアプローチの有効性を繰り返し記述する。

八〇年代後半に打ち出された「新アジア工業化総合協力プラン（New AID Plan=New Asian Industries Development Plan）」[28]もその一環であって、「相手国による投資環境整備の自助努力を前提としつつ、我が国民間企業による直接投資、我が国への輸入という民間ベースの協力と、これらの基盤を整備するためのハード、ソフト、資金等の多面的な政府ベースの援助とを、総合的・計画的に連携しながら展開される」と定義されている[29]。

それでは、こうしたアプローチによって、アジアと日本の経済関係はどう進展したのであろうか。表6（六四ページ）によれば、七七年から九一年にかけて、円借款供与上位国と直接投資上位国との対応関係はより明確になっている。九一年の直接投資上位一〇カ国で表6に示されていないのは、②香港、③ブラジル、④シンガポール、⑨台湾の四カ国・地域で、ブラジルを除けばいずれも円借款対象外の東アジアNIESである。アジアのなかで円借款上位国の東アジア（東南アジアを含む）は直接投資の受け入れも多く、円借款下位国の南アジアの直接投資受け入れは多くない。これらの特徴は、〇二年も基本的に変わっていないと言ってよいであろう。

次に、ODA受入国の対日依存度の動向をうかがってみよう。表7は、表6の九一年における円借款供与上位一〇カ国について、ODA（贈与を含む）と対日貿易の依存度を計算したものである。全体として、ODAを通じて日本と関係の強い国々は、貿易においても日本の比率が高くなる傾向を指摘できる。ただし、南アジアについては、ODAの対日依存度が高い割には貿易依存の比

表7　主要被援助国のODA・輸出入の対日依存度(単位：100万ドル、%)

	1986年		2000年	
	ODA	輸出入	ODA	輸出入
インドネシア	707(62.4)	9,973(39.1)	970(60.0)	23,965(22.3)
中国	497(72.7)	15,509(21.0)	769(61.2)	85,454(18.4)
フィリピン	438(49.4)	2,289(22.4)	305(60.6)	17,453(25.6)
タイ	260(65.3)	3,421(19.0)	635(101.6)	24,229(19.5)
インド	227(22.0)	3,396(13.3)	368(56.6)	4,852(4.9)
韓国	7(90.4)	15,766(23.8)	—(—)	51,152(15.3)
パキスタン	152(27.2)	1,255(14.3)	280(59.0)	855(4.6)
バングラデシュ	249(29.5)	528(17.8)	202(32.7)	589(4.1)
マレーシア	38(20.6)	5,554(22.5)	24(55.2)	28,377(16.1)
ミャンマー	244(79.3)	260(…)	52(76.1)	315(8.4)

(注1)ODAの金額は日本の供与額、比率は二国間ODA受け入れ総額に占める日本の割合、輸出入の金額は対日輸出入額合計、比率は総輸出入額に占める対日輸出入額の割合。
(注2)1986年のインドネシアと韓国のODAは87年の数値。
(注3)2000年のタイのODAで、日本の比率が100%を超えているのは、タイから他国への支払超過があるため。
(出典)海外経済協力基金編『海外経済協力便覧』1992年版、国際協力銀行編『国際協力便覧』2003年版。

率は高くない。地理的に遠いとともに、直接投資が少ないことがその理由に考えられる。

そこで、アジア諸国の経済成長の事実を表8によって確認してみると、東アジアと南アジアとでは成長速度に差がついていることがわかる。後発の中国が高度成長を続けていることは周知の事実で、〇五年には約一七〇〇ドルに達したとみられる。直接投資の差が成長

表8　アジア諸国の1人あたりGDP

国　名	1974年	1994年
マレーシア	680	4,027
韓国	480	8,540
フィリピン	330	953
タイ	310	2,411
インドネシア	170	909
インド	140	292
パキスタン	130	404
バングラデシュ	100	219
中国	…	420

(注1)1994年のインドは93年、マレーシアは95年。
(出典)1974年は『南北問題と開発援助』、94年は『海外経済協力便覧』1996年版。

速度の差と対応している。東アジアでODA・投資・貿易の三位一体アプローチが実現し、経済成長に結びついたことは否定し得ない。ただし、日本のODAが受入国のインフラづくりにどれだけのウエイトを占めるか、日本の直接投資が受入国の投資全体のなかでどれだけの意味をもつかは、より具体的に検証しなければならない。(30)ともあれ『ODA白書(二〇〇四年版)』は、東アジアの経済発展と日本のODAとの関連を強調し、贈与を主とした欧米方式に対して、借款を主とする「日本型ODA」の意義を高く評価している。(31)「日本型ODA」モデルをどこまで一般化できるかは検討の必要があるが、それが経済主義の現れにほかならないことを、ここであらためて確認しておきたい。

4　グローバル化と財政危機の狭間で(一九九〇年代以降)

ODA大綱の制定

八〇年代後半の円高を背景に、日本は世界のODAトップ・ドナーに躍り出る。その過程は、日本経済がバブル景気に突入する時期でもあった。九〇年代初頭にバブルがはじけると、「失われた一〇年」と称される長期不況の時代を迎え、財政赤字はしだいに危機的様相を深めていく。にもかかわらず、ODA予算(一般会計)は、第五次中期目標が終了する九七年まで拡大を続け、OD

A世界第一位の座は二〇〇〇年まで維持された。

この時期、九一年の湾岸戦争を契機に日本は軍事面での「国際貢献」を模索し、ODAの活用と合わせ、グローバル化する世界のなかで政治大国入りを目論んでいたと考えられる。ODA予算の拡大とともに、そのあり方について世論の関心が高まり、[32]九二年には「政府開発援助大綱」が閣議決定された。[33]ODAのあり方については、それまでも外務省がおりにふれて説明してきたが、政府として基本理念、原則、重点事項などをまとめて提示したのは、これが最初である。

原則の四項目では、軍事的利用の回避、民主化の促進など、政治的観点を盛り込んだ。重点事項については、地域としてアジア重視を明記し、重点項目では地球的規模の問題、基礎生活分野（BHN）をあげる一方、インフラ整備、構造調整といった成長優先の事項もかかげた。

さらに、「効果的実施のための方策」一五項目を列挙し、そのなかに、「我が国及び離陸に成功した東アジア、東南アジア諸国等の開発政策の経験の活用を図る」「政府開発援助と直接投資、貿易が有機的連関を保ちつつ実施され、総体として開発途上国の発展を促進するよう努める。このため、貿易保険、日本輸出入銀行等を通じた民間経済協力との連携強化を図るとともに、民間経済協力の促進を図る」といった経済利益の確保と関連する方策をあげている。ODA・直接投資・貿易の三位一体アプローチがここにも生きているわけである。

それ以後、財政危機の深化に応じて、ODAの効率化と説明責任を果たすべく、さまざまなODA改革が行われていく。[34]ODA中期政策・国別援助計画の策定、評価システムの拡充、NGO

との連携、海外経済協力基金と日本輸出入銀行の統合による国際協力銀行の設立などが、そのおもなものである。

〇三年には「政府開発援助大綱」が改定された[35]。旧大綱と比べ、大枠での変化はないが、〇一年の九・一一同時多発テロをはじめとする国際情勢の激変をふまえ、理念(目的・方針・重点)を詳しく書いている点が目新しい。その冒頭で、「我が国ODAの目的は、国際社会の平和と発展に貢献し、これを通じて我が国の安全と繁栄の確保に資すること」と明記し、国益の観点を強調したことは、日本社会に充満する国益優先思想の反映であろう[36]。その枠組みのなかで、従来型の経済主義的主張も、「持続的成長」という重点課題中の一項目として、しっかりと書き込まれている。

こうした一連のODA改革のなかで、円借款のタイド化という時代逆行的方策が復活したことに注意しておくべきであろう。**表5**(六三ページ)に示されるように、八八年度以降皆無となっていたタイドの円借款が九八年度に息を吹き返し、〇一年度には円借款全体の四割にも達したのである。これは、九八年一二月に創設された特別円借款制度のためである。

九七年に勃発した東アジア通貨危機に対して、日本政府はいくつかの緊急経済対策を打ち出す。その一つが「アジア諸国等の経済構造改革支援のための特別円借款」であった[37]。OECDガイドラインでは、従来型の円借款のタイド化は禁止されているが、金利引き下げ、償還期間延長によってこの制約をクリアーし、不況にあえぐ日本企業を救済する意味ももたせたのである。

通産省の主導したこの制度は三年間の時限措置であり、〇二年六月末に終了したが、「本邦技術活用条件」付きの円借款へと切り換えられ、恒久化された。これに先立って経団連は、「ODA改革に関する提言」を〇一年一〇月に発表しており、そのなかで、「わが国のODAが相手国から日本の援助として認識され評価される『顔の見える援助』とする」ことを主張し、その方策の一つとしてこう提案していた[38]。

「円借款については、国際ルール上認められる条件の下に、わが国が比較優位にある技術・ノウハウの移転を推進しうる特別円借款制度のような日本企業タイドの借款メニューを事業予算の中に一定量、恒久的に確保すべきである」

特別円借款制度の恒久化は、まさに経団連の提言をそのまま取り入れたものであって、狭義の経済主義(いわゆる「商業主義」)がいかに根強いかを端的に物語っている。

「日本型ODAモデル」の可能性?

日本のODAは今後、どのような方向に進むのであろうか。

一つは、「東アジア共同体」づくりに向けてODAを活用する方向である。ヨーロッパにおけるEUの拡大、南北アメリカにおけるNAFTAの拡充に対応し、東アジアではASEANと日本・韓国・中国を中心とする「東アジア共同体」の形成が進められている[39]。その前段階として進行しているのが、AFTA(ASEAN自由貿易地域)の形成、ASEANと日本・中国・韓国とのFTA(自由貿易協定)の締結である。日本は二国間FTAを貿易レベルにとどめず、資本や人の移動が自由化される高次元のものと位置づけ、ＯＤＡを含む経済協力項目を盛り込んだＥＰＡ（経済連携協定）としようと試みている。

経団連が〇三年一月に発表した新ビジョン「活力と魅力溢れる日本をめざして」（いわゆる「奥田ビジョン」）では、「東アジア自由経済圏」の形成を重点目標に掲げ、そこで五つの自由（モノ、サービス、ヒト、カネ、情報の自由移動）と二つの協力（地域課題、グローバル課題）の実現を提唱した。そして、それに向けて「ハードのインフラ整備の支援に加え、法制度の整備、金融・資本市場の育成、裾野産業の強化、キャパシティ・ビルディングなどにＯＤＡを活用していくべきである」と提言している。(40)

日本政府は、こうした経済界の要請をふまえつつ二国間ＦＴＡ交渉に取り組み、シンガポール、メキシコ、フィリピン、マレーシア、タイとの協定をまとめあげた。そこにはＯＤＡを活用した技術協力、人材育成などを盛り込み、日本を軸とする「東アジア共同体」の実体形成を図ろうとしている。これによって日本企業の利益を最大限保障するビジネス環境を構築できるし、それが日本の「国益」になるとみているのである。ただし、日本の「国益」が東アジアの人びとの利益と一致する保障はどこにもない。

なお、「東アジア共同体」をめぐっては、急速に経済力をつけてきた中国との主導権争いが不可避であって、日中関係を円滑化しないかぎり、「東アジア共同体」は現実性をもたないことも注意すべき点である。その中国に対して日本政府は〇五年三月、国内の反中国感情に迎合する形で、円借款供与を〇八年に中止すると決定した[41]。この決定は、日中経済関係が全体として日本優位の協力関係から競合関係へと移行しつつある局面の一表現にほかならず、今後も類似の事態が生じるであろう。

もう一つの方向は、東アジアの経験をもとに、「日本型ODAモデル」を世界に広めていくことである。〇〇年九月、国連ミレニアム・サミットでは、世界の貧困を削減するミレニアム開発目標（MDGs）が採択された。〇五年七月のG8グレンイーグルズ・サミットでは、MDGs達成のために、アフリカ援助を中心としてODAを一〇年までに五〇〇億ドル増額することが合意された。日本には、その二〇％の一〇〇億ドルが割り当てられた。ここで問われているのは、量の増大ばかりでなく、いかなるODAを供与するかという内容の問題である。

おりしも日本はODA五〇年の総括の時期にあたり、〇五年七月、経済産業省産業構造審議会は貿易経済協力分科会経済協力小委員会において、中間取りまとめ「我が国経済協力の成功経験を踏まえた『ジャパン・ODAモデル』の推進」を公表した[42]。この小委員会のメンバーをみると、経済界が委員長（三菱商事会長）をはじめとして一〇名、大学関係四名、新聞・雑誌二名という構成であり、経済界主導の性格が強い。報告書は3章構成で、第1章で円借款を中心に日本のODA五〇年を総括し、第2章で近年の内外情勢を分析し、第3章で今後の戦略を提起した。結論部分では、次のように日本型ODAモデルを意義づけている。

「これまで我が国は、経済協力を行うに当たって、ハードインフラの整備、ソフトインフラの整備及び産業人材育成からなる経済発展基盤整備に対する支援を、主として円借款と技術協力を組み合せながら行い、民間活力を引き出す形で相手国が自立的な経済成長を実現できるように心がけてきた。この結果、我が国の経済協力が注力してきた東アジア地域において、持続的な高い経済成長が実現しつつある。

無償資金協力を中心とする他の先進国とは一線を画す、相手国の民間活力を引き出す形での自立的発展を目指す経済協力の手法は、その実績から『ジャパン・ＯＤＡモデル』として、大いに誇りうるものであり、二一世紀に入った現在、さらに重要性を増していると考える(43)」

ＭＤＧｓの焦点はアフリカの貧困である。アジアとアフリカは六〇年ごろには同じような経済水準であったが、いまや大きな差がついている。購買力平価で為替レートを調整すると、〇〇年の一人あたりＧＤＰは、東アジアとサブ・サハラ・アフリカの間に五倍ほどの格差が算出される(44)。ここから、日本モデルの成功〈アジアへの経済インフラ借款→民間活力→経済成長〉と、ヨーロッパ・モデルの失敗〈アフリカへの基礎生活分野無償援助→経済停滞〉という対比が導き出されている。

しかし、東アジアとサブ・サハラ・アフリカの比較には、ＯＤＡのあり方だけでなく、各国の置かれた複雑な世界史的条件を考慮しなければならず、単純な対比ですむ問題ではない。また、同じ日本のアジアへのＯＤＡにしても、東南アジアと南アジアとでは結果は異なっている。とはいえ、新自由主義的グローバリゼーションの時代潮流のなかで、民間資本の活力を引き出す日本型ODAモデルが、経済成長のうえでは一定の「有効性」をもつであろうことは認めねばなるまい。

問題はその先にある。日本型ODAは経済主義から出発しており、つまるところ経済成長を最優先の目標としている。成長に伴う影の部分、環境破壊や格差拡大は軽視される。それに対して、とくに北欧のODAは人道主義を出発点としており、経済成長を優先目標としていない。それは企業のためでない、公正な公共政策をめざしており、NGOへの供与も少なくない。

このような貧困な人びととの連帯を動機とするODAは、アメリカが主導し、日本が追随する新自由主義的グローバリゼーションのためのODAとは異なる原理を備えている。これからの世界に必要なのは、資本優先の市場万能社会に向かう経済主義的ODAではなく、人間と環境を優先する人道主義的ODAではないだろうか。その道を通ってこそ、援助を不要とする世界に近づけるように思われる。

(1) 各国の比較については、外務省経済協力局経済協力研究会編『経済協力の理念』一九八一年、国際協力銀行開発金融研究所編『対外政策としての開発援助』二〇〇四年、参照。
(2)『日本経済新聞』二〇〇四年四月三日。
(3) 外務省編『政府開発援助(ODA)白書(二〇〇四年版)』三二ページ(以下『ODA白書』と略記)。
(4) 外務省経済協力局長菊地清明編『南北問題と開発援助』国際協力推進協会、一九七八年、三六九ページ。
(5) 西和夫『経済協力』中央公論社、一九七〇年、六一ページ。

(6) 山本剛士『日本の経済援助』社会思想社、一九八八年、三一～三二ページ。
(7) 鷲見一夫『ODA援助の現実』岩波書店、一九八九年、二〇～二二ページ。
(8) 金子文夫「「貿易立国」から「戦略援助」へ」『世界』一九八六年五月号、一一八～一二二ページ。
(9)『ODA白書(二〇〇四年版)』三四～三五ページ。
(10) 前掲(4)、四五一ページ。
(11) 前掲(4)、四八六～四八七ページ。
(12) 前掲(6)、一四～一七ページ。典拠は糠谷真平「わが国の経済協力と輸出」『ESP』一九七三年二月号。
(13) 土屋武夫「日本の経済「援助」」『世界から』一八号、一九八四年二月、六七ページ。
(14) 通産省編『経済協力の現状と問題点(一九八二年版)』八二ページ。
(15) 海外経済協力基金編『海外経済協力基金二十年史』一九八二年、二四三ページ。
(16) 前掲(7)、一七三～一七四ページ。
(17) 藤林泰「あふれるアルミ製品と四一一〇億円のツケ」福家洋介・藤林泰編著『日本人の暮らしのためだったODA』コモンズ、一九九九年、参照。
(18) 中期目標の内容と実績については、海外経済協力基金編『海外経済協力便覧』各年版、参照。
(19) 朝日新聞「援助」取材班『援助途上国ニッポン』朝日新聞社、一九八五年、参照。
(20)『ODA白書(一九九七年版)(上)』二四〇ページ。
(21) 前掲(9)、六ページ。
(22) 前掲(9)、八一ページ。
(23) この間の事情は、前田充浩「通商産業省「一九九〇年代型」対ASEAN諸国政策に関する「統合価値」モデル分析」国際協力銀行開発金融研究所編『地域経済アプローチを踏まえた政策の一貫性分析』二〇〇五年、一一六～一二〇ページ、参照。
(24)『ODA白書(一九九〇年版)(上)』二七～二八ページ。

(25) 前掲(20)、一一七ページ。ゴシックは原文。
(26) 前掲(19)、七〇～七五、八五～九二ページ、前掲(7)、一三〇～一三七ページなど参照。
(27) 前掲(9)、三九ページ。
(28) その概要については、前掲(23)、一二〇～一二二ページ、渡辺利夫・草野厚『日本のODAをどうするか』日本放送出版協会、一九九一年、三六～三九ページ。
(29) 通産省編『経済協力の現状と問題点(一九八八年版)』一七四～一七五ページ。
(30) 日本のODAのウエイトについて、『ODA白書(一九九〇年版)上』の三〇～三一ページでは発電設備を取り上げ、半島部マレーシア三八%、インドネシア三一%、タイ一八%、バングラデシュ一六%という数字を示している。二〇〇四年版の一八ページには、インドネシア二〇%、フィリピン八%、タイ一五%とあり、比率が多少下がっている。直接投資の重要性については、たとえば、浦田秀次郎「東アジアにおける重層的発展プロセス」(前掲『地域経済アプローチを踏まえた政策の一貫性分析』四三ページ)に、雇用、販売額、付加価値、固定資本形成に占める多国籍企業の比率が示されており、そこから日本企業の役割をある程度推定することはできる。
(31) 前掲(9)、一五～一九ページ。
(32) ODAを主題とした新聞の社説は、一九九一年に最多となる(草野厚・岡本岳大「メディアにみるODA認識」後藤一美・大野泉・渡辺利夫編著『シリーズ国際開発　第四巻　日本の国際開発協力』日本評論社、二〇〇五年、二五三～二五四ページ)。
(33) 全文は英訳も合わせて、国際協力銀行編『国際協力便覧』各年版に収録。
(34) 前掲(9)、五七ページ。
(35) 前掲(9)、一七五～一八〇ページ。
(36) 後藤一美「日本の国際開発協力を問う」前掲『日本の国際開発協力』三二～三三ページ、参照。
(37) 国際協力銀行編『国際協力便覧(二〇〇三年版)』五八八ページ。その問題点については、長瀬理英「日本の「顔の見える」から、地域生活者に「耳を傾ける」へ」（藤林泰・長瀬理英編著『ＯＤＡをどう変えればいいのか』コモンズ、二〇〇二年）参照。

（38）http://www.keidanren.or.jp/japanese/policy/2001/049.html

（39）金子文夫「東アジアと日本」『現代の理論』復刊二号、二〇〇五年一月、金子文夫「ＦＴＡから「東アジア共同体」構想へ」『ピープルズ・プラン』三一号、二〇〇五年八月、参照。

（40）日本経済団体連合会編著『活力と魅力溢れる日本をめざして』二〇〇三年、八三～九九ページ。

（41）田村秀男「対中国円借款打ち切りの深層」『世界』二〇〇五年七月号、参照。

（42）http://www.meti.go.jp/report/data/g 50722 aj.html

（43）経済産業省産業構造審議会「我が国経済協力の成功経験を踏まえた『ジャパン・ＯＤＡモデル』の推進」四一ページ。

（44）前掲（9）、一七ページ。

第3章　ＯＤＡと政治・政治家

村井吉敬

1　ＯＤＡの動機——本当に人道主義なのか？

一兆円もの税金や郵便貯金を毎年、貧しい途上国のために費やすのは、なぜなのだろうか。世界には貧しく、苦しんでいる人びとがたくさんいる、この人びとのために多少はゆとりのある国が支援するのは人道的に考えて当然だ、というまっとうな理念がある。たとえば、貧しい人を支援する生活保護費に文句を言う人もいるが、多くの人は当然のことと受けとめている。

だが、ＯＤＡは本当にみんなが懐を大きく痛めるほどの支援なのだろうか。一兆円といえば大きいと思うかもしれない。しかし、防衛費（軍事費）はその五倍にもなる。日本のＧＮＰに占める比率は〇・二％（二〇〇三年）にすぎない。三〇万円の月給をもらう人だったら六〇〇円、コーヒー二杯分といったところだ。偉そうに言える額ではないし、懐がひどく痛いと思うほどの額でもない。貧しい人が痛ましいと思っても、その程度の負担ならまあいいか、という額でしかない。

地球規模で見てみよう。世界のＧＮＰは約三二兆ドルである（〇三年、一人あたりでは約五〇〇〇ドル）。援助をする先進二二カ国（開発援助委員会（ＤＡＣ）加盟国。これ以外にも援助国はあるが、ここでははずす）のＧＮＰ総額は二五兆ドル、これだけで全世界二一六カ国のＧＮＰの七八％になる（ＧＮＰの数値は Students of the World のホームページ www.studentsoftheworld.info による）。

その「豊かな」二二カ国から途上国に流れた公的援助は〇三年に約六八五億ドル、GNPの〇・二七%にすぎない（DACの統計では〇・二五%になっている、外務省『政府開発援助（ODA）白書（二〇〇四年版）』）。これにNGOの贈与約九億ドルを加えても、比率はさほど変わらない。ODAの対GNP比がもっとも高いノルウェーは、日本の四倍以上の〇・九二%になる。この場合は、月給三〇万円の人なら二七六〇円だ（年に三万円を超える）。少しは援助した気になる額かもしれない。

それでは、援助を受ける側にとってはどうなのだろう。〇二年、日本のODAの最大受取国はインドネシアで、約五・四億ドルを受け取った。GNP一五三〇億ドル（〇二年）の〇・四%弱になる。日本以外の国、国際機関をあわせた受取純額は一二・九億ドルで、対GNP比〇・八%強になる。〇二年の財政支出（通常予算、開発予算、地方予算の総計）は約三四〇兆ルピア（約三七億ドル）だから、財政支出に占める外国援助の割合は実に三五%だ。援助なしではやっていけない数字である。出す側にとってさほどの痛痒でない援助であっても、受け取る側からすればかなりの重い存在となっている。

それはとてもありがたいカネかもしれない。だが、貸し付けられている額が多いから、返済の重荷が伴う。インドネシアの対外政府債務を見ると、〇一年末時点で七五九億ドルという途方もない数字になっている。積もり積もった援助のつけである。インドネシア人一人あたり三八〇ドルだ。一人あたりGDP九五四ドル（〇三年）の国民にすれば、政府の借りた借金が所得の四〇%にもなる。援助をする側ではさしたる痛痒を感じない額で、人道心をくすぐっているが、受ける側にとっては、かなり理不尽な非対称関係になって跳ね返っているのである。

もし日本のODAが本当に貧しい国の困窮した人びとを救済したいという人道的動機に基づくなら、もっと巨額の資金を投入すべきだろうし、借款に重きをおいて返済を迫るのも「動機違反」ではないだろうか。もちろん、借りた側の責任をまったく問題にしないわけではないが。

日本のODAに人道的な動機がまったくないと言うつもりはない。しかしながら、人道的な動機だけでは解釈できないことが多いのも事実である。

2　ODAにおける政治的動機と政治家の関与

第2章では、日本のODAは対GNI（国民総所得）に対する比率が低い、贈与比率、グラント・エレメント、LDC（後発開発途上国）への供与比率も低いなどの理由から「日本のODAが、人道主義よりも『経済主義』（日本の経済利益の確保）の性格を強く帯びている」と述べている（五六ページ）。なぜ経済主義なのかは第2章に明らかだが、ではODAは「経済主義」という言葉だけで語り尽くせるのだろうか。それだけでもないように思える。たとえば、アフリカの貧困国の債務帳消しは、明らかに「経済主義」だけで語れるものではない。そもそも経済主義によれば債務帳消しなどありえないからだ。第1章ではODA五〇年の時期区分を次の五つに分けた。

①前走期：賠償とODAの並走（一九五四〜六八年）、②経済益追求期（六九〜七七年）、③ODA高度成長期（七八〜九〇年）、④冷戦終結と新たなODAの模索期（九一〜二〇〇〇年）、⑤新ナショナリズム時代（〇一年〜）。

ODAが政治性を帯びてくるのは③以降だ。とりわけ④以降は、ODAを単に経済主義とは位置づけられないような特徴が見られる。結論を先取りして言えば、ODAは人道主義や経済主義だけに基づいているわけではなく、そこには政治戦略的な要素が絡んでくる。とくに、「国益」という言葉で語られる政治的要素を抜きにしては考えられない部分があるといえよう。もちろん、国益は政治益だけではないが。

日本のODAは、国威発揚の、あるいは政治的国益追求の手段として八〇年代以降利用されてきた部分がかなりあると言える。その傾向は、九〇年代以降により露わになりつつある。

その前提として、日本の外交の基本には対米協調（対米依存）の姿勢がある。だから、これを逸脱したODAを利用しての国益追求はあまり考えられない。もうひとつの日本外交の基本に、国連重視がある。国連での発言力を高めるため、とりわけ、安全保障理事会の常任理事国になるためにODAが積極活用されてきた傾向があることも否めない事実であろう。

対米協調と国連重視という姿勢が本当に国益なのかどうかは、簡単に結論の出せる問題ではないが、ODAとの関連ではもっと真剣な議論が必要であろう。

さらに見逃せないのは、ODAは政権与党であり続けてきた自民党の有力政治家によって、自ら、あるいは自派閥強化の利権として利用されてきたことである。まず、その部分を見てみよう。

古くは賠償の時代、岸信介首相、古船売却を賠償案件に乗せた木下商店、そしてインドネシアのスカルノ大統領とその側近が演じた賠償ドラマは、疑惑に満ち満ちていた。岸首相の時代に創設された海外経済協力基金（OECF、現JBIC）は、岸の影響力の大きさから「岸基金」とさえ言われていた。六〇年代、七〇年代には、外務省より通産省や大蔵省、さらには大企業、それと癒着した自民党有力政治家がODAを切り盛りし、日本経済だけでなく自らの政治的立場強化の活力源としてきたのである。

たとえば岸の実弟の佐藤栄作首相は、七二年五月に訪日したインドネシアのスハルト大統領との話し合いで、かなり唐突に二億ドル（六八〇億円）の「石油開発計画・石油借款」なるものを決めた。それとともに、「LNG開発借款」（五六〇億円）も七三年に決定された。こうした援助費目は、それ以前にもそれ以後にもない。当時の通産大臣は田中角栄で、この石油借款が約束された二カ月後に、福田赳夫を破って自民党総裁になった。実際にローン・アグリーメント（L／A、借款契約）が締結されたのは翌年だったから、この石油借款、LNG借款は田中角栄とのつながりで考えるべきなのかとも思われる。

ODAと自民党政治家のかかわりには不透明な部分が多いが、とりわけこの借款は摩訶不思議と言うよりほかはない。ある関係者によれば、OECFにはこの借款の資料がもはやないという。国費一二四〇億円も使った資料がないというのはどういうことなのだろうか。

長い間ODAにかかわってきたのは岸人脈（岸派→福田派→安倍派→三塚派→森派）と言われている。岸信介、福田赳夫、安倍晋太郎が、この流れのなかにいる。現首相・小泉純一郎は森派であるから、ODA「正統人脈」だ。安倍晋太郎の三男・安倍晋三（官房長官）も、祖父・父親と同様この派閥に属している。安倍晋太郎は長い間外務大臣を歴任し、ODAへの食い込みが指摘された(1)。

佐藤栄作は、保守本流といわれる吉田派に属し、佐藤派を率いた（一部は池田派を結成し、前尾派→大平派→鈴木派→宮沢派→加藤派（消滅）とつながる）。その引退後に田中派となる。田中角栄は前述の石油・LNG借款に見られるように、通産官僚や商社を巻き込んで資源自立路線を歩もうとし、そのなかでODAに絡んだ。それを引き継いだ竹下派は、もともと国内公共事業に太いパイプがあり、ODAにも一定の食い込みをしてきている。とくに、対中国ODAでは、竹下登の名前が取り沙汰された(2)。

さらに、見逃せないのは中曽根康弘である。河野一郎の派閥を中曽根は引き継ぎ、小派閥とはいえ田中派のバックアップで首相になり、政権は長期に及んだ。レーガン米大統領、全斗煥韓国大統領との個人的パイプも太く、ODAへのかかわりも強烈であったといえる。中曽根派は渡辺派から山崎派になるが、対インドネシアODAで渡辺美智雄には黒い噂がついて回った（後述）。跡目の山崎拓は日本インドネシア友好協会会長のポストも引き継ぎ、かなりの回数にわたってインドネシアを訪ねている。山崎については、ベトナムとのかかわりも取り沙汰された。

一方、現役の自民党政治家については、もちろん、ODAのかかわりは不透明である。案件について口利きがあり、コミッションが支払われ、それが効果をもたらしたことが明らかになれば、犯罪になり、政治家生命は絶たれるからだ。だが、ODAにかかわる民間業者(コンサルタント、商社、ゼネコン、メーカーなど)の間では、官僚や政治家への働きかけを「注射」と呼んだり、予算折衝過程で政治家が登場するプロジェクトを「マル政」と呼ぶという。それは、そこに不透明な働きかけがあることを示唆する。また、ODAを実際に受注するさまざまな財団法人や社団法人などの公益法人には多くの場合、関係省庁から天下り人事があり、旧キャリア官僚が出身省庁や族議員に働きかけをすることもある。(3)

最近ではODA批判の声や監視の目もあるので、政治家の露骨な介入は見えてこない。鈴木宗男議員のケニアのODAプロジェクトとのかかわりが話題にされたくらいだが、疑惑が消えたわけではない。おそらく政治資金規正法との関連で、より深くに潜っていったのだろう。

しかし、政治資金規正法の限度額内での企業から政党への献金は認められている。たとえば、自民党になされた政治献金が、ある特定議員への迂回的なODAをめぐっての「謝礼」という場合もあり得る。こうなると追及はむずかしい。ODA改革が叫ばれて久しいが、まだまだ政官業癒着の構造が一掃されたとは言えない。以下、政治(家)とODAが濃厚にかかわったいくつかの具体例をあげてみよう。

3　自民党有力政治家のODA疑惑

ソウル地下鉄建設疑惑

七七年一二月一七日、第八三回国会予算委員会で、ソウル地下鉄建設に絡む疑惑が集中審議された。三菱商事、三井物産、丸紅、日商岩井(現・双日)、日立製作所など、この地下鉄建設にかかわった各社代表が参考人で出席している。

疑惑は、七一年に佐藤栄作首相が朴正熙大統領就任式出席のため訪韓した際に、地下鉄車両供与の協力を約束したことに端を発する。同年一二月三〇日に、二七二億四〇〇〇万円の円借款供与の交換公文が調印された。一八六両の地下鉄車両や信号機が輸出されることになったが、車両価格が国内価格よりも法外に高く、リベートが支払われたのではないかとの疑惑が浮上したのである。日本社会党の大出俊議員の追及に、三菱商事社長田部文一郎は次のように答えている。

「われわれは商売をとるためにいろいろな苦心をいたしております。それで、よけいな、普通の商売とは外れたようなことは、われわれといたしましてもしたくありません。ところが、この地下鉄商談の前に、御存じと思いますけれども、韓国横断鉄道、われわれはその商売もとるつもりで大変な努力をいたしましたけれども、ヨーロッパ、フランスを初めとする連中にそれをとられてしまったわけです。その直後にこの地下鉄問題が浮かび上がった。今回はわれわれの隣の国の商売を遠いヨーロッパにどうしてもとられたくない、あらゆる手段を講じてでもこれはぜひわれわれでとりたい、こういうことで、いろいろ協議いたしました。したがって、四社がコンソーシアムを組んだのもそういうためでありまして、それでわれわれが一本になってこの商談をどうしても物にしよう、こういうふうなことでいろいろ検討いたしておりましたら、ちょうどそのときに、韓国の有力な民間の財界人から、自分がひとつ力をかそう、自分がかせばこれは必ず物になるぞ、こういうふうなことが申し込まれました。われわれもそう申し込んだ人のいろいろな過去の経歴その他を考えますと、その人が言うことがまんざらでたらめでもない、ぜひこれを使えばこれは物になるというふうに確信いたしましたので、その人の言う金額、お話しのとおり二百五十万ドルでありますけれども、それをその人の指定する口座に振り込んだわけでございます。以上です」

「韓国の有力な民間の財界人」というのは実は正体不明で、ＫＣＩＡ（韓国中央情報部）ともかかわる人物であるといわれた。ＯＤＡ案件をとるために有力商社が協力して「工作費」を支払っていたことが初めて明らかにされた、衝撃的な事件である。しかし、これは犯罪として立件されず、商社が国税から追徴金を取られるだけに終わった。日本の政治家のかかわりも明らかにされることはなかった。

中曽根首相の対韓四〇億ドル援助

ソウル地下鉄から六年後、八三年一月の中曽根首相訪韓時に、対韓四〇億ドル援助が約束された。朴正煕暗殺後、民主化の動きが「韓国のベトナム化」につながるという危機意識をもった軍部は、八〇年五月一七日に全土戒厳令を布き、金大中ら主要政治家を逮捕。光州における血の弾圧を経て、全斗煥政権を生み出す。血塗られた政権に巨額の援助供与を決定したのが中曽根首相であった。

八一年三月、盧信永外務部長室から日本大使に対し、五カ年一〇〇億ドルという途方もなく巨額の援助（政府借款六〇億ドル、民間借款四〇億ドル）申し入れがされる。これは「安保絡み援助」といわれ、韓国では「安保経協」と呼ばれた。「北朝鮮は脅威だ。日本の繁栄は韓国の防衛努力のおかげだから、韓国の戦力増強五カ年計画に日本は政府借款六〇億ドルをもって協力するのが当然の義務である」というのが韓国側の言い分である。これは軍事援助そのものだ。しかも、韓国はすでに一人あたりGNP一五〇〇ドルを超す「中進国」である。さすがに日本政府も困り果てた。しかし、結局は中曽根訪韓時に、七年間四〇億ドルの借款でけりがつけられたのだ。

これは巷間「民生援助」といわれるに至ったが、本当に「安保絡み援助」ではなくなったのだろうか。

山本剛士氏によれば、たしかに借款の中味は多目的ダム、上下水道、教育施設など民生用で合意（うち三・五億ドルは商品借款と同じ効果をもつ輸銀バンクローン）したが、「安保絡みは隠蔽されたまま」だという(『世界』一九八六年五月号)。すなわち「北は脅威、日本の繁栄は韓国による防衛のため、だから援助せよ」という認識を韓国は決して取り下げていない。一方、日本側は国内的にはその認識は消えたと宣伝しつつ、結局、中曽根訪韓の露払いとして八二年一二月下旬に極秘裏に派遣された瀬島龍三伊藤忠商事相談役に「認識の一致」を託したのではないかというのである。

中曽根・全共同声明や中曽根首相の記者会見でも、「安保絡み」は否定されてはいない[4]。たとえ民生用と称しても、安保、戦略を顧慮した援助が対韓四〇億ドル援助ではなかったのか。

強権と腐敗に満ちた全斗煥体制が韓国民衆によって打倒されるまで、九年もの歳月を要した。対韓借款の一部で造られたダムの工事受注をめぐって、大規模な汚職があったことも明らかにされている。対韓四〇億ドル援助は、「北の脅威」に名を借りつつ「南の軍事化と民衆抑圧」を助けたという側面を無視できないだろう。

中曽根首相個人がこの対韓四〇億ドルから何らかのリベートを得たのかどうかはわからないが、次に述べる疑惑はきわめて灰色から黒に近い。だが、韓国以外にも、レーガン大統領の新冷戦政策に呼応するかのように、シーレーン計画をもにらみつつ太平洋諸国を訪問しているし、イラン・イラク戦争では「反米イラン」に対してサダム・フセインのイラクを支持し、その「つけ」がやがてアメリカの対イラク戦争荷担につながっていく。ODAを私益に還元している疑いを受けつつ、なおかつ中曽根流「国策」に大いに活用したと考えられる。

中曽根首相のフィリピン関与

フィリピンに対する無償資金協力案件のひとつ「国立航海技術訓練所（NMP）拡充計画」は、マスコミでも国会でも問題にされた、いわくつきのプロジェクトである。マルコス大統領夫人イメルダの出身地レイテ島タクロバンに、この訓練所は造られた。フィリピンの大半の外国航路の船員たちはマニラを本拠地にしており、マニラから数百キロも離れたレイテ島に有料の航海技術訓練を受けに行くことはあまり考えられない。にもかかわらず、このプロジェクトは実施された。

そもそも、このプロジェクトは中曽根首相がフィリピンを訪問した八三年五月に急浮上した。マニラの日本大使館と外務省本省の間で交わされた電文がそれを物語っている。

「最近イメルダ夫人より大川大使あての要請書簡を添えて外務省より口上書にて再度要請越した。……右口上書によれば本件プロジェクトは比政府において最もプライオリティの高い案件であり、またイメルダ夫人の書簡によれば船員によってもたらされる外貨収入は二・二六億ドルにのぼり貿易不均衡を是正する上で大きく貢献している由である。……中曽根総理訪比の際に前向きにとりあげる用意ある旨御発言いただきたく案件として格好のものと考える。なお従来比商船大学（PHIL. MARCHANT MARINE ACADEMY）より類似の要請があり、当館より右実現方お願いした次第はあるも、中曽根総理訪比を控えた現下の諸情勢においては商船大学を先送りしてでも本件プロジェクトに協力することが効果的であると考えられるので特段のご配慮をお願いしたい」

レイテ島にはこのプロジェクト以外にも、トンゴナン地熱発電所建設事業（一八八億円、有償）、工業団地港湾開発（七五・六億円、有償）、道路整備計画（六三億円、有償）などの巨大プロジェクトが実施されている。

フィリピンの人びとは、イメルダの息のかかったプロジェクトを「ペット・プロジェクト」と呼んでいた。このNMPプロジェクトは、典型的なペット・プロジェクトであろう。そして、日本の首相が訪問するにあたっての「おみやげ」プロジェクトでもある。

しかも、このプロジェクトの建物建設を受注したのは、フィリピンではあまり実績のなかった鹿島建設（現・鹿島）であった。多くの援助関係者によれば、建設工事の入札はたいていは名ばかり、談合でほとんど決められるという。中曽根首相と鹿島建設会長（当時）とは姻戚関係にあることからすると、ネポティズムが働いたと見るのが妥当であろう。

この問題を取り上げたTBS報道特集（一九八九年三月二六日）では、NMPに納入された航海訓練用シミュレーターの価格に疑問があると指摘した。機材はトーメンが落札しているが、シミュレーターについては石川島播磨重工業が製作したものが納入されている。「特殊な」機材であるため「価格はあってなきようなもの」とも言われる。石川島播磨重工業が製作したエンジン・シミュレーターは五・六三億円だった。同様のシミュレーターが運輸省海技大学校（兵庫県芦屋市。現在は独立行政法人）で使われている。ところが、このシミュレーターの納入価格は一億円ほどだったという。なぜ五倍以上もの価格差があるのか？

石川島播磨重工業はソフトウェアづくり、開発費、輸送・現地据え付け費などがかさんだとしているが、それで五倍以上の価格差が説明されたとはとてもいえない。ＯＤＡにかかわる民間業者から、重機械の価格は簡単に水増しできるとの話をよく聞く。このケースはその典型といえるのではないか。そもそもコンサルタント会社が仕様書を書き上げるのだが、その段階ですでに価格が決定されているという。ＯＤＡでは、いかに安くするかという競争原理はまったく働いていない。

当初の計画では、ＮＭＰは、航海科・機関科各四コース・五週の訓練で年間六四〇名、タンカー・セーフティ・コース五週の訓練で年間一二〇名を予定していた。しかし、八六年下半期の訓練生はたった二二名、修了者ゼロ、八七年も九月まで一二四名、修了者やはりゼロという、惨憺たる結果だった。八七年九月に派遣された、ＪＩＣＡのＮＭＰ巡回指導調査団の報告書には、こう書かれている。

「開設した二つのコースに対する船員の応募状況は惨々たるもので、特別コースに至っては応募者零という状況にあった。……かかる事態を憂慮した我が国にはその不振の主な原因として、比国側の本件業務にかかる準備・経験不足、背景としてからむ政権交替の微妙な影響及び折からの深刻な世界海運不況の影響を考え、比国側と抜本的な対策を協議し、テコ入れするため……調査団…を…派遣する運びとなった」

テレビで疑惑が指摘され、また国会でも追及があったため、ＪＩＣＡは九一年一二月から九三年一二月まで「フォローアップ」を実施。さらに、〇一年一二月から〇二年三月まで調査団を派遣した。その報告に基づいてつくられた評価書には、次のような評価が下されている。

「フィリピンにおいて海運業はこれまで同国が船員労働力を外国船に提供してきた豊富な実績を有しかつ有望な雇用機会である。このため、産業ニーズに見合った船員教育を目的とした本プロジェクトは、フィリピン経済への貢献や人材育成などの点からも妥当であったと考えられる。……本プロジェクトの実施によりトレーニング・モジュールが開発され、それを用いた訓練によってNMP職員の能力は向上したと評価される。またNMPはフィリピン各地から学生を受け入れており、本プロジェクトにより設置された施設・設備を用いることで、船舶職員と部員への教育も行われるようになった。……年間の訓練参加者数も増加してきており、プロジェクト開始当初には一一三八名ほどであったが、一九八九年には三六四六名と、年を追うごとに増加が認められる。……運営・維持管理予算の確保が困難であり、施設・設備・機材の老朽化に伴う更新に対応できず、産業ニーズに見合った訓練の実施が年々難しくなっている」(www.jica.go.jp/evaluation/general 14/pdf/02/02、〇五年一〇月一日、参照。しかし、その後、このサイトは消去されてしまった)。

過去の経緯を問うこともなく、手放しで甘い評価を下すやり方には、あきれてものが言えない。それでも、さすがに今後が心配なのか、運営維持がむずかしいことを指摘している。

渡辺美智雄のインドネシア関与

九二年四月一九日の米紙サンノゼ・マーキュリー・ニューズ(*San Jose Mercury News*)は一面トッ

プで、日本のODA問題を取り上げた(二〇、二一日にも続報)。とくに注目すべきは「外務大臣が巨大プロジェクトに関与」という部分だ。要約すると以下のとおりである(肩書きは当時)。記事を書いたのはルイス・M・サイモンズ。マルコス疑惑報道でピューリツァー賞を受けたこともある、著名なジャーナリストだ。

日本政府のナンバー・ツーであり、次期首相と目されている渡辺美智雄副総理兼外相が、過去四年にわたって、ジャカルタのクマヨラン空港跡地に二・二億ドルで建設予定の見本市会場プロジェクトに色濃くかかわっていたことが明らかになった。渡辺の名前は文書には出てこないが、複数のビジネス専門家は、ODAも供与されている融資会社が「(渡辺の)古典的なダミー会社である」と述べている。

その融資会社とはジャカルタ開発(Jakarta Development Corp.)で、取締役兼監査役に丸目三男(四四歳)という渡辺美智雄の「私設秘書」がいる。丸目は、もともとは興南通商という会社の社長で、クマヨラン跡地利用のためにジャカルタ開発が設立され、興南通商はその会社への出資会社の一つになった。丸目が渡辺美智雄の私設秘書であることは、外務政務次官の柿澤弘治も認めているが、丸目も渡辺もそうした事実はないと言っている。

しかし、丸目が経営するもう一つの会社である「丸目エキシム」(Marume Ex-IM)に電話したところ、秘書が出てきて答えた。

「私どもはすべて渡辺さんのインドネシア、カンボジア、ベトナムのための仕事をここでお引き受けしています。私どもは東南アジアのためのスタッフです。すべてのことは渡辺美智雄事務所からここにきます。……私どもは渡辺の事務所では扱えないことを扱っているのです」

丸目は渡辺が外務大臣になる以前からずっと秘書役をやっているという、匿名を条件にした外務省役人の証言もある。そして、丸目は渡辺のインドネシア訪問やベトナム訪問にも同行している。

渡辺はインドネシアのODAプロジェクトからはいかなる利益も受けていないと文書で回答してきている。しかし、クマヨラン空港跡地開発にかかわったある日本人コンサルタントは、何年にもわたって、渡辺がジャカルタ開発から支払いを受けている可能性があると述べた。

そもそも、空港跡地利用計画は日本とインドネシアの合弁の計画で、OECF(海外経済協力基金)が六一〇〇万ドルの資金を融資することになった。OECFはさらに、ジャカルタ開発に二九〇〇万ドルを出資している。これは通常の融資ではない。OECFの広報課長の田辺テルユキ氏によれば、「通常、OECFが私企業に投融資するのは、その会社のプロジェクトが国の経済開発に貢献する場合です」とのことである。

渡辺はしきりにインドネシアを訪問しているが、このクマヨラン空港跡地利用プロジェクトに顔を出すのは四年前(八八年)だ。当時、渡辺とインドネシアをつないでいたのは丸目の前任の秘書役であった谷口シゲキ（およそ五〇歳）で、彼はインドネシア政府高官と深い関係をもっていた。渡辺は谷口が秘書だったことなどないと言っている。しかし、八七年八月一九日、谷口はインドネシア駐日大使ウィヨゴ・アトモダルミントのお別れパーティーの際に、ウィヨゴと渡辺が話をできるようにセットしている。

渡辺は日本＝インドネシア友好協会の会長をしており、谷口はその協会の事務局長だったにすぎないと渡辺は言う。だが、ある情報によれば、ウィヨゴは渡辺に対して、スハルト大統領からジャカルタ知事就任を要請され、受けるべきかどうか渡辺にアドバイスを求めた、という話を谷口が語っていたという。渡辺は「是非そうしなさい。われわれはロビイストを必要としている」と言い、ジャカルタ知事として空港跡地利用開発を要請したそうだ。それから二カ月後にウィヨゴはジャカルタ知事に就任し、空港跡地利用計画が進捗した。

八八年九月に、渡辺は日本＝インドネシア友好協会長としてウィヨゴとの間で「ジャカルタ見本市会場」に関して覚え書きを調印。八九年四月には、谷口がジャカルタ開発を設立した。登記目的はジャカルタにおける土地プロジェクト推進、融資、機材供与で、当初の株主は、①日本興業銀行、②清水建設、③日商岩井、④ファーイースト・オイル・トレーディング、⑤興南通商、出資金は八八万ドルだ。

これに呼応して、インドネシア側で官民協調の「ジャカルタ国際見本市会社」（Jakarta International Trade Fair Corp.）が設立される。この会社は空港跡地一一二五エーカー（四五五ヘクタール）のうちの一一〇エーカー（四四・五ヘクタール）を買収した。九〇年二月に、ＯＥＣＦが六一〇〇万ドルの融資に同意。興銀は当初出資金以外に二六三〇万ドルを融資し、ＯＥＣＦはさらに、ジャカルタ開発に二九〇〇万ドルの投資をしている。八九年六月二〇日、スハルト大統領出席のもとジャカルタ見本市会場第一期分の完成式典が行われた。招待客には、丸目と谷口未亡人も含まれている。

丸目によれば、彼自身も、谷口も、渡辺も、インドネシア関連では金銭的に一切の利益を得ていないという。

「渡辺さんは、私や谷口さんと同じように、いつもインドネシアの人びとにとっての良いことを考えてきたと思う。ほかには何もありません」

ジャカルタ開発の会社設立趣意書によれば、見本市開催初年度に税引き後利益が五〇〇万ドル見込まれるとしている。

渡辺はクマヨラン空港跡地利用について、疑惑はないと言った。しかし、この報道を見るかぎり、どのように渡辺が否定しようと、疑惑をぬぐい去ることはできないのではないか。

第一に、ジャカルタ知事と渡辺外相の関係は、渡辺が外相就任以前からのもので、日本インドネシア友好協会長として、跡地利用について覚え書きまで交わしているという点。

第二に、あらゆる関係者の証言で、ほとんど秘書とみなされる人物が代表を務める会社が空港跡地利用計画を積極的に進めてきたという点。

第三に、これがもっとも大事な点だが、その会社にＯＥＣＦがＯＤＡ融資をしているという点。第四に、これはその後、日本の新聞記者が得た情報であるが、その私設秘書はジャカルタ市の東京駐在の資格をもっているという点。

渡辺はＯＤＡ執行上の最高責任者である。その立場にある者の「秘書」がかかわっている会社がＯＤＡ受注企業であるということは、不正なカネの授受があろうがなかろうが、許されることではない。

たとえ正規の秘書でなかろうと、渡辺自身が認めているようにその人物は、非常にしばしば渡辺の手伝いをし、また東南アジアに同行しているのである。しかも、その人物は何と、ジャカルタ市の東京駐在員だという。だとしたら、日本人であることを利用して、ＯＤＡの受注企業を日本に設立し、ジャカルタ市駐在の顔を使ってＯＤＡをその企業に受注させたという、なんとも信じがたいことをしているわけだ。これが疑惑でなかったとしたら、たいていの問題は疑惑にはならない。

4　政治戦略的なＯＤＡ

四つのケースを見てきたが、いずれもＯＤＡに対して政治(家)のかかわりが濃厚である。渡辺美智雄のケースが古典的とも言える私益追求型の疑惑であるのに対して、中曽根康弘の対韓四〇億ドル援助は、疑惑がないわけではないが、むしろ政治戦略的志向が濃厚だ。「政治援助」そのものと言われても仕方がないような特徴を備えていた。

ODAが政治戦略的志向をもち始めたのは、おそらく大平正芳内閣による総合安全保障戦略が公表されてからであろう。福田内閣退陣のあと、七八年一二月に大平内閣が登場した。日本は二つの石油ショック(七三年と七八年)の影響は受けたものの、紛れもない経済大国にのし上がっていく。そして、経済大国にふさわしい政治的役割が期待されるようになった。大平の総合安全保障戦略は、「日米安保体制の堅持に加えて、質の高い自衛力の保持と経済協力、人づくり協力、文化外交の積極的展開等、多角的な外交努力を複合させた」(http://www.gameou.com/~rendaico/seito_giminto5.htm)政策で、経済主義を一歩踏み越える内容である。

大平は八〇年に急逝し、鈴木善幸を挟んで中曽根が首相になる(八二〜八七年)。ちょうど新冷戦時代、ソ連のアフガニスタン侵攻(七八年)、ベトナムのカンボジア侵攻(七九年)、ニカラグアのサンディニスタ政権成立(七九年)、イラン革命(七九年)、全斗煥の軍事クーデター(七九年)など、きな臭い国際情勢を受けて中曽根は登場したのである。大平は総合安全保障戦略に形を与えられなかったが、中曽根はODAをきわめて政治的に利用した。

対韓四〇億ドル援助だけでなく、アメリカのシーレーン戦略に呼応した太平洋諸国への援助はじめ、援助と政治戦略のドッキングがこの時期にみごとに浮上してきたのである。たとえば、イラクには七五・七六年度に有償資金協力があるものの、その後ずっと援助はなされなかった。ところが、八二年に病院医療機器事業計画（一五・八億円）、八三年にベイジ肥料工場計画（一四一・五億円）と、突如として円借款が供与される。イランに対峙するサダム・フセインへの支援である。やがてサダム・フセインはアメリカからバッシングを受けるが、ＯＤＡがかくも戦略的に用いられたつけを自ら払うことになったのである。

こうした政治戦略的な援助がピークに達するのが、小沢一郎が自民党幹事長（八九〜九一年）をしていた湾岸戦争のときである（九一年）。「国際貢献」「普通の国」なる言葉が使われ始めた。九〇年秋に自民党政府はいわゆる「中東貢献策」を発表し、最終的に一三〇億ドルが拠出される。

もともと、日本は憲法と国会決議の制約があるため軍事援助はできないことになっている。その原則は、曲がりなりとはいえ、湾岸戦争時まで守られてきた。憲法の精神を受けてＯＤＡを戦（紛）争当事国に供与したり、軍事援助に当てたり、さらには紛争を助長するような援助もしないよう、国会で歯止めがかけられてきたのである。

「軍事的用途に充てられる或いは国際紛争を助長する如き対外経済協力は行わないよう万全の措置を講ずること」（衆議院外務委員会、七八年四月五日の決議）

「軍事施設等軍事的用途に充てられる経済・技術協力は行わないこと。紛争当事国に対する経済・技術協力については、その紛争を助長するが如きものは行わないこと」（参議院外務委員会、八一年三月三〇日の決議）。

これらは国民の代表たる国会議員が決議したもので、厳密な意味での法的拘束力はないのかもしれないが、政府がこの決議を踏みにじることは許されない。にもかかわらず、ODAは拠出され、九二年に海上自衛隊はペルシャ湾に掃海艇四隻と母艦一隻を派遣した。ODAと軍隊派遣(直接ではないが)のドッキングの始まりである。

自衛隊の海外派遣について定めているおもな法律は、「自衛隊法」「PKO協力法」「周辺事態法」(周辺事態に際して我が国の平和及び安全を確保するための措置に関する法律)の三つである。これまで、自衛隊は以下のように、すでに二〇回近く海外にその要員を派遣している。

ペルシャ湾掃海艇派遣(九一年)、ルワンダ難民救援国際平和協力業務(九四年)、東ティモール避難民救援(九九年)、アフガニスタン難民救援(〇一年)、インド洋派遣海上支援活動(〇一年)、イラク人道復興支援活動(〇三年)。

PKO活動としては、カンボジア国際平和協力業務(九二年)、モザンビーク国際平和協力業務(九三年)、ゴラン高原国際平和協力業務(九六年)、東ティモール国際平和協力業務(二〇〇二年)。

国際緊急援助活動としては、ホンジュラス国際緊急援助活動(ハリケーン災害、九八年)、トルコ国際緊急援助活動に必要な物資輸送(地震災害、九九年)、インド国際緊急援助活動(地震災害、〇一年)、イラン国際緊急援助活動(地震災害、〇三年)、インドネシア国際緊急医療・航空援助隊(〇四年)、スマトラ島沖地震の被災地での救援活動(〇五年)、カムチャッカ国際緊急援助活動(地震災害、〇五年)、パキスタンへの国際緊急援助隊(地震災害、〇五年)(http://www.ce.matsuyama-u.ac.jp などを参照)。

この多くの現場でODAが並行して行われ、日本のNGOも活動している。ODA側から見れば、自衛隊が「盟友」のようになってきた。イラクの自衛隊の近くでは、JICA業務の一部を委託されている財団法人日本国際協力センター(JICE、前国際協力サービス・センター)が活動している。表だっては見えないところでのODAと自衛隊の実質的な協力関係がすでに成り立っているのである。

日本で台頭しつつあるネオ・ナショナリズムと、ODAと自衛隊がそこに巻き込まれつつある現状を、地球市民益という共通の立場に立つとしたら、決して楽観視できない。

(1)あるJICA職員(当時)によれば、外相の途上国外遊には「おみやげ」を持参するそうで、それがODAプロジェクトであるという。その職員は、安倍外相は中南米に出かけたおり水道プロジェクトを「おみやげ」として持参し、その受注業者は選挙地盤である山口県下関市の水道業者だったという。

(2)「対中ODA利権」を握ってきたのは、竹下派を引き継いだ小渕派・橋本派(旧経世会)と一般的に言われてきた。あるwebsiteでは「中共と結託してその利権をあさり、土建型公共事業、高速道路建設での利権も漁り、自民党内の最大派閥の維持をはかり、どっぷりと悪政に浸っている」と書かれていたりするが、細かい実証にはお目にかかったことはない。反中国論調と対中ODA廃止論が同時に論じられ、議論には危うさが伴う。

(3)たとえば、金属鉱業事業団(資源エネルギー庁)、国際臨海開発研究センター(運輸省)、海外鉄道技術協力協会(運輸省)などがある(法人名・省庁名は当時)。

(4)一九八四年九月八日の「全斗煥大韓民国大統領の訪日に際しての中曽根総理大臣と全大統領との間の日本・韓国共同声明」では、「4、総理大臣と大統領は、昨年の総理大臣の訪韓を契機として経済協力問題が妥結して実施されつつあり、さらに両国間の定期閣僚会議、外相会談及び科学技術大臣会談を始めとして各分野にわたる政府間会議が成功裡に開催されたことが両国間の友好協力関係の増進に大きく寄与していることにつき満足の意を表明し、今後ともこのような両国政府間の協議をより緊密に維持していくことに合意した」「5、総理大臣と大統領は、朝鮮半島における平和と安定の維持が日本を含む東アジアの平和と安定にとって緊要であることにつき見解を共にし、この地域の平和と安定及び繁栄のために今後とも互いに努力していくとの決意を再確認した」とあるだけで、「安保絡み」経済協力のあり方自体には何ら言及されていない。

第４章

「反テロ戦争」下の援助——軍事化する援助

越田清和

1　グローバル・セキュリティと援助

日本の政府開発援助（ODA）が大きく変わりつつある。その直接の原因は、二〇〇一年の「九・一一事件」と、その直後から米国が中心になって進めている「反テロ戦争」だ。

ブッシュ政権は「九・一一事件」から一年経った〇二年九月、『米国の国家安全保障戦略』（ブッシュ・ドクトリン）を発表した。[1] この政策文書は、イラク戦争を念頭において、米国に対して潜在的脅威となっている国への「先制攻撃」を正当化しようとした点で、大きな注目を集めた。しかし、同時に、「二〇世紀の自由主義と全体主義の戦いは、国民的成功を収めるための持続的な単一のモデル（自由と民主主義、企業活動の自由）の勝利に終わった」と歴史を総括し、「自由に基づく諸価値は正しく、すべての個人と社会に提供されなければならない」と述べている点にも注目する必要があるだろう。つまり、この「国家安全保障戦略」は、米国が「正しい」と決めた価値を「唯一」のものとし、それを世界に徹底するための安全保障戦略なのである。

この戦略を実現するために軍事的手段とともに重視されているのは、「援助」である。援助の戦略的活用、つまりテロリストと戦うことをはっきり示した国に援助を与えることを「国家安全保障戦略」は明言している。「自由を享受したいと願う国は、テロリストと戦わなければならない。

国際的な援助を求める国は、賢明な統治を行わなければならない。そうすれば援助が来るだろう」（序文）と述べる（傍点は筆者）。

「テロリストと戦ってもらいたい」と言っているのではない。「戦わなければならない」と命令しているのである。援助、それも米国の援助だけではなく「国際的な援助」を必要とする国に対して、選択の余地がない義務として、グローバル・セキュリティのための「テロリストとの戦い」があげられているのだ。

援助と「テロリストとの戦い」を結びつけるもう一つの有力な根拠は、「貧困がテロリストを生む温床になっている。だから貧困をなくそう」という考えだ。ただし、この考え方には、貧困をなくすためにはＷＴＯ（世界貿易機関）が中心になって進めている経済のグローバル化に参加しなければならない、という前提があるようだ。世界銀行のウォルフェンソン総裁（当時）は言う。

「世界人口は今後二五年で約二〇億人増えるといわれていますが、富裕国に生を受けるのはこのうちの五〇〇〇万人にすぎません。圧倒的多数が子供時代を貧困の中で過ごすことになるはずです。そうした人々は必然的に、世界は不公平で不条理な場所だと考え、幻滅することになるでしょう。テロリズムは多くの場合、若年人口の増加が著しく、かつ若者たちが希望を持つことのできない国で醸成されます[2]」

そして、この現実に立ち向かうために、①貿易交渉を進展させる、②先進国の援助額を大幅に引き上げ、より効果的に使う、③追加援助の大部分をグラント（返済の必要のない無償資金）とし、最貧国の債務を軽減する、ことを提案している。

しかし、貧困な国がグローバル経済に参加することがテロリズムの解決につながるという考え方に、はっきりした根拠があるだろうか。反対に、これまで進められてきた経済のグローバル化が貧富の差を拡大してきた事実については、国連開発計画(UNDP)などが繰り返し指摘している。[3] また、グローバル化の進展は、国際通貨基金(IMF)や世界銀行、WTOのような透明性のない国際金融機関やG8諸国のような正統性のない集まり[4]に決定権を集中させてきた。

一九九九年一一月にシアトルで行われたWTO第三回閣僚会議が、世界中の人びとの大規模な抗議行動によって流会となったことは、まだ記憶に新しい。[5] その理由の一つは、グローバル・レベルにおける権力の一極集中である。米国が中心になって進める「自由市場経済」そのものが、その反対者をつくり出しているのである。したがって、現在の不平等なグローバル権力構造をそのままにして、グローバル化への参加を求め、その条件として援助を増加して債務軽減を行うのでは、米国中心のグローバル経済戦略を支えることにしかならない。

「テロリストとの戦い」への協力を求める米国や国際金融機関の要求に対応する形で、日本や英国をはじめとする援助国は援助政策を変え始めている。それが「テロリストとの戦い」に勝利するための「援助の軍事(安全保障)化」であり、その主体として「自衛隊・ODA・NGO」という三位一体構造が形成されている、と私は考えている。

ODA改革を求めてきた市民・NGOの多くはこれまで、ODAは平和的な手段であり、軍事的な「国際貢献」を禁じられている日本にとって、「非軍事的な国際貢献」としてはもっともふさわしいという考えを前提にしてきた。そのうえで、「貧困根絶」や「人間の安全保障」などODAが掲げる「美しい」目的を実現するために、ODAを変える必要があると主張してきた。

だが、そこに「反テロ戦争への協力」という新しい要素が加わったいま、日本のODAを「非軍事的な」国際貢献とは考えられない。「テロリストとの戦い」への協力が、国際法を無視して始めたイラク戦争への参戦にまで拡大されていることを考えると、国連PKOや多国籍軍への自衛隊の参加、日米安全保障条約に代表される日米軍事同盟などを視野に入れなければ、ODAについての根底的な議論はできなくなったのではないか。

本章では、この仮説を検証する形で、グローバルな動きとの関連を意識しながら、日本のODAの変化について考えていく。

2　ODA再定義の動き——テロリズム防止と援助

日本や米国、EU諸国など「援助国」がつくるOECD（経済協力開発機構）の開発援助委員会（DAC）は〇三年一〇月、「テロリズム防止と開発協力」という政策文書を公開した。[6]「援助」について語る文書がほとんどそうであるように、この文書もまず「貧困との戦い」を強調する。国連が

○○年のミレニアム総会で採択した「ミレニアム開発目標」などをあげ、貧困の軽減、人権と法の支配の確立などが開発の目標だと述べている。

重要なのは、その次に「テロリズム防止」を開発の目標とし、これまでの援助のあり方と予算配分を決め直そう、と提案している点である。「テロリズム防止と開発協力」の眼目は、ここにある。これまでDACは、ODAについて「開発途上国の経済開発や福祉の向上に寄与することを主たる目的とする」と定義していた。この定義を変えて、「テロ防止」のための資金や「PKO活動の一部」などもODAに加えようというのである。

この文書はさらに、テロリズムを防ぐためには「統治(ガヴァナンス)の強化」が必要だとし、民主化と近代化への支援、財政と安全保障、裁判制度の確立への協力、テロリズムの温床となっている国での活動などを援助国の指針に掲げる。つまり、これまでODAが掲げてきた「人道援助」や「貧困根絶」などに、「反テロリズム」という目的を加えて、「援助国」と呼ばれる国々の設計した「国家」をつくろう(あるいは改造しよう)ということなのだろう。しかし、「テロ防止」活動にあたるのは軍隊や警察である点、とくにDACのメンバー国である米国や英国、日本などが「テロ防止活動」を行うときには援助とともに軍隊が出てくるという点が、すっかり抜け落ちている。

このDAC政策文書が、「米国の国家安全保障戦略」に直接対応してつくられたものかどうかはわからない。しかし、両方に共通しているのは「テロリストの温床になりそうな国」に、外から(ある場合は武力で、ある場合は援助で)「正しい統治」を行わせようという意図である。

九〇年代なかごろから、ブトロス・ブトロス・ガリ事務総長時代に国連が発表した『平和への課題』（一九九二年）や『開発の課題』（一九九五年）に対応するために、DACや世界銀行などは「安全保障と開発」や「紛争と平和、開発協力」「平和構築」というテーマで、次のような議論を積み重ねてきた。(7)

①「紛争」に伴う「人道援助」（緊急援助、復興援助、開発計画）をいかに効率よく行うか、②緊急援助と開発の連続性をどう確保するか、③国連機関や世界銀行などの多国間金融機関、NGOなどの間で連携をどうつくるか、④軍隊とNGOの役割をどう区別するか、⑤「紛争後」の社会再建にあたって人びとの和解や社会・経済・行政改革をどう進めるか。

しかし、「テロリズム防止と開発協力」は、それまでまったく議論されていなかった「テロ防止」といういうきわめて政治的な目的を「紛争と平和、開発協力」や「紛争の防止」という問題領域に持ち込んだ。これまで南の国々における「紛争と平和」について積み重ねられてきた議論が、「テロ防止」という北の大国の利害、もっとはっきり言えば米国の安全保障政策にかかわる問題にすり変わってしまったのである。

「テロリズム防止と開発協力」文書に対して、世界のNGOは、〇〇年の「国連ミレニアム開発宣言」を実施するため「貧困根絶」を最大の目標に掲げてきた援助が、「テロとの戦い」によって大きく方向転換することに大きな危機感を抱き、次のような共同声明を出した。(8)

「①開発協力の目的はテロリズムをなくすことではなく、貧困と人権侵害をなくすことである。

②貧困根絶とテロ根絶は対立的な考えであり、援助の目的を複雑にすべきではない。
③援助自体が資金不足となっているのに、新しい目的として加わった「反テロ」関連活動に、資金が大量に使われていく可能性が強い。
④「テロとの戦い」のなかで、世界中に広がっている反テロ法の制定は、人権侵害に結びつく」

この声明が指摘するように、「テロ防止」策までODAに含むようになれば、軍隊の「テロ絶滅」作戦や警察の「テロ取り締まり」にもODAが使われることになり、軍事(安全保障)援助と政府開発援助(ODA)の境が低くなる。また、軍隊(自国および外国)が紛争地での「緊急援助」や「人道支援」を積極的に進める道を開くことになるだろう。〇四年のDAC上級会合では、国連PKF(平和維持軍)の非軍事分野への支出や援助受入国の軍隊に対するトレーニングもODAに含めてはどうかという新たな考えも出てきている。

DACでの議論はまだ決着がついていない。しかし、議論の決着を待たず、すでに「テロ防止」策にODAを供与している国もある。オーストラリアは太平洋諸島国での「反テロ・プロジェクト」やインドネシアとフィリピンの「反テロ・プログラム」に[9]、日本もフィリピンのミンダナオ島における「テロ対策」として指紋照合をコンピュータ化するシステム整備のために九億七五〇〇万円、インドネシアの空港・港湾の安全強化のために七億四七〇〇万円の無償援助を約束した[10]。さらに、外務省はODA戦略目標を策定し、そのトップに「テロとの戦い」を掲げ、〇六年度ODA予算に七〇億円を「テロ対策等治安無償」として計上した。

一方インドネシアやフィリピンは、米国が進める「テロとの戦争」に積極的に参加することを表明し、米国からの軍事援助や経済援助が飛躍的に増えた。フィリピンに対しては、〇二年に軍事援助費として一九〇〇万ドルを計上し、その後に五五〇〇万ドルの追加援助も決め、インドネシアに対しても軍事援助の再開と五〇〇〇万ドルの援助を表明したのである。[11]

これらのケースに見られるように、「ODAの再定義」は援助国の基準を受け入れる国へのODA供与を優先する「選別的援助」を広げることにつながる可能性をもっている。オランダは、〇四～〇八年まで「安全保障」を重視した援助に力を入れることを表明し、中東諸国に対して「アラブ・イニシアチブ」という援助計画（一億四五〇〇万クローネ（約二七億七八〇〇万円））の実施を決めた。その結果、アフリカへの援助は二五億九三〇〇万クローネ（〇一年）から二一億六〇万クローネ（〇四年）に減ってしまった。[12]

「国連ミレニアム開発宣言」で掲げられた「平和と安全保障、軍縮」「開発と貧困」「環境」「人権と民主主義、良い統治（グッド・ガバナンス）」などの目的を実現するためにODAを使うのか、米国の利害を優先した「テロ対策」や「治安」「安全保障」にODAを使うのか。その分岐点に、いま日本のODAは立っている。

3　アフガン戦争への協力——パキスタン援助の急増

冷戦体制が崩壊した後の九〇年代後半、米国など多くの援助国はODAへの支出額を減らし始めた(図1参照)。

冷戦後の援助の特徴として、この「援助疲れ」と呼ばれた現象があげられることが多い。しかし、「安全保障」との関連で考えると、以下の四点が重要だろう。[13]

①アフガニスタン、アンゴラ、カンボジア、キューバ、エチオピア、ニカラグア、ベトナムなどに援助していた旧社会主義諸国(DACには加盟していなかった)が、援助受入国になった。

②冷戦下では表面化しなかった紛争が頻発し、国連PKO、国際機関や各国による人道援助、緊急援助など「新しい援助」が必要とされるようになった。

③DACが採択した『新開発戦略』が象徴するように、貧困問題の解決こそが援助の目的だという考えが明らかにされた。

④第一次湾岸戦争の結果としてイラクに対する国際的制裁措置が取られ、イラクへの援助は実質的に停止した。

つまり、冷戦の崩壊によって「安全保障」や「国益」を最優先した援助の必要性が一旦なくな

図1　DAC主要国のODA実績の推移（1990～2004年）

（支出純額ベース、単位：100万ドル）

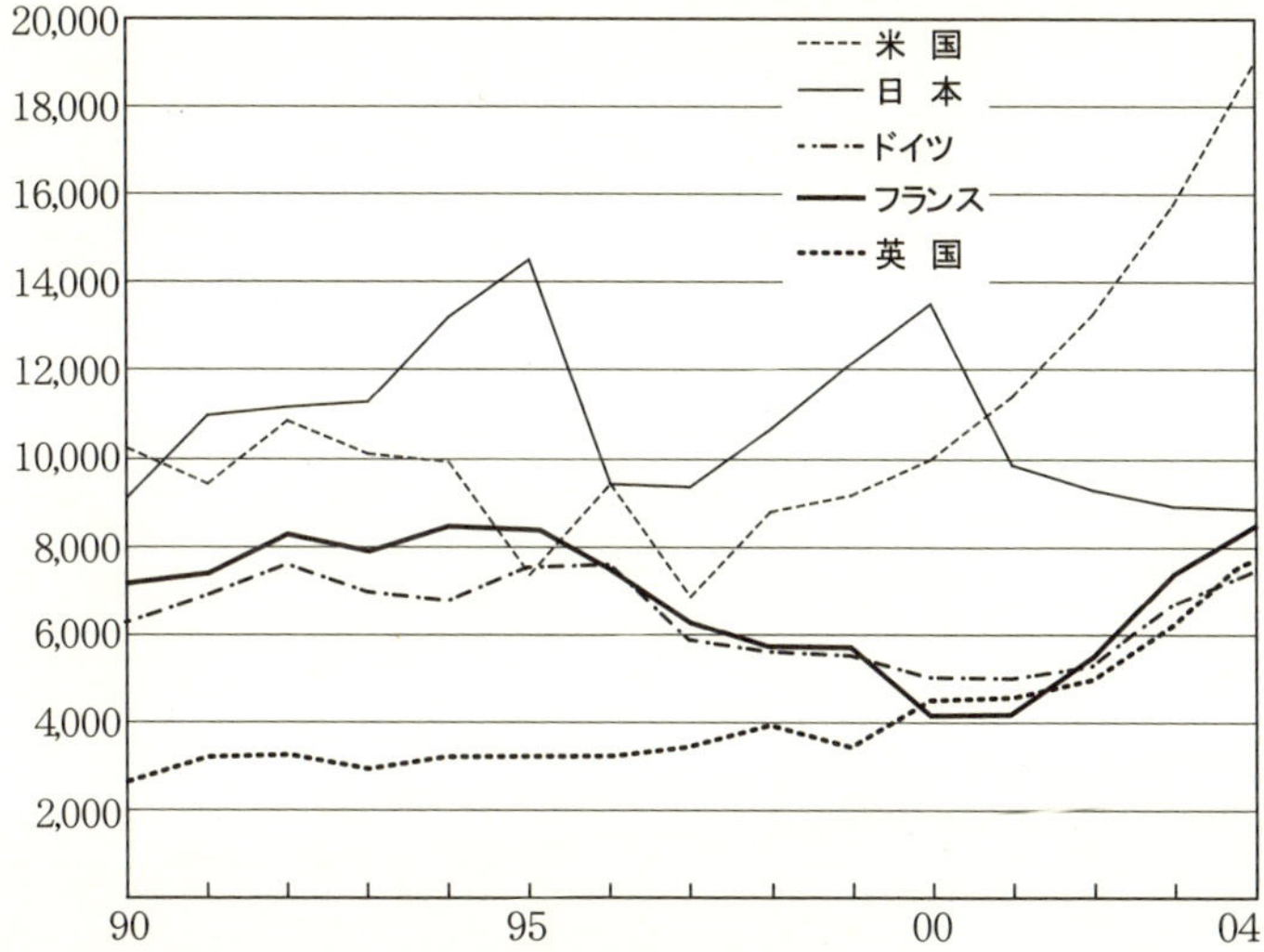

（注1）東欧向けおよび卒業国向け援助は含まない。
（注2）1991年と92年の米国の実績値は、軍事債務救済を除く。
（注3）2003年について、日本以外は暫定値を使用。
（出典）『政府開発援助（ODA）白書（2004年版）』。ただし、2004年の数値（暫定数値）はDAC資料（http : //www.oecd.org/data.oecd/59/51/34700392）より。

った九〇年代に、援助国の多くは援助額を減らしたのである。

〇二年から各国（日本を除く）のＯＤＡ供与額は、ふたたび増え始める。とくに、米国と英国の増加は著しい。そのきっかけとなったのは、米軍による〇一年一〇月のアフガニスタン侵攻、そして〇三年三月のイラク侵攻と占領である。ここでは、パキスタンを例に、援助がいかに「軍事（安全保障）」的利害と結びついているかを考えてみよう。

日本政府はパキスタンに対して、九八年の地下核実験実施によって「新規無償資金協力の停止（緊急・人道的性格の援助及び草の根無償を除く）、新規円借款の停止、国際開発金融機関による対パキスタン融資への慎重な対応等の措置を決定し」（『我が国の政府開発援助』（二〇〇〇年版））ていたが、「テロとの戦いにおけるパキスタンの安定と協力の必要性などを総合的に考慮」（『政府開発援助（ODA）白書』（二〇〇四年版））し、その措置を停止した。

さらに「米国における同時多発テロへの対応に関するわが国の措置」として、緊急財政支援という名目で、〇一年一〇月に三〇億円、難民支援として一七億円をパキスタン政府に拠出し、あわせて六四六億円の公的債務繰り延べも実施した。三〇億円の緊急財政支援は「ノンプロジェクト無償資金協力」と呼ばれ、「物資などの購入」にあてられることになっている。しかし、何を購入し、どう使ったのかは、一切明らかになっておらず、パキスタン政府への「掴み金」という性格が強い。

パキスタンへの援助を再開・強化したのは、日本だけではない。米国は制裁措置を停止し、〇一年九月二五日に三億七九〇〇万ドルを債務繰り延べすることを決めた。〇〇年に八八五〇万ドルだった米国の対パキスタンODAは、〇一年には七億七五六〇万ドルと一〇倍近くに増えた（図2参照）。英国もパキスタンとの防衛協力を再開し、援助の増額にも踏み切る。

また、アジア開発銀行は〇一年一〇月、パキスタンへの融資を六億二六〇〇万ドルから九億五〇〇〇万ドルに増額した。世界銀行はパキスタンの「セクター再建と民営化プロジェクト」という名目で〇一年一〇月に三億ドルの融資を承認し、〇二年六月に「構造調整プロジェクト」に五

図2　パキスタンに対する日本、米国、英国の援助（単位：100万ドル）

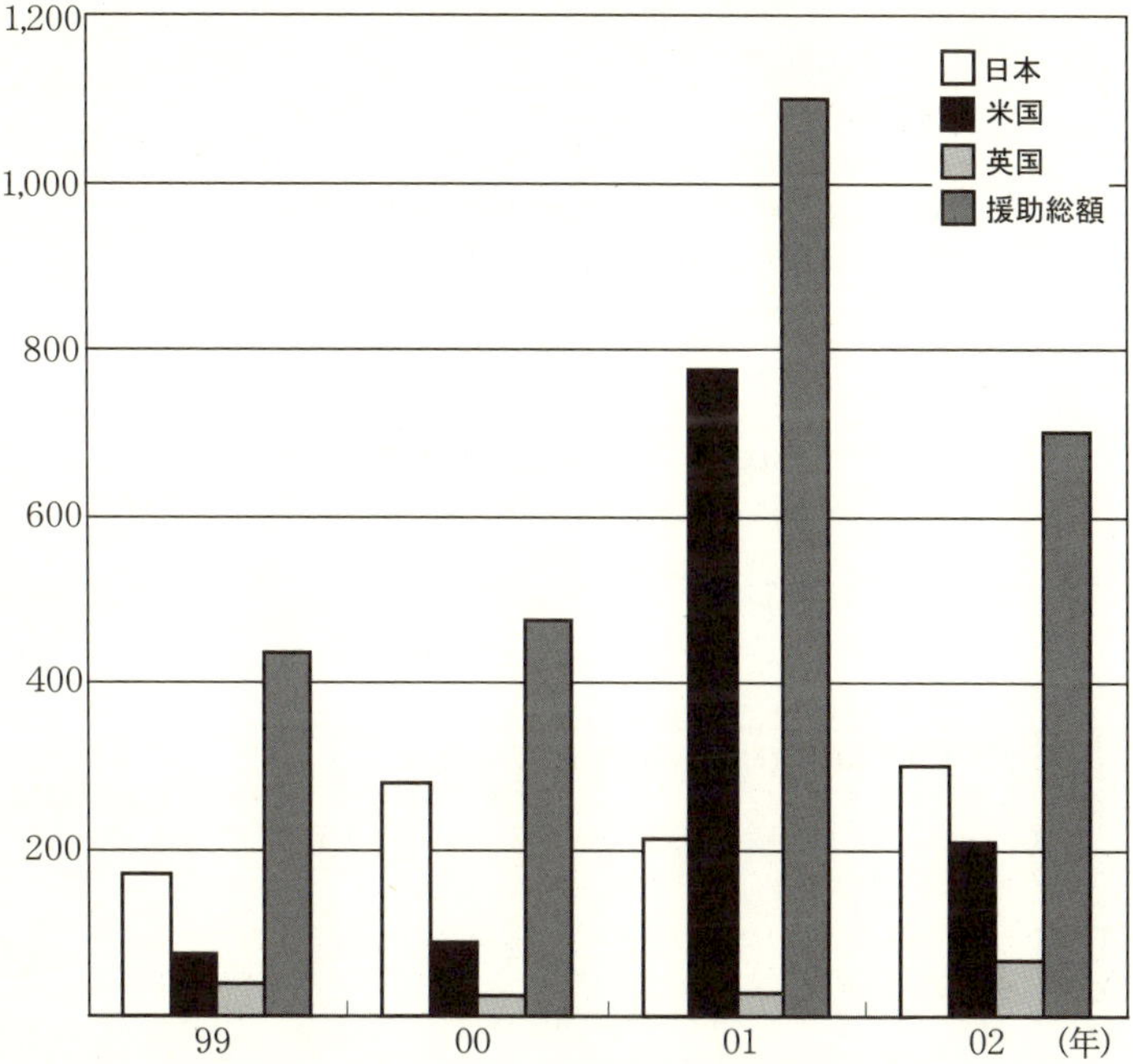

（出典）『政府開発援助（ODA）白書（2004年版）』から作成。

億ドルの融資を決めた。その後、〇五年六月までに二〇のプロジェクト（総計二〇億二五八九万ドル）の実施を決定している。ＩＭＦも〇一年九月末に一億三五〇〇万ドルの融資を決めた（『日本経済新聞』二〇〇一年一一月八日）。

融資の拡大は、「貧困救済」「難民対策」「構造調整」などを理由にしている。だが、各国政府や世界銀行などの国際金融機関が、このようにすばやく支援を決めたのは、パキスタンがアフガニスタン侵攻の際の「後方支援基地」となることを期待したからである。

パキスタンへの援助を再開・

表1　アフガニスタン攻撃への協力体制

	軍事協力	経済協力
米国	約1万8000人を派遣	3億6700万ドル
英国	海兵隊200人、軽空母、巡航ミサイル潜水艦など12隻が湾岸に。総兵力は4200人	1億3080万ドル
ドイツ	特殊部隊100人、衛生・救護部隊250人、生物化学兵器探査部隊800人など総兵員3900人	9257万ドル
日本	物資輸送や補給に最大6隻の艦艇と1000人規模の兵員。C130輸送機4機と100人程度の派遣	3170万ドル
イタリア	落下傘部隊150人、陸上兵力、戦闘機、輸送機、軽空母と護衛艦艇を派遣。総兵員2700人	2834万ドル
フランス	インド洋などにフリゲート艦、給油艦、掃海艇など5隻。アフガン偵察などに3機。2000人を派遣	1186万ドル

（注）軍事協力は2001年11月現在、経済協力は2002年度。
（出典）各国の軍事協力については、『朝日新聞』2001年11月9日および米国防総省のホームページ、経済協力については『政府開発援助（ODA）白書（2004年版）』より作成。

強化したのは、米国の同盟としてアフガニスタン攻撃に軍隊を送り、アフガニスタンへの援助を増やした国（NATO＝北大西洋条約機構）でもある（表1参照）。各国の支援は、「アフガン難民のための人道援助」や「アフガニスタンの平和と安定」を強調する。しかし、米国の軍事侵攻が新たに多くの難民をつくり出している点を考えると、この「人道援助」はアフガニスタンにおける米軍や多国籍軍の軍事作戦を支えるための「人道援助」であった。

「反テロ戦争」への参加によってパキスタンのムシャラフ政権が得たのは、ODA資金だけではない。米国や日本など「北」の大国は、九九年一〇月の軍事クーデターによって権力を手に入れ、「民政への移管」を否定した軍事政権を政治的にも支援したのである。ミャンマー(ビルマ)に対しては、「民主化に逆行し、人権を抑圧した」として援助停止などの措置をとってきた国々が、米国の「反テロ戦争」に積極的に協力することを示したパキスタンに対しては援助の増額と債務救済を行い、軍事政権の長期安定化を助けている。「軍事(安全保障)」が援助の目的として強調されることにより、このダブル・スタンダードが、ますます大手を振ってまかり通っていく。

アフガン戦争に伴うパキスタンへの援助急増が示すのは、「援助」が戦争による破壊と殺戮の後始末をするために使われ、その結果として軍事を優先する国家が安定していくという構造である。この悪循環の構造を断ち切るために、もう一度、どこまでが「援助」で、どこまでが「戦争協力」なのかを、はっきり区別しなければならない。

4　イラク戦争への協力

根拠なき「復興」計画

米国と英国によるイラク攻撃から半年後の〇三年一〇月一六日、国連安全保障理事会は、米国が提出していたイラクについての新決議(決議一五一一)を全会一致で採択し、両国による暫定占領を認めた。この米国の提案に対しては、「イラクの主権回復を優先させ、国連主導の下で復興を進めるべきだ」というフランス・ドイツによる修正案が出されていたが、結局は米国と英国がイラク復興のイニシアチブをとることが国際的に承認されたのである。こうして、国連と国際法を無視して行われたイラク侵略が追認された。

この決議を受けて、一〇月末にスペインのマドリードでイラク復興支援国会議が開かれる。会議の前に、世界銀行と米国・英国による連合暫定占領当局（CPA）はイラク復興にかかる経費（〇四～〇七年）の見積もりを発表した。世界銀行は、電力（一二二・二億ドル）や上下水道（六八・四億ドル）、教育（四八・一億ドル）などの分野に必要な資金を三五六億ドル（約三兆九〇〇〇億円）、連合暫定占領当局は石油施設修復（八〇億ドル）と治安・警察（五〇億ドル）などに必要な経費を一九四億ドル（約二兆一〇〇〇億円）と見積もった。総額では五五〇億ドル（約六兆円）である。

これは、それまでの復興支援に必要とされた額（たとえばアフガニスタンは四五億ドル、東ティモールは三年で五・二億ドル）とは比べものにならないほど膨大な額だ。この額がどうやって見積もられたのか、その根拠はわからない。イラクの人たちがつくったものでも相談されたものでもないものが、「イラク復興」計画と呼ばれることになった。

イラク復興支援国会議では、この予算に対して各国の拠出額が決められた。米国が二〇三億ドル、日本が〇四年度の一五億ドルの無償資金を含めて〇七年度までに五〇億ドル、英国が〇四・〇五年で九・二億ドル、スペインが三億ドル、韓国が〇七年までに二・六億ドル、EUが二億ユーロ（約二五〇億円）である。クウェートやサウジアラビアなどアラブ諸国も、総額で三〇億ドルの支援を決めた。また、世界銀行は〇八年までに最大五〇億ドルを融資し、IMFも最大で四二・五億ドル融資することになっている。

しかし、米国と英国によるイラク攻撃に反対したドイツとフランス、ロシアが資金を出さなかったことに示されるように、米・英主導で進むイラク復興に対する反感は強い。米国や英国、日本などイラクへの主要援助国は、米国とともにイラクに軍隊を送っている国でもある（表2参照）。環境や建物などを破壊する国々が、それを「復興」するという「マッチ・ポンプ」的な構造ができあがっているのだ。

表2　イラク復興への資金提供（約束額）と派兵状況　（単位：億ドル、人）

	復興資金	派兵数
米国	203	138,000
日本	50	800
クウェート	15	0
サウジアラビア	10	0
英国	9.1	9,200
オーストラリア	8.3	900
スペイン	3	1400（撤退）
韓国	2.6	660
イタリア	2.36	2,960
アラブ首長国連邦	2.15	0
トルコ	0.5	0
中国	0.24	0

（注）復興資金は、イラク復興支援国会議での約束額、兵士数は2004年9月現在。

反映されていないイラクの人びとの声

このイラク復興支援に、日本政府は米国に次ぐ巨額の拠出を決めた。〇四年度の支援約束額一五億ドル（一六五〇億円）はすべて無償資金協力で行われることになっている。日本と米国からの資金提供で、約束額全体約三二〇億ドルの三分の二近くになる。〇四年度、日本の無償資金協力の援助実績は六億五四四六万ドル、技術協力は七六〇万

(2003年～2005年12月まで)

2　国際機関経由の支援(約1億1600万ドル)	
電力分野(UNDP経由)	2000万ドル
医療分野(UNDP経由)	400万ドル
教育分野(UNICEF経由)	1600万ドル
雇用分野(UNDP経由)	2900万ドル
イラク緊急人道支援(WFP,UNICEF,ICRC,UNHCR経由)	3000万ドル
文化遺産保護・修復(UNESCO経由)	200万ドル
その他	1550万ドル
3　イラク復興関連基金(5億ドル)	
イラク復興信託基金*	4.9億ドル
国際金融公社(IFC)	0.1億ドル
4　NGO経由の支援(2600万ドル)	
1) ジャパン・プラットフォーム傘下のNGOによる医療・教育分野の活動（ピースウィンズ・ジャパン、ジェン、BHN，ワールドビジョン・ジャパン)	
2) 日本・イラク医学協会(サマーワ母子病院への医療機材供与)	
5　研修	
イラク行政官の日本への招聘・研修／周辺アラブ諸国での研修　合計1143名	——

(注)＊は国連管理部分に4億ドル、世銀管理部分に0.9億ドル。——はデータなし。

(出典)外務省ホームページ http : //www.mofa.go.jp./mofaj/area/iraq/pdfs/kettei_list.pdf

表3　イラクへのODA

1　イラクに対する直接支援(約9億100万ドル)	
1)電力分野	
移動式変電設備整備計画	約7000万ドル
タジ・ガスタービン発電所復旧計画	6600万ドル
モスル・ガスタービン発電所復旧計画	4200万ドル
モスル・第一水力発電所復旧計画	5200万ドル
サマーワ大型発電所建設計画	1億1800万ドル
2)医療分野	
南部地域主要病院整備計画	5100万ドル
北部地域主要病院整備計画	6800万ドル
中部地域主要病院整備計画	4600万ドル
救急車配備計画	5300万ドル
ムサンナ県プライマリー・ヘルスセンター	800万ドル
3)水・衛生分野	
浄水設備整備計画(バグダッド市)	5500万ドル
ごみ・下水処理特殊車両整備計画	5700万ドル
サマーワ市ごみ処理機材供与計画	600万ドル
4)治安分野	
警察車両供与(1150台)	2500万ドル
防弾車両供与計画	500万ドル
警察用バス及びオートバイ整備計画	2400万ドル
消防車整備計画	2000万ドル
ムサンナ県警察訓練プログラム	400万ドル
5)その他	
南北基幹通信網整備計画	6500万ドル
市外電話交換機整備計画	3300万ドル
草の根レベルでの支援	——

ドルである(『政府開発援助(ODA)白書(二〇〇五年版)』より)。この実績額をそのままあてはめると、無償資金協力の一五・一%が、「イラクへの直接支援」に使われたことになる。

また、「イラク復興支援特別措置法」に基づいて、すでに六次にわたって自衛隊がイラクに「派遣」されている。この派遣費用は、〇三年度(予備費による措置)が約二三九億円(陸上自衛隊二〇四億円、海上自衛隊四億円、航空自衛隊三〇億円、内部部局一億円)、〇四年度(自衛隊予算と予備費の合計)が約二七七億円(陸上自衛隊二二九億円、海上自衛隊〇・四億円、航空自衛隊四八億円、内部部局〇・二億円)、〇五年度(六月三〇日まで)約四七億円(陸上自衛隊四二億円、航空自衛隊五億円、内部部局〇・〇一億円)の合計五六三億円にのぼる(防衛庁資料)。

これまでに日本が実施・決定した援助は、イラクに対する直接支援(二国間援助)が約九億一〇〇万ドル、国際機関経由の支援が一億一六〇〇万ドル、イラク復興信託基金・国際金融公社に五億ドル、NGO経由の支援が二六〇〇万ドル、合計一五億三七〇〇万ドルである(〇五年一二月現在、表3参照)。

イラク暫定政府に対する直接支援では、電力分野が三億四八〇〇万ドル、医療分野が二億二六〇〇万ドルと、この二分野だけで全体の六〇%近くになる。とくに、サマーワ大型発電所建設(一億一八〇〇万ドル)に代表されるように、自衛隊が活動しているサマーワのある南部(ムサンナ県など)とバグダット市周辺に援助が集中している。

今回のイラクへの援助は疑問だらけである。しかし、逆に考えると、日本のODAがかかえる根本的な問題が、ここに示されていると言えるのかもしれない。それをまとめると次のようになる。

①米国の求めに応じて巨額の援助を決めたが、イラクでは戦争が続いているために援助計画さえ立てられない。

②にもかかわらず、計上したＯＤＡ予算を消化しなければならない。

③そのために、日本企業やコンサルタント会社、ＮＧＯ、自衛隊など「援助関係者」を総動員してＯＤＡを実施する。

④したがって、イラクの人びとの必要性を考慮する余地も体制もない。

もう少し詳しく見ていこう。最大の問題は、この援助が本当にイラクの人びとから必要とされているのか、イラクの人びとの声がどれほど反映されているのかという点である。

イラク暫定政府に対する直接援助の中心である発電所の復旧・建設計画や主要病院整備計画は、七〇年代・八〇年代に日本企業が納入した機械（ガス・タービンや医療設備）の改修が多い。これでは、今回の戦争で大きなダメージを受けた人びとの暮らし・生活基盤を再建するための緊急援助、日本政府が強調する「平和の定着」のための援助とは言いがたい。

なぜ、このような「過去の援助の焼き直し」になってしまったのだろうか。二国間援助の無償資金協力は基本的に日本企業が受注することになっている（タイド）ため、日本人が予備調査段階からかかわり、プロジェクトの実施に責任をもたなければならない。しかし、日本政府は日本の民間人のイラク入国を実質的に認めていないので、これまでに日本企業がかかわったプロジェクトの情報をもとに、国際協力機構（ＪＩＣＡ）がヨルダンのアンマンのコンサルタント会社を雇用し、イラク人などを使って現地調査を行っている。[14] イラクの人びとがいま本当に何を必要としているかを調査し、それに基づいて援助を行っていくというメカニズムがないまま、巨額な援助が行われようとしているのだ。

自衛隊とＯＤＡの「連携」

第二の問題は、ＯＤＡプロジェクトと自衛隊のかかわりである。[15] 自衛隊が駐屯するサマーワのあるムサンナ県でＪＩＣＡが進める復興支援のための予備調査には、周辺国にいるＪＩＣＡ調査団の「指示」にしたがって、陸上自衛隊の隊員約一〇人が自治体や部族長などを回って調査を代行している。しかし、不慣れなうえに専門知識に乏しく、限界があるという（『朝日新聞』二〇〇五年一月一六日）。

この調査を受けてだと思うが、〇四年七月にサマーワに駐屯した隊員には、ＯＤＡによる水道網の整備や給水タンクの提供という外務省との共同任務が与えられた。サマーワ近郊で総延長一五キロの水道網を整備し、各地の評議会との協議のうえで三〇四個の給水タンク（一〇トン）を設置するのが、その共同任務だったようだ（『「朝日新聞」（夕刊）二〇〇五年六月二七日）。

援助における「自衛隊とＯＤＡ（この場合はＪＩＣＡ）の連携」は、このような形で進んでいる。

日本のODAを「軍事的用途」に使うことは、ODA大綱によって禁じられている。そもそも自衛隊は「人道的支援」のためにイラクに行っているのであり、「軍事活動」をしているのではないというのが日本政府の立場なのだから、ここに紹介したような「連携」は「軍事的用途」にあたらないのかもしれない。

しかし、イラクのように、米・英両国による占領に対する抵抗運動がいたるところで起こっている国では、(16)戦闘員と非戦闘員の区別をつけるために住民の支持を得ることが軍事作戦としても重要になってくる。自衛隊がサマーワ県で活動するにあたっても、多国籍軍の「一員」と考える地域住民からの反感を抑え、治安を安定させることが、もっとも重視されたはずだ。

そのような地域で、仮に武力を用いなかったとしても、武装した自衛隊(少なくとも迷彩服を着用し、武器を携行している)が地域を回り、部族長や住民から情報を集め、それに基づいて「住民のために役立つ援助」を実施した。それは、形のうえでは「援助」かもしれないが、内容的には軍隊による情報作戦(人心の把握)の一種ではないだろうか。援助と軍事の境界線が、こうした形であいまいにされていく。

もし自衛隊が人心の把握のために調査を行い、その調査に基づいてODAプロジェクトが立案・計画されていくとすれば、それは「軍事的用途」と何が違うのだろうか。〇四年度にイラクで実施された「草の根・人間の安全保障無償資金」によるプロジェクトは全部で四四件で、そのうち三四件がサマーワ市あるいはムサンナ県で行われている。先に紹介した給水計画関連が一二件を占める。それ以外は、サマーワ市での道路補修計画、小型発電機整備計画、テレビ局の機材整備計画などだ。テレビ局の機材整備計画は、自衛隊の活動をテレビで紹介してもらうためのものだという批判がすでにあるが[17]、それ以外のプロジェクトも自衛隊が行ってきた道路や橋梁の補修と関連する。

これまでODA大綱に掲げられたODAの「軍事的用途」使用を禁じるという原則は、援助受け取り国が「軍事的」プロジェクトにODAを使うことを禁じる原則だと解されてきた。だが、自衛隊が「政府開発援助（ODA）の戦略的な活用」を行いながら積極的に「国際平和協力活動」を行う時代に入った（「新防衛計画大綱」）ことを考えれば、自衛隊によるODAの活用（自衛隊とODAの連携）が、「軍事的用途」にあたるかどうかについても議論しなければいけないはずである。「ODAの再定義」は、DACだけでなく日本国内でも進んでいる。

マドリードで行われたイラク復興支援国会議で川口順子外務大臣（当時）は「イラク国民の生活基盤の改善および治安の改善に重点を置く」と述べた。日本のODAを「軍事的用途」に使うことは、これまでODA大綱によって禁じられていた。しかし、ODA大綱が改定され、「平和の定着」が重点課題の一つとなり、「和平プロセス促進のための支援、難民支援や基礎生活基盤の復旧などの人道・復旧支援、元兵士の武装解除、動員解除及び社会復帰（DDR）や地雷除去を含む武器の回収及び廃棄などの国内の安定と治安の確保のための支援」にODAを使う途が開かれたのである。川口外相の発言は、このODA大綱改定を受けてのものだ。

事実、日本政府が最初に決定したプロジェクトは「警察車両・自動車整備工場器具の供与（トヨタ・ランドクルーザー八一〇台、三菱ギャラン三一〇台）」だった。これは象徴的なことかもしれない。米・英軍や新生イラク軍が実際の「治安維持（という名の軍事行動）」にあたっている国では、軍が必要とする物資（無線設備や四輪駆動車両など）の購入にも、武器以外であれば「軍事的用途ではない」という名目でODAを使えるようになる途を開いたからである。

NGO／NPOが援助事業の受け皿に

第三の問題は、NGOとODA、自衛隊の連携にかかわるものだ。外務省の分類でNGO経由の支援（「NGO支援無償資金協力」）にあげられている「日本・イラク医学協会」という団体が行った「サマーワ母子病院に対する医療機材提供プロジェクト」（三五六〇万円）は、政府専用機と自衛隊輸送機がサマーワまで輸送し、病院への搬入には自衛隊が協力したという「官製」のプロジェクトである。外務省は、このプロジェクトを大きく評価している[18]。

「自衛隊が人道支援活動を行っているサマーワの母子病院に対し、日本のNGOを通じ、新生児保育器等の機材を供与しました。特に、後者（このプロジェクトのこと―引用者）の支援については、医療機材の輸送とこれらの機材の使用方法の指導を自衛隊が行うといった、自衛隊との連携作業であり、新生児死亡率一〇％以上といわれる現地の劣悪な医療状況の改善が期待されています」

しかし、この日本・イラク医学協会は、アイテック株式会社というJICAにも登録している総合医療コンサルタント会社が発足当時から事務局を務め、「各種基幹業務を執り行って」いる（同社ホームページ）事務所に間借りしているNPOであり、医療器具の搬入と運搬を請け負ったのは、ジェミックというアイテック社の一〇〇％子会社である。つまり、日本・イラク医学協会というNPOは、外務省の「NGO事業補助金」などに申請するための窓口であり、実際の仕事はアイテック社がその下請企業に実施させていたことになる。[19]

アイテック社は、八〇年代にイラク一三都市で病院への機材調達を行っている（円借款による「五病院医療機器事業計画」（一五億八〇〇〇万円：八二年度）と「八病院医療機器事業計画」（五六億四〇〇〇万円：八三年度）。JICAが〇四年一月から三月にかけて行った（誰が、どうやって行ったかは不明だが）「イラク復興支援予備調査」によって決定した「南部地域主要病院整備計画」では、「わが国が八〇年代に整備した一三の総合病院のうち、ナーシリーヤ、ナジャフ、ディーワーニーヤ、サマーワの四病院における医療機材の供与及び設備の改修を行う」となっているので、過去にイラクで仕事を行った経験のあるアイテック社が計画立案にかかわった可能性が高い。

これまでもODAプロジェクトの立案過程にコンサルタント会社がかかわっている問題は何度となく指摘されている。いまでは、コンサルタント会社がNPOを別組織として設立し、その申請に外務省が応じるという形をとるようになってきた。しかも、この「コンサル系NPO」が自衛隊との連携を積極的に行い、外務省がそれを「NGOとの連携」として宣伝する。イラク支援は、自衛隊による人的貢献とODAによる経済協力が「車の両輪」となって進んでいる、と外務省は言う。そこにNGO／NPOという新しい「援助事業の受け皿」が加わり始めようとしているのである。

5　復興ビジネスとしてのイラク支援

イラク復興全体を考えるときの最大の問題は、それがきわめて巨額の利益を生む「復興ビジネス」だという点である。米国では、ブッシュ政権とつながりの深いベクテル社やハリバートン社などがプロジェクトの受注を独占しているという問題が、すでに指摘されている。

米国政府（国防総省下の陸軍工兵隊）が発注したイラク復興事業が、競争入札なしでチェイニー副大統領が元最高経営責任者だったハリバートン社の子会社ケロッグ・ブラウン・アンドルート社に発注され、しかも同社が水増し請求を行うという事態もすでに起きている（『毎日インタラクティブ』二〇〇三年一一月一三日）。イラクの「民主化」や「良き統治」を求めた側が、利権の独り占めを進めているのだ。

こうした事態の背景には、「イラクを市場経済に移行させる」というブッシュ政権の目的を実現するために、イラク暫定統治機構のポール・ブレーマーが出した「ブレーマー命令三九号」がある。この命令によって、①国有企業の私有化、②石油・鉱物、銀行、保険を除いたすべての分野における企業の一〇〇%外国保有、③外国企業の「内国民待遇」、④投資に伴うすべての資産の無制限・非課税の送金、⑤四〇年間の保有保証が認められ、米国企業がイラク復興に安心して乗り出すことになったのである[20]。

いま進められている「イラク復興」とは、米・英両国の新たな経済圏、それもイスラム諸国ではこれまでないほど外国資本のフリーハンドを認めた国家をつくるための支援なのである。それは同時に、「反テロリズム」という名目で一方的に行った戦争によって破壊されたインフラなどをODAによって再建すること、「テロリストの根を断つ」という名目でイラクの人びとへの攻撃を続ける米・英両国を中心とする占領軍を支援することでもある。市場開放・軍事占領・インフラ整備が入れ子状態になって進んでいるのが「イラク復興」なのだから、そこで「人道支援」だけを行うという理屈は成り立たない。

日本企業にとっても、ODA予算のかなりの部分がつぎ込まれる「イラク復興支援」はビジネス・チャンスにちがいない。すでに述べたように、二国間無償協力における大半の案件は湾岸戦争以前に日本が援助した発電所などの施設の復旧であり、おもな受注企業はトーメンや丸紅、伊藤忠など日本企業に限定される。

もうひとつイラク復興資金をめぐる大きな問題は、フセイン政権時代につくられた巨大な対外債務をどうするかだ。フセイン政権時代の公的債務は二一〇億ドル、民間債務をあわせると一二〇〇億ドルを超えると言われており、復興にかかる費用を大きく上回る。とくに、日本がかかえる公的債務は約七六億ドルと主要国のなかで最大である。
〇四年一一月にG8諸国などでつくるパリ・クラブ(債権国会議)は、イラクの公的債務の八〇%の削減について合意し、日本も〇五年一一月、イラクとの間で八〇%の債務救済措置について合意した。イラクにおける膨大な占領費用を軽減するために九五%の帳消しを主張する米・英両国と、五〇%でよいと言うフランス、ドイツ、ロシアなどとの間で激しい議論があった末の決定である。この債務救済は段階的に行われ、完全実施のためには「新生イラク政府」がIMFの構造調整プログラムを受け入れることが条件になっている。

しかし、イラク国民評議会は、「サダム・フセイン時代の債務は汚い債務であって、返済を拒否すべきである」という決議を行い、「汚い債務とは、独裁者のイラク国民と近隣の国々に対する戦争のために使われたもので、イラクの債務総額の九五%を占めている」と述べた[21]。つまり、フセイン時代の債務支払いを拒否しているのだ。問われているのは、フセイン政権を助け、援助を与えてきた債権国の責任である。

世界銀行やIMFの融資が始まり、日本も〇五年度からは円借款を再開し、〇七年度までに三五億ドルを供与することになる。この新しい債務を負担するのは、新イラク政府というよりイラクの人びとである。「イラク復興」で巨額のODAを出す必要があるかどうかについて、債務という視点からも検討し直さなければならない。

6 緊急人道援助の軍事化――スマトラ沖巨大地震への自衛隊派遣

〇四年一二月二六日に、インドネシアやスリランカを襲ったスマトラ沖大地震と津波に際しての救援活動で特徴的なのは、米軍を中心にオランダ、フランス、ドイツ、オーストラリア、シンガポール、マレーシア、韓国などの各国軍が食料の配給など大規模な「支援活動」を展開したことである。米国はタイのウタパオ基地(ベトナム戦争時の米軍基地)に司令部を置き、約一万一五〇〇人を動員し、海軍、海兵隊、陸軍、空軍の合同作戦を行った。中心は海軍で、空母を含む戦艦一五隻がスマトラ沖などに停泊し、さらに二隻が任地へ移動している。また、輸送機が約二〇機、ヘリコプター四〇機も「救援」活動にあたった。オーストラリアも艦船一隻、輸送機七機などを出し、約一〇〇〇人が活動した(『朝日新聞』二〇〇五年一月二七日)。

自然災害に際して、米軍がこのように大規模な作戦を行うのは、今回が初めてだ。この背景には、インドネシアとの軍事関係を強め、米国が「第二の戦線」と呼んできたインドネシア・マレーシア・タイ南部における「イスラム過激派」の封じ込めという意図があったのではないかと言われる(22)。

日本の自衛隊も、この流れに遅れまいと、インドネシアとタイで「緊急援助」を行った。細田

表4　自衛隊の国際緊急援助隊への派遣実績

派遣先と被害	期　　間	人数	内　　訳
ホンジュラスでの洪水	1998年11〜12月	約190人	陸自80人、海自105人、C130輸送機6機など
トルコ北西部大地震	1999年9〜11月	約430人	海自約430人、輸送艦など3隻
インド西部大地震	2001年2月	約100人	陸自16人、空自約80人、C130輸送機6機など
イラン南東部大地震	2003年12月〜04年1月	約30人	空自約30人、C130輸送機2機
スマトラ沖大地震と津波	2004年12月〜05年3月	約1600人	陸自約220人、空自100人、海自約1240人

(出典)『朝日新聞』2005年1月8日。

博之官房長官(当時)は、「米軍が一万三〇〇〇人も現地に入っている。自衛隊もかなりの人数が現地へ行って救援活動をしなければならないような場面も考えられる」と説明し、一月五日に航空自衛隊、七日に陸・海自衛隊に「国際緊急援助隊[23]」としての派遣命令が出された。

今回の自衛隊派遣は、陸・海・空そろって海外に派遣される初めてのケースで、自衛隊の国際緊急援助活動としてはこれまでにない規模だ(表4参照)。「テロ対策特別措置法」によってインド洋で活動(米軍の軍事作戦に参加)していた海上自衛隊の艦艇三隻の(日本へ戻る途中の)捜査・救助活動を加えると、一六〇〇人の自衛隊員が国際緊急援助法下で救援活動をしたことになる。防衛庁は、陸・海・空三自衛隊の調整にあたらせるために統合幕僚会議(米軍の統合参謀本部をモデルにしたもの)の幹部もタイとインドネシアに派遣した。これも初めてのことだ。

航空自衛隊のC130輸送機はウタパオ基地を拠点に、米軍と連携して救援物資や米兵などの人員輸送を行い、陸上自衛隊部隊は北スマトラで医療や防疫活動のほか、輸送ヘリコプターで物資輸送にあたる。海上自衛隊も、陸上自衛隊要員や輸送ヘリなどの機材を運ぶための輸送艦と護衛艦、補給艦を北スマトラに派遣した。

日本政府が海外での自衛隊の活動に積極的なのは、「国際平和協力活動」を新たな柱として位置づけ、「外交と一体のものとして主体的・積極的に行っていく」ことを決めた「新防衛大綱」を実体化しようと考えているからだ。イラクへの自衛隊派兵と違って、自然災害の救援活動に反対する声はほとんどないため、スマトラ沖大地震への救援を自衛隊の「国際平和協力活動」の足がかりにしようとしたのである。

さらに、米軍との軍事協力体制をより強固なものとすることも、もうひとつの大きな目的だ。今回の緊急援助でも、米国との連携を念頭に置いた活動をしようと、自衛隊および米軍との調整のためにウタパオ基地に現地連絡調整本部を置くことにした。外務省首脳がスマトラ沖大地震に自衛隊を派遣したことが「結果的に海外任務の本来任務化に大きな弾みをつけることになるだろう」と語った(『朝日新聞』二〇〇五年一月八日)ことに示されているように、緊急援助が自衛隊の活動範囲の拡大、米軍との共同行動のための実験という政治目的のために利用されている。緊急援助の「軍事化」と呼ぶべき事態なのだ。

自衛隊とは別に、JICAの国際緊急援助隊も、医療チームは事前登録したボランティアの医師や看護師などによって、救助チームは警察や消防、海上保安庁の救助隊員によって、つくられている。このチームがインドネシア(一次~三次で計六一名)、タイ(二二名)、スリランカ(一次と二次で計四四名)、モルディブ(一〇名)に、救助チーム(八一名)がタイに、専門家チーム(一七名、鑑識の専門家を含む)がタイとスリランカ、モルディブにそれぞれ派遣された。

その経費は、総額で約八億四五〇〇万円だ。それに比べて、自衛隊の派遣には総額で一六・九億円(陸上自衛隊七・八八億円、海上自衛隊二一・七億円、航空自衛隊六・一億円、統幕〇・二億円)の予算(日当、食費、機材借用代、移動経費)がついている。

単純に計算すると、JICA国際緊急援助隊の派遣予算は、隊員一人あたり約三六〇万円、自衛隊は隊員一人あたり一〇六万円となる。ただし、自衛隊の派遣費用には人件費分が含まれていないので、実際にかかった経費はさらに増えるだろう。同じ国際緊急援助隊といっても、予算も実施体制もまったく異なるのである。

日本国内でも災害救援活動を行い、いつでも使える資・機材も人材も豊富にもつ自衛隊が海外でも緊急援助をすることは、それほど変ではないように見えるかもしれない。だが、物心ともに大きな痛手を受けた被災者の救援には、軍事組織の自衛隊ではなく、専門のトレーニングを受けた非軍事の救援組織があたったほうがよい。自衛隊を無原則に使うのではなく、JICAの国際緊急救助隊の医療チーム・救助チームを充実させ、NGOや地方自治体との協力体制をつくることを真剣に考えるべき時期にきている。

7　平和的生存権を実現するＯＤＡへの転換を

これまで見てきたように、いま世界中で、安全保障（セキュリティ）を政治課題の中心にすえ、「国家と国民の安全と繁栄」を保障するための「グローバル・セキュリティ」に積極的にかかわっていこうとする考えが広がり、それに基づく政策が実施されている。「テロリストとの戦い」のような「新たな脅威」に対応する、国家安全保障こそが国家の存在理由であるという考えが、この数年ふたたび勢いをもってきたのである。

その一例として、『「新しい戦争」時代の安全保障』（田中明彦監修、都市出版、二〇〇二年）があげられる。学者、ジャーナリスト、外務省や防衛庁の官僚などが執筆したこの本で、谷内正太郎（執筆時は内閣官房副長官補、現在は外務省事務次官）は、「国家の究極的な存在理由は安全保障にある」と断言し、日本も多様な国際的脅威に直面しているのだから、それに対応する外交こそが求められていると述べる。

そのうえで、アフガニスタンのような国については「平和の定着のために不可欠な治安や安全の確保のためにＯＤＡを活用することが必要」だとし、ＯＤＡ大綱が禁じているＯＤＡの軍事的用途への転用についての解釈を見直す必要があると主張している。さらに、「国軍の創設や武器の回収など、一定の範囲の活動にODAを活用するには限界」があるので、緊急の「国際平和安全協力費」というような「非ODAの新たな形態の協力予算」を考える必要があるとも述べる。[24]

内閣官房長官の諮問機関である国際平和協力懇談会（座長は明石康・元国連事務次長）も、グローバル化の進む世界においては「内戦、虐殺、テロなどの脅威のない世界」をつくるという平和の探求こそが、「日本にとって国益と国の存亡がかかった死活的課題でもある」と国益の立場からの国際平和協力を強調し、国連PKOだけでなく多国籍軍に対する協力を積極的に行うべしと述べている。[25]「国益」という視点から、新たな国家安全保障とODAをつなげて考え、その財源としてODAも活用するというのが、日本政府の外交政策の中心課題になってきた。

こうした流れのうえで、〇三年八月に「政府開発援助（ODA）大綱」が改定されたのである。[26]新ODA大綱は、ODAの目的という項目を新たに設け、「我が国の安全と繁栄の確保に資すること」をその目的とした。また、これまでのODA大綱の四原則の一つである「国際平和と安定を維持・強化するとともに、開発途上国はその国内資源を自国の経済社会開発のために適正かつ優先的に配分すべきであるとの観点から、開発途上国の軍事支出、大量破壊兵器・ミサイルの開発・製造、武器の輸出入などの動向に十分注意を払う」という項目の冒頭に「テロや大量破壊兵器の拡散を防止するなど」という文章が挿入された。

このように新ODA大綱は、国益を重視するという国内向けの顔と、米国が進める「テロとの戦い」への協力という対外的な顔をもっている。しかし、日本外交の基本を「日米同盟」と考え

国際貢献をめぐる動き

	日本の安全保障政策	米国などの動き	日本の ODA 政策
2000 年		10 月 「アーミテージ報告」(日米同盟の強調:日本の集団的自衛権行使を求める)	1 月 特別円借款対象国の拡大
2001 年	10 月 テロ対策特措法(自衛隊の海外派兵の本格化へ) 12 月 PKO 法改定(武器使用基準の緩和)	9・11 事件、9 月「第二次 QDR」(米の国益を最優先することを明示) 10 月 アフガニスタン侵攻	9 月 アフガニスタン周辺国への援助 (パキスタンへの援助再開)
2002 年	3 月 東ティモール PKO への参加 4 月 有事関連 3 法案を上程 12 月 国際平和協力懇談会の報告(ODA の使用条件を緩和し、PKO/多国籍軍にも)	1 月 ブッシュ大統領、一般教書演説でイラクなどを「悪の枢軸」と述べる 9 月 米国の「国家安全保障戦略」(先制攻撃を明言)	6 月 ODA 総合戦略会議発足
2003 年	6 月 有事関連 3 法案成立 7 月 イラク特措法成立 12 月 イラク派遣基本計画を決定	3 月 イラク戦争 5 月 イラクでの戦闘終結宣言	8 月 新 ODA 大綱を閣議決定(「我が国の安全と繁栄」を ODA の目的に)
2004 年	1 月 自衛隊をイラクに派遣 6 月 「国民保護法」など有事関連 7 法案成立 12 月 「第三次防衛大綱」(陸上自衛隊の削減、中国を敵視)	8 月 海外配備兵力の見直しを発表(850 カ所の海外米軍基地を 550 カ所に)	11 月 新 ODA 中期政策(案)の発表(05 年 2 月に決定)(人間の安全保障の強調)

(出典)渡辺治・後藤道夫編「講座 戦争と現代 1『新しい戦争』の時代と日本」(大月書店、2003 年)、浅井基文「集団的自衛権と日本国憲法』(集英社、2002 年)、鎌田慧編『反憲法法令集』(岩波書店、2003 年)、中村政則編『年表昭和史 増補版』(岩波書店、2004 年)、藤林泰「『戦後』から『戦前』へ――ODA の半世紀」(『月刊オルタ』2003 年 8・9 月号)などを参考に作成。

表5　安全保障と

	日本の安全保障政策	米国などの動き	日本のODA政策
1990年		8月　イラク軍クウェート侵攻	10月　イラク周辺国(エジプト・トルコ・ヨルダン)への緊急支援(20億ドル)、多国籍軍に20億ドルの支援
1991年	4月　ペルシャ湾に掃海艇派遣を決定	1月　湾岸戦争 12月　ソ連崩壊	1月　湾岸戦争で多国籍軍(実質は米軍)に90億ドルの追加支援 4月　ODA4指針を発表
1992年	6月　国際平和協力活動(PKO)法成立 9月　カンボジアPKOへの参加		6月　ODA大綱を閣議決定
1993年		9月　「米国の戦力構造の徹底見直し」(ボトムアップレビュー):大規模紛争地域への対処戦略	
1995年	11月　第2次防衛計画大綱(「大規模災害、テロへの対応」「PKO参加などの国際貢献」を自衛隊の任務とし、米軍との協力強化へ)	クリントン政権、同盟重視戦略へ 2月　「ナイ・イニシアティブ」(東アジアの重視、米軍10万人体制)	
1996年	4月　日米安保共同宣言→日米安保体制の意義を再評価		
1997年	9月　日米新ガイドライン(「後方支援」→日米安保のグローバル化)	「第一次QDR(Quadrennial Defense Review)(4年ごとの国防戦略見直し)」(グローバル秩序の維持と軍事力のハイテク化)	8月　ODA中期政策の発表(「紛争と開発」をODAの柱に入れる)
1999年	5月　周辺事態法など日米新ガイドライン関連法成立(「後方地域支援」)		12月　特別円借款新設

ている現在の日本政府の立場からすれば、現在のODAを根底で規定しているのは「テロとの戦い」という米国の軍事戦略への協力と言っていいだろう。ODA大綱が制定された九二年も、改定された〇三年も、米国によるイラク攻撃の直後だったのは偶然の一致ではない（表5参照）。

こうした動き（援助の軍事化）に対して、私たちはどう立ち向かえばいいのか。

〇四年一〇月、東京でフィリピンやインドネシア、バングラデシュなどからの参加者をまじえた「援助の現実ネットワークアジア太平洋会議」が開かれた。三日間の議論の後で、会議は「人びとの信頼と支持を得るODAを目指して」という声明を出した。声明は日本国憲法の前文と第九条にふれ、「平和および調和の実現、すべての人びとを対象にした繁栄の実現、公正で民主的な社会の実現」を日本のODAの基本理念とすること、その具体的な原則として「民衆中心の原則、最貧層優先の原則、人間に関わる地球規模の問題解決原則、不公正を防ぐ原則、貧困層のエンタイトルメント（権原：正当な権利）としての援助原則」を提案した。

この声明の背景には、アジアの人びとが日本のODAにもつ厳しい目がある。それは、日本のODAに「我が国の安全と繁栄の確保に資すること」を目的とする国益論の影響が強くなっていること、米国が進める「テロとの戦い」に協力するためにイラクの復興支援に最重点を置くような「援助の軍事化」が進んでいることへの強い懸念である。

声明が原則としてあげた「貧困層のエンタイトルメント」という考え方は、日本国憲法前文が掲げる平和的生存権に通じるものだ。ODAを「平和的生存権」確立のためのみに使うものへ変えていくことを中期的(たとえば一〇年間)目標として掲げる必要があると、私は考えている。いまの憲法が改定されないかぎり、日本政府もこの原則を否定できないし、多くの人からの賛同も得られるだろう。もちろん、この表現では多くの異なった解釈を許す余地があるから、より議論を深めるべき点は多い。そこで具体的に、以下を提案したい。

①「平和を維持」するために、軍備を縮小し、兵器製造・貿易を禁止する。民主主義の徹底のためにODAを使い、「反テロ」や「治安維持」などの軍事行動には使わない。

②「専制と隷従、圧迫と偏狭を地上から永遠に除去」するために、国際的な人権基準の徹底やグローバルな権力構造の民主化を進めていく。とくに、社会権を含む人権とODAのつながりを深める。

③「ひとしく恐怖と欠乏から免れ」るために、絶対貧困の根絶に向けてODAを使う。アフリカなど最貧国への援助を最優先し、イラク復興などへの多大な資金協力を見直す。

④「ODA大綱」が重点にあげている「人間の安全保障」や「平和構築」「平和の定着」を「テロとの戦争」に関連させない。

⑤平和構築に関するガイドラインを作成し、占領・戦争の一方の当事者とは一線を画し、和平の仲介を前提にした復興支援を行う。

ODAは、いうまでもなく公的な開発援助である。その「公的」なるものは、本来、多様な意見の討論によってつくられるべきである。米国が始めた「テロとの戦い」への協力によってOD

Aを軍事化し、それが「我が国の安全と繁栄」に役立つというのは、きわめて危険な「国論一致」の仕方である。憲法前文が掲げる「平和的な手段で平和を実現する」という原理をもとに、ODAを根底から変えていくことが、いま重要な課題となっている。

（1）『米国国家安全保障戦略』は http : //www.whitehouse.gov/nsc/nss.html を参照。
（2）『世界銀行年次報告二〇〇四 Volume 1 一年を振り返って』三～四ページ。
（3）国連開発計画『人間開発報告書二〇〇三年』（国際協力出版会、二〇〇三年）を参照。
（4）米国、英国、フランス、ドイツ、イタリア、カナダ、日本の七カ国とEU代表によって一九八六年から開かれたG7サミットは、参加各国の経済利害と国際通貨の安定について議論する場だった。その後ロシアが加わりG8となったこの大国の会議は、世界人口の一二％しかいない国の集まりにもかかわらず、世界のあらゆる問題を決定しようとしている。
（5）グローバリゼーションのもたらす問題と、それに抵抗する社会運動については、北沢洋子『利潤か人間か――グローバル化の実態と新しい社会運動』（コモンズ、二〇〇三年）やウォールデン・ベロー著、戸田清訳『脱グローバル化――新しい世界経済体制の構築へ向けて』（明石書店、二〇〇四年）を参照。
（6）http : //www.oecd.org/dataoecd/17/4/16085708.pdf
（7）OECDの議論は、『紛争と平和、開発協力ガイドライン（Conflict, Peace and Development Co-operation on the Threshold of the 21 Century）』（一九九七年）や『DACガイドライン――暴力的な紛争を防ぐために（Helping Prevent Violent Conflict）』（二〇〇一年）としてまとめられている。
（8）NGOによる声明や分析は、英国のNGO、BONDのウェブサイトに載っている。http : //www.bond.org.uk/advocacy/gsd/gsddac.htm

（9）Shenia Spillane, "Security issues dominate over direct poverty reduction", *The Reality of Aid 2004*, IBON Books（Manila）, Zed Books（London）, 2004.

（10）日本政府の国際テロ対策については、『外交フォーラム』二〇〇四年九月号を参照。

（11）越田清和「進む『援助』の軍事化と『日の丸』NGOづくり」（『インパクション』一三〇号、二〇〇二年）を参照

（12）Christian Aid, *The Politics of Poverty : Aid in the new Cold War*, の第2章 Back into the Cold（http : //www.christianaid.org.uk/indepth/404 caweek/index/htm）を参照。

（13）この点については、John Degnbol–Mattinussen and Poul Engberg–Pedersen, *Aid–Understanding International Development Cooperation*, Zed Books（London）, 2003 第3章と第5章を参照。

（14）イラクでの復興支援のための予備調査〈国際協力機構、パシフィックコンサルタントインターナショナル、日本工営『ヨルダン国イラク国復興予備調査』二〇〇四年四月〉の概要は、『平和構築と国際協力資金（ODA）——イラク復興支援に際して』（「環境・持続社会」研究センター、二〇〇五年）七五ページを参照。

（15）この点については、長瀬理英「自衛隊活動とODA連携の新しい展開」（http : //www.parc–jp.org/main/a_study/oda/odatopics/iraqSDF）を参照。

（16）イラクにおける抵抗運動については、ウォールデン・ベロー著、武藤一羊訳「イラク戦争はいかにアメリカの戦略的ジレンマを深めたか」（『ピープルズ・プラン』二六号、現代企画室、二〇〇四年）を参照。

（17）前掲（15）を参照。

（18）『政府開発援助（ODA）白書（二〇〇四年版）』一三八ページ、http : //www.mofa.go.jp/mofaj/gaiko/oda/shiryo/hakusyo/04_hakusho/ODA 2004/html/honpen/index.htm

（19）詳しくは小倉利丸「国家と資本に呑み込まれる『市民社会』」（『ピープルズ・プラン』二八号、二〇〇四年）を参照。

（20）アントニア・ユハーズ著、山口響訳「占領軍と米企業によるイラクの経済的植民地化」（『ピープルズ・プ

ラン』二七号、二〇〇四年）を参照。

(21) イラク債務の軽減については、北沢洋子 DebtNet 通信 Vol.3, No.31 (http://www.jca.apc.org/kitazawa/) を参考にした。

(22) 森暢平「被災者支援にあたる米軍の〝本音〟——安全保障から読むインド洋大津波」『サンデー毎日』二〇〇五年一月二三日号）。

(23) 自衛隊が国際緊急援助隊に参加するようになったのは、「PKO協力法」（国際連合平和維持活動等に対する協力に関する法律）の成立と同時期の一九九二年六月に、「国際緊急援助法」（国際緊急援助隊の派遣に関する法律）が改定されたからである。

(24) 谷内正太郎「多様化する国際的脅威と日本の対応——重層的アプローチの推進」（『「新しい戦争」時代の安全保障』都市出版、二〇〇二年）。

(25) 国際平和協力懇談会の報告は http://www.kantei.go.jp/jp/singi/kokusai/kettei/021218 houkoku.html

(26) ODA大綱は外務省ホームページにある。http://www.mofa.go.jp/mofaj/gaiko/oda.html

第5章　「ＯＤＡとＮＧＯのパートナーシップ」再考

越田　清和

1　おカネをめぐる問題

私は二〇〇五年度の「ＮＧＯ相談員」である。「ＮＧＯ相談員」とは、一九九九年度にスタートした外務省の「ＮＧＯ活動環境整備支援事業」の一つで、公募によってＮＧＯ相談員を決定し、その相談員が所属するＮＧＯに対して外務省が業務を委託し、謝礼を支払うという制度だ。平たく言えば、ＮＧＯに対する人件費補助である。

ポスターやホームページなどで「ＮＧＯ相談員」の連絡先を公開し、「国際協力に関する質問は、こちらへどうぞ」と宣伝しているが、電話や訪問などによる相談は少ない。講座や出張相談などを行い、ようやく月に一〇件くらいの相談があるというのが、私の属するＮＧＯ（さっぽろ自由学校「遊」）の実情だ。

外務省からの資金を得ることについては反対の声もあった。一つは、米国に追従した外交政策によって戦争をできる国家への転換を進めている「日本政府の外務省」から資金を得ていいのかという政治的なレベルでの判断を問うもの、もう一つは、委託事業などの外部資金にどの程度頼るのかという経済的なレベルでの判断を問うものである。

こうした声があったにもかかわらず、「ＮＧＯ相談員」となった理由は、財政基盤の安定だ。乱暴に言うと、「現在の政府と政治的な意見は異なり、その政策には反対だ。しかし、政府の金は私たちの税金なのだから、それを有効に使ったほうがいい」ということになる。毎月（正確には六月中旬から三月まで）約二〇万円ずつの謝礼で「安定する」というのも何だか悲しい話だが。

何とも志の低いことを書いたが、NGOとODA（政府）の関係を考えるとき、この「おカネ」（そこから生じる政治）をめぐる問題が基本線となる。NGOについては、「本来、政府から独立した存在であり、独自の理念で行動する」[1]というように、独立性に注目される場合が多い。しかし、そのNGOが「援助」「開発」「国際協力」と呼ばれる領域で活動するようになると、ODA資金の一部をNGOが使いやすいものにし、「きめ細かい援助を行おう」という主張が出てくる。外務省をはじめとする省庁も九〇年代に入って「NGOとのパートナーシップ」を強調し、NGOとの定期協議をもつようになり、「NGO相談員」や「NGO事業補助金」などの支援策を増やしている。

問題は、「独立性」と「パートナーシップ」という異なったベクトルがどうやって近づいていくのか、NGOの立場から言うと、「独立性」をどうやって保持していくのかという点にある。外務省は、NGO支援をする理由について次のように述べる。

「NGOによる国際協力活動は、途上国の地域社会・住民に密着した草の根レベルに対するきめの細かい援助の実施や緊急人道支援活動で迅速・柔軟な対応が可能であるという点で、国際社会において極めて重要な役割を果たしています。（中略）長い歴史と確立した組織基盤に支えられ、豊富な途上国支援の経験を有する欧米諸国のNGOと比較すると、我が国のNGOによる国際協力活動は、まだまだ拡充・強化される余地は大きいと考えられます。政府としては、開発協力事業や緊急人道支援活動などにNGOが積極的に応えていけるよう、NGOの抱える諸課題やNGOにとっての利便性にも配慮しつつ、NGO支援策の充実・多様化や、NGO活動環境整備事業の実施に引き続き努めていくことが重要であると考えています(2)」

メッセージは明確である。外務省は国際舞台で活躍する欧米諸国のようなNGOを求めており、NGOの活動を「拡充・強化」し、それにふさわしいNGOを育てるために支援する、というのだ。つまり、対等な「パートナー」ではなく、外務省のニーズにあった「協力団体」が求められている。このメッセージをどこまで自覚して、ODA資金を使おうとしているのか、ODAをどう変えようとしているのか。それがNGOに問われているのである。

NGOとODA(とその実施機関)は不思議な関係だ。両方とも「開発途上国の援助」を目的にしている。開発援助委員会(DAC)によるODAの定義では「開発途上国の経済開発や福祉の向上に寄与することを主たる目的とする」資金であると明確に述べられている。NGOについて明確な定義はないが、「開発協力・国際協力に取り組む非営利の市民組織」を「NGO」と呼ぶことが定着し始めている(3)。

いずれも、外部(OECD加盟国)から資金や技能、知識、人材などを持ち込んで「途上国」に介入するという点では、きわめて「啓蒙」的な存在だ。おそらく唯一の違いは、ODAが国家の意思を反映させながら「援助」するのに対し、NGOの多くは「無自覚」に「援助」している点にあるのだろう。

ここでは、資金と政策協議という二つの側面から、ＮＧＯとＯＤＡの「パートナーシップ」と呼ばれる関係について考えていきたい。とくに、以下の二点について検討していく。

①ＮＧＯがＯＤＡに関する政策協議に参加するようになって、ＯＤＡがどう変わったのか。

②ＮＧＯの社会的影響力が大きくなり、国際協力におけるＮＧＯの独自性が無視できなくなってきたから、ＯＤＡ資金などの公的資金がＮＧＯに供与されるようになったのか、あるいはＮＧＯを国家の援助戦略に統合するための「支援」なのか。

2　開発協力におけるＮＧＯとＯＤＡ——パートナーシップと政治

開発協力におけるＮＧＯの役割がいかに大きくなっているかを、まず確認しておこう。ＤＡＣの統計は、「途上国への資金の流れ」のなかに、ＯＤＡや「その他の公的資金」、直接投資などと並んで、「ＮＧＯによる贈与」（市民からの寄付などによる自己資金）をあげている。その額が九六年には五九億ドルだったのに対し、〇三年には一四五億ドルと二・五倍に増えている（表１参照）。九〇年代、援助国政府の多くがＯＤＡ資金を減らすなかで、ＮＧＯによる贈与が増え続けていたことに注目する必要がある。しかし、日本を見ると、国民総所得（ＧＮＩ）に対するＮＧＯの贈

表1 「発展途上国」に対するODA資金とNGO

（単位：10億米ドル、（ ）内は%）

年	政府開発援助(ODA)	NGOによる贈与	途上国向け資金の総額
1996	55.8(15.9)	5.9 (1.7)	350.7(100)
1997	47.9(14.9)	6.4 (2.0)	321.6(100)
1998	50.4(22.1)	7.2 (3.1)	228.2(100)
1999	52.1(16.7)	8.9 (2.9)	312.7(100)
2000	49.5(22.9)	9.5 (4.4)	216.2(100)
2001	51.1(23.2)	10.4(4.7)	220.1(100)
2002	57.6(41.0)	12.3(8.7)	140.6(100)
2003	67 (25.4)	14.5(5.5)	264.1(100)

与比率は〇・〇一%(〇二〜〇三年)と、オーストラリア(〇・〇七%)、ノルウェー(〇・一一%)、米国(〇・〇六%)、そしてDAC諸国の平均値(〇・〇三%)と比べて低い。

もう一つ重要なのは、NGOに提供されるODA資金の割合の増大だ。表2は、ODAに占めるNGO向け資金の比率を示したものだが、ノルウェー、スペイン、オランダなどの国が、NGOに対して高い比率のODA資金を供与している。それに対して、フランスと日本、ポルトガルの比率はかなり低い。

日本にひきつけて言うと、NGOの自己資金(市民による寄付)による援助も、ODA資金をNGOに流して行う援助も、他の援助

表2 ODAに占めるNGO向け資金の割合

国	%
ノルウェー	21.1
スペイン	18.7
オランダ	14.9
アイルランド	13.6
スウェーデン	13.4
スイス	9.6
英国	8.7
ルクセンブルク	8.2
フィンランド	8.0
オーストリア	7.8
ドイツ	7.4
ニュージーランド	6.5
ギリシア	5.0
オーストラリア	4.8
デンマーク	4.8
ベルギー	4.2
カナダ	4.1
イタリア	2.4
日本	1.8
ポルトガル	0.7
フランス	0.5
米国	—
DAC諸国の平均	5.2

(注)米国はデータなし。

諸国と比べてまだ低いということになる。松井やよりは、六五年から政府がODA資金をNGOに流す「官民共同援助方式」を採用しているオランダの例を紹介し、とはいっても日本は「西洋のような民主主義が根づいていない国だけに、（政府がODA資金を流したときには）政府のコントロールが危惧される」（カッコ内は引用者）、「もっと幅広い市民の支持基盤を作らなければ、政府の援助の下請けになりかねない」[4]と述べた。

外務省からNGOに対する活動助成が始まった直後の松井の指摘を、NGOに対するODA資金が拡大してきたいま、もう一度考えてみる必要があるのではないだろうか。

NGOにODA資金をもっと流すべきだという主張には、大きく分けて二つの根拠がある。一つは、ODAとNGOは補完的な関係だと考え、草の根レベルを得意とするNGOの援助をODAによって支援することが日本のODAをさらに活力あるものにするというものだ[5]。もう一つは、NGOが国家から自由な市民社会の担い手であることを重視し、NGOへの支援の増大がODAの根本的改革につながり、日本の国際協力を多様にするというものである[6]。前者が国家による援助を前提とし、後者が市民による援助を前提としているというのが、根本的な違いだ。

理念レベルでは大きく意見が違うが、両者に共通している点がある。それは、NGOによる援助は商業ベース（つまり民間企業）の援助よりも低コストですむという点だ。

政府（外務省）からすれば、ODA予算が減らされているなかで、低コストで「効果的な援助」を行い、しかも「国民」とのつながりがあるNGOに注目するのは当然の論理である。NGOの側も、従来のODAプロジェクトに批判的で、自分たちのほうが「税金を無駄遣いしない」「効果的な援助」ができると考えている。NGOがもつ、①組織のあり方や仕事の進め方が柔軟で、援助を受ける現地の状況に対応できる、②スタッフが途上国の住民の意見を十分に聞いてプロジェクトを行う、③政府関係者が行かない遠隔地でプロジェクトを行う、④従来のODAの発想にはない「持続可能な」「地域の自立」につながるプロジェクトを実施する、などの利点を生かしていけば、「ODAはよくなる」と考えるようになった。

こうして九〇年代に入って、ODAからの資金援助が拡大し、「NGO支援策の多様化」も進んだ。このなかで、多くの国際協力NGOと外務省は「ODAをよくする」という目標を共有するようになり、ある種の「精神的一体性」をつくりあげ、「パートナーシップ」や「協働」という言葉が定着していったのではないかと、私は考えている。

こうした流れのなかでは、松井が投げかけた「政府のコントロール」という問題は、しだいに正面から議論されなくなる。NGOやNPOなど「市民社会」の台頭を軽視した「古い考え」だということになっていった。

しかし、松井が提起した「民主主義」という問題は、日本だけでなく、グローバルなレベルで、いまあらためて問題になっている。武者小路公秀は、「九・一一」以後の状況を「グローバル・ファシズム」と名づけ、これは単一覇権国である米国が率先して世界的規模で展開する新しいファシズムであり、その規制は、「グローバル化になじまない経済活動のほか、軍事・警察から思想・言論、宗教・文明にまで及んでいる」[7]と述べる。

当然ながら、援助も、この規制の対象である。米国では〇三年六月、国際開発庁（USAID）のアンドリュー・ナシオス長官が、アフガニスタンやイラクで人道援助を行う米国のNGOは「米国政府の一部門である」と発言し、「その態度を明確にしなければ、そのNGOをUSAIDとの契約対象からはずし、新たなパートナーを探すまでだとの脅しをかけた」と、米国のNGO、Inter Actionは報告している[8]。

「外務省とのパートナーシップ」を優先してきたように見える日本のNGOに対しては、こうした極端な形で、脅しをかける動きはまだ見えない。とはいえ、〇二年五月には、国連で採択された「テロリズムに対する資金供与防止に関する国際条約」の国内法として「公衆等脅迫目的の犯罪行為のための資金の提供等の処罰に関する法律（テロ資金規正法）」が成立した。

この法律によって、強権的な国家に抵抗する人たち、たとえば先住民族・少数民族への支援も、ある国がその人たちが属する団体を「テロ団体」と認定すれば、「テロ支援」とされることになった。また、資金の集め方として「勧誘」「要請」「その他の方法」があげられ、どんな形であれ、「テロ団体」の資金を集めれば、それが犯罪となってしまう。国際協力NGOは、現地のNGOの協力なしでは活動できない。そのNGOが政治的な理由で「テロ団体」あるいは「テロリストの関与する団体」と認定されれば、その団体に資金提供をしていた日本のNGOも処罰されることになってしまう。「ODAとNGOのパートナーシップ」は、一方で、このようなNGOの切り捨て・処罰の可能性を伴いながら進んでいる。

3　NGOへの支援——日本NGO支援無償資金協力を例に

外務省は、「ODAにおけるNGOのパートナーシップ」を連携、支援、対話という三つのカテゴリーに分けている。(9) 連携とは、「外務省・NGO共同評価」やジャパン・プラットフォームのような共同事業、支援はNGO事業補助金やNGO相談員のようにNGOのプロジェクトや組織への支援(補助金)、対話はNGOとの定期協議である。

この分類は、外務省の使う「パートナー」という言葉が「事業」の提携先を意味し、政府(少なくとも外務省が担当する外交政策)そのもののパートナーと考えてはいないことを、よく示す。「このNGOは、補助金がほしいNGO」「ここは共同事業をするNGO」と分類し、「対話」は「これらの連携及び支援を効果的に進めるため」「ODAに関する施策や事業面を中心として」(外務省)行われるのである。後でもう一度ふれるが、外務省からすれば、NGOは「連携・支援」を行う一つの業界であり、NGOが「定期協議」と呼んでいる議論の場は、NGOとの連携・支援のための「説明の場」のような位置なのである。逆に言えば、「パートナーシップ」によって、NGOが外務省との「連携・共同事業」のための「業界」化していったことになる。

いま外務省は、NGOに対して「日本NGO支援無償資金協力」や「NGO事業補助金」のような支援を行っている。このうち、「日本NGO支援無償資金協力」は、「草の根無償資金協力」(各国の大使館に申請し、決定されるものが主)と「NGO緊急活動支援無償」(紛争や災害などの緊急性の高い援助に対して、比較的短期で決定される援助)を〇二年に「日本のNGO」向けの支援に一本化したものだ。NGO開発協力事業支援、NGOセクター連携支援、NGO緊急人道支援、ジャパン・プラットフォーム支援、NGO国内事業支援などの支援メニューがある。このうち個別NGOへの支援について見てみよう(表3)。

〇二年度＝アフガニスタンで一〇、カンボジアで五など三二カ国で六〇プロジェクト、実施団体は三六NGO。

〇三年度＝ボスニア・ヘルツゴビナで六、ビルマ(ミャンマー)で五など二七カ国で五六プロジェクト、実施団体は三四NGO。

〇四年度＝カンボジアで七、スリランカで六など三二カ国で七二プロジェクト、実施団体は四七NGO。

スタートして三年の段階で、すでにアムダ、ピースウィンズ・ジャパン、日本紛争予防センター、日本・イラク医学協会など特定のNGOに集中する傾向が明確になっている。このうち、アムダ、ピースウィンズ・ジャパン、日本紛争予防センターは、毎年五億円以上(〇四年度は二〇億円)の資金が提供されるジャパン・プラットフォームのメンバーでもある。外務省の言う「頑強・大規模

表3　日本NGO支援無償資金協力のNGO別実績

	NGO名	実施額	プロジェクト数
02年度	(特活)人道目的の地雷処理支援の会	77,713,756	1
	(特活)ピースウィンズ・ジャパン	66,587,313	4
	(特活)日本地雷処理を支援する会	42,500,652	1
	(特活)アムダ	33,345,661	3
	(社)セーブ・ザ・チルドレン・ジャパン	29,712,419	3
	(社)日本国際民間協力会	23,461,936	2
	(特活)難民を助ける会	23,242,472	5
	(財)オイスカ	22,041,252	3
	(財)国際労働財団	20,999,547	5
	(財)国際開発救援財団	19,884,170	1
	上位10 NGOの総額(全体に占める割合)	359,489,178	60.79%
	NGO名	実施額	プロジェクト数
03年度	(特活)アムダ	111,340,006	4
	(特活)日本紛争予防センター	91,667,018	1
	(特活)ジェン	79,218,525	8
	(特活)ピースウィンズ・ジャパン	44,100,475	1
	(特活)ブリッジ エーシア ジャパン	43,323,674	4
	(特活)ワールド・ビジョン・ジャパン	35,926,625	2
	(特活)日本・イラク医学協会	35,590,852	1
	(財)オイスカ	33,311,002	3
	(特活)プロジェクトHOPEジャパン	20,233,382	2
	(社)日本国際民間協力会	20,000,000	1
	上位10 NGOの総額(全体に占める割合)	514,711,559	67.88%
	NGO名	実施額	プロジェクト数
04年度	(特活)日本紛争予防センター	146,472,441	3
	(特活)アムダ	96,095,118	4
	(特活)日本地雷処理を支援する会	75,451,970	1
	(特活)人道目的の地雷処理支援の会	66,950,620	1
	(特活)ピースウィンズ・ジャパン	65,451,515	6
	(特活)日本国際ボランティアセンター	55,785,412	2
	(特活)日本・イラク医学協会	49,813,366	1
	(財)日本フォスター・プラン協会	44,248,007	3
	(特活)日本口唇口蓋裂協会	33,859,816	4
	(特活)難民を助ける会	33,350,020	2
	上位10 NGOの総額(全体に占める割合)	667,478,285	64.28%

(出典)外務省ホームページ「日本NGO支援無償資金協力実績一覧」。http : //www.mofa.go.jp/mofaj/gaiko/oda/index/kaikaku/oda_ngo.html

図1　ODAマーク（左）と日章旗マーク（右）

なＮＧＯ」への支援という方向性がはっきりしている。しかも、このなかには、第4章で取り上げた日本・イラク医学協会のようなコンサルタント企業が設立した「ＮＧＯ」も含まれている。大手ＮＧＯによるＯＤＡ資金の寡占化が進むと同時に、コンサルタント企業のＮＧＯ化も進んでいるのだ。

4　ＮＧＯと「日の丸」

○五年度から、この日本ＮＧＯ支援無償資金協力資金を使うＮＧＯに対して次のような条件がつけられた。

「我が国ＯＤＡの被援助国における広報強化の観点から、特段の治安上等の理由の無い限り、供与機材・施設等には可能な限りＯＤＡマーク又は日章旗マークを表示することとし、銘板表示の場合には更に『日本政府又は日本国民からの援助である』ことを明示」

ＮＧＯと外務省が行っている定期協議で、この問題が議論されたかどうかについての記録はない。また、この「ＯＤＡマーク・日章旗（図1）の明示」について、ＮＧＯの間で議論したり、政府に対して意見を言うという動きは、始まったばかりだ。

「たかがシールを貼ることなんだから、そんなに重要な問題ではない」という気持ちが、資金をもらうNGOにあるのかもしれない。しかし、九九年の一四五国会で「国家国旗法」が成立してから、学校をはじめさまざまな場で「日の丸・君が代」が強制され、それに反対する人たちへの弾圧がマスコミでも大きく取り上げられている。

政府から「独立」している組織であるNGOが、この問題について、自分たちの活動の独自性、国家によるNGOに対する管理などという視点から発言しないというのは、NGOが政治的な「中立性」を重視するようになって、政治や社会の動きを批判的に見る力や社会を変えようとする運動の一員であるという意識が弱まっているからではないか。

まして、日本のNGOが活動している地域の多くでは、かつて「日の丸・君が代」を前面に押し立てて「大日本帝国」が占領し、そこで多くの人びとの心と身体をさいなみ、命を奪っていたのである。「たかがシール」ではすまされない。

私がアジア太平洋資料センター(PARC)のスタッフとして東ティモールで救援・復興支援プロジェクトに携わっていたとき、この「日本NGO支援無償資金協力」の前身である「草の根無償資金協力」と「NGO緊急活動支援無償」の資金を使った。当時は「ODAマーク・日章旗の明示」という条件はなかったが、外務省は私たちにもODAマークを配り、日本のODA資金で補修した道路などには「この道路は日本政府の資金によって補修されました」という表示板を立てていた。ただし、私たちが「草の根無償資金協力」で建てた「木工の職業訓練センター」にODAマークを貼らなくても、外務省（具体的には在東ティモール日本大使館）は何も言わなかった。

しかし、資金の名称に「日本」をつけ、「可能な限りODAマーク又は日章旗マークを表示すること」が条件として明記されるようになったのは、事態がそこから一歩先に進んだということを意味する。日本のNGOが、ODAからの資金提供を受けるための集団から排除されたくなければ、「日本政府の一部である」ことを明示しろというのである。先に紹介した米国の例とは違うが、ソフトな形でのNGOへの「脅し」である。

スリランカで漁村女性の支援プロジェクトを実施しているアジア太平洋資料センター（PARC）は〇五年秋、なかば「強制」されて日の丸付きの帽子を配ってしまった。PARC理事会はそれを反省し、「日の丸の強制」に反対して「民際協力の現場に日の丸は似合わない」という姿勢を明確にし、日本政府に働きかけていくことを決めた（『オルタ』二〇〇六年二月号、参照）。

これに対してNGOの側に「ODA・日章旗マーク」にこだわるより、プロジェクトやODA資金の使い方を変えるほうが重要であり、NGOの将来にとっては有意義だという意識があるようだ。外務省の言う「頑強・大規模なNGO」に、自ら進んでなっていこうというのが、緊急救援などにかかわるNGOの主流となり始めている。

国際協力NGOセンター（JANIC）の機関誌『地球市民』二〇〇四年六月号（四〜九ページ）に載っている「人道支援活動とNGOの『自己責任』を考える」という座談会では、NGOから伊藤道雄（JANIC理事）、木山啓子（ジェン事務局長）、清水俊弘（日本国際ボランティアセンター事務局長）、外務省から山田彰（経済協力局）が参加している。「NGOと政府の関係」について質問された山田は、とてもスマートにこう答えている。

「私はいつも日本のNGOに『強くたくましく』なって欲しいと思っています。そのためには政府とNGOは建設的な批判をし合い、緊張関係を保ちながら、対話を重ねて仲良くすればいいと思います。（中略）NGOが強くなることで、日本全体も強くなると私は思っています」

この発言を受ける形で、伊藤も「『強くたくましいNGOに』とは、日本のNGO関係者に与えられた課題だと思います」と発言している。また木山は、高遠菜穂子さん・今井紀明君の行動を自分たちと比べて「プロのNGOとアマチュアの違いですね」と言い、政府との関係については「政府は私たちを、プロの活動をしている団体として認めて付き合っていただいて、治安に関してのみではなく、支援全般に関してもパートナーとしての関係を持てることを望みます」と述べている。

こうした意識が、「ODA・日章旗マーク」の「ソフトな強制」がNGOの独立性と思想の自由に対する侵害であり、それに従わないNGOを排除する手段となることに、目を向けなくさせている。NGOが「プロの活動」をするようになり、その能力を発揮することで「政府とのパートナーシップ」が強まっていくことが、ODAを含めた日本の外交政策のなかでどういう意味をもつのか、NGOの自立性とは何かについて、NGO自らが検証する必要がある。

日高六郎は、一九二〇年代から三〇年代に中国の青島で暮らした自分の家族史を紹介し、「これらのエピソードは日中戦争の大局にはほとんど影響がなかったかもしれない。しかし、ほんとうにそうか。戦争とはなにか」と問い直し、戦闘にかかわることだけが戦争ではないと、次のように述べる。(10)

「中国人が海水浴場に入ることを禁じる、中国人の子どもたちに日本軍勝利を祝う日の丸の旗行列をさせる、中国人生徒に学校の宿題として『教育勅語』を、わざわざ漢文に直して、清書させる――そうしたことがらもまた、いや、こうしたことがらこそ、日中戦争の全体を構成する重要な実態である。戦争とは、人間の肉体と精神とに加えられる最大の暴力であるから」

日本が占領した地域に、ふたたび「日の丸」を広げることにＮＧＯが協力するのも、新しい戦争を構成する要素になるのではないだろうか。

５　ＮＧＯの政策提言は何を実現したのか

ＯＤＡからの資金援助が拡大していった九〇年代を通じて、ＮＧＯはＯＤＡに関心をもつようになり、「ＯＤＡ改革」の取り組みも広がっていった。その成果は主として「ＮＧＯ支援策の多様化」となって現れ、外務省などＯＤＡ関係省庁とＮＧＯとの定期協議も制度化されていく。

これは、九〇年代に起こった世界的な動きの一部である。環境や貧困など深刻化するグローバルな問題に対応し、冷戦崩壊後の世界における正統性を示すために、国連は九〇年代に、地球環境サミット(九二年)、世界人権会議(九三年)、世界人口会議(九四年)、社会開発サミット(九五年)、世界女性会議(九五年)、人間居住会議(九六年)など一連の大規模な国際会議を開催した。こうした会議の特徴は、各国政府や国際機関による公式会議に並行して独自のNGOフォーラムが開かれ、多くのNGOが参加し、同時に会議に出席する各国政府代表団のなかにも、NGOメンバーが加わるようになったことである。[11] NGOは、国内および国際政治における発言権を制度的に保証されるようになった。

また、八〇年代後半から、「構造調整プログラム(SAP)」などで世界各地の草の根民衆組織やNGOから強く批判されていた世界銀行も、九五年にウォルフェンソン総裁が就任してから、「パートナーシップ」をキー・ワードにして改革を進めていく。とくに、情報公開と参加に関しては積極的な改革を進めようとした。

こうした世界的な動きに加え、日本国内では九三年に自民党が政権から離れ、非自民党政権や自民・社会・さきがけの連立政権が誕生する。官僚の側にも、「市民社会」に対して自民党政権時代とは違う対応をしなければならないという事情があり、九〇年代なかばから、「政府とNGOの定期協議」が制度化されていく(表4参照)。

定期協議に積極的にかかわってきたNGO側メンバーの一人である神田浩史は、外務省ではN

表4　国際協力に関する政府とNGOの定期協議

「人口・エイズに関する地球規模問題イニシアティブ(GII)に関する外務省・NGO定期協議会」(現在は「GII／IDIに関する外務省・NGO懇談会」)(94年4月～)
「NGO・外務省定期協議会」(ODA政策協議会と連携推進委員会)(96年4月～)http : //www.mofa.go.jp/mofaj/gaiko/oda/index/kaikaku/oda_ngo.html
「NGO・大蔵省(現・財務省)定期協議」(97年4月～)http : //www.jacses.org/sdap/mof
「NGO・JICA協議会」(98年4月～)(NGO・JICA連携事業検討会、開発教育小委員会)http : //www.jica.go.jp/partner/ngo/index.html#meeting
「NGO・JBIC協議会」(01年4月～)http : //www.jbic.go.jp/japanese/ngo_jbic/index.html

GO支援策の多様化、財務省では多国間開発金融機関に対する日本政府の政策決定プロセスの開示と情報の共有、JBICなどのガイドライン策定へのNGOの参加などを、定期協議の成果としてあげている。同時に課題として、定期協議におけるより一層のアカウンタビリティの確保(具体的には情報公開と参加)、NGO側が戦略をもつこと、立法府への働きかけ、を指摘する。⑫

私もある時期まで、神田といっしょに「ODAを改革するための市民・NGO連絡協議会(ODA連絡会)」(現在は「ODA改革ネット」)の世話人をし、定期協議にも出ていたので、この評価に同感するところは多い。だが、ODA改革をめざすNGOや市民の運動が、「定期協議」という場に限定されてしまったという反省の気持ちも強い。

とくに、現行のODAに批判的な市民やNGOが求めてきた「ODA基本法」制定へ向けての取り組みが弱くなってしまったことと、「定期協議」とはまったく無関係につくられる首相や外務大臣の「私的諮問機関」の答申が実質的にODA

政策の基本方向を決めていくのに対する歯止めをつくれなかったことは、大きな反省点である。結果として、「定期協議」という場は、NGOがODAに関する政策の決定プロセスにかかわる場というより、外務省がNGOとコミュニケーションをもち、自分たちが利用できる考えだけを取り入れる場になっていったのではないだろうか。

九七年にODA予算の削減が発表されたとき、さまざまな「ODA改革案」が出された。日本にはODAを担当する援助省がないため、多くの省庁(以前は一七省庁と言われていた)がODA予算をもっている。そのうち、外務省、財務省、経済産業省の影響力がもっとも強い。NGOのなかに、日本企業の利益追求を第一に考える通産省(当時)によるODA改革よりは、「貧困」や「社会開発分野」についても配慮する外務省のODA改革のほうがましだという気持ちがあった。外務省としても、企業からの支援が望めない以上、NGOによる支援を得てODA改革の主導権を取ろうという思惑があったはずである。

この土俵の上で、「ODAをよくする」「ODAの増額(NGOは国際合意であるODAをGDPの〇・七%に増やすことを主張し、外務省はODA予算の確保を優先した)」がNGOと外務省に共通目標として設定された。こうしてODA改革という短期的な目標を優先することで、NGOの側は、援助そのものがもつ政治性、米国の世界戦略に規定される日本のODAのあり方などを正面から問題にできなくなっていった。

その一方、日本の外交政策としてのODAの新しい方向性については、外務省の「ODA改革懇談会（第一次・第二次）」（九七〜〇二年）、「ＯＤＡ総合戦略会議」（〇二年〜）、「外務省改革に関する『変える会』」「対外関係タスクフォース」「国際平和協力懇談会」（いずれも〇二年）などが決定することとなった。そこで出された報告や答申は、いずれもＯＤＡを外交手段と位置づけ、国益と結びついたＯＤＡを強調するものである。

たとえば、「対外関係タスクフォース」（岡本行夫・内閣官房参与：座長）による「わが国のＯＤＡ戦略について」（〇二年七月）では、さらに踏み込んで、「治安維持や非軍事化活動への支援など、従来の開発協力の枠組みでは対応できない協力が重要になってきている」と述べ、ＯＤＡ大綱にある「軍事的用途への使用回避」の解釈を適切なものとすることを提言している。「国際平和協力懇談会」（明石康座長）も〇二年一二月、「国際平和協力を自衛隊の本務と位置づける」とともに、平和の定着に軍事部門が大きな役割を果たすようになっているので、こうした活動を「我が国がより積極的に支援することが可能になるような予算の仕組み」についての検討を提言した。

この動きが進めば、日本のＯＤＡや国際協力は「敵と味方」を区別し、その一方の側に援助することになる。そして、そのときに政権をとっている政党や権力者の一時的な政治判断や画一的な国益に強く左右されるようになる。

こうした提言を受けて、〇三年八月に制定された新ＯＤＡ大綱では、「我が国の安全と繁栄の確保に資すること」をＯＤＡの目的とし「平和構築」を重点分野に加えた。次いで、〇四年一一月に制定された新防衛大綱では、「国際貢献」が自衛隊の本来業務に「格上げ」される。日本の国際協力のあり方を大きく変えるこうした動きを、NGOは黙視していたわけではない。とくに、ODA大綱の改定に関しては、京都・福岡・札幌・東京での「外務省とNGOとの意見交換会」を経て、NGOの共同意見書を提出するなど積極的にかかわった[13]。しかし、結果として新ODA大綱にNGOの意見はほとんど反映されていない。

ODA改革を求めてきたNGO（私も含めて）はこの事実を正面から受けとめ、反省する必要がある。どういう点においてか。外務省との「意見交換」に目を奪われ、社会や人びとに対して訴えるという努力をしなかった、あるいはその発想がなかったという点、そして、「政策提言」という場で自己満足していたのではないかという点においてである。

6　過渡的な存在としてのODAとNGO

NGOとODAは「援助」という共通の分野にかかわっている。この点についての異論は少ないだろう。しかし、ODAとNGOにはもう一つの共通点がある。いずれも「開発協力」という分野では「過渡的な制度・組織」であり、ODA資金提供国と受け取り国の経済的格差がなくなったときにはなくなるという点である。「開発協力」においては、ODAもNGOもその目的が達成されたときには消滅するという、いわば自己否定する存在なのである。

しかし、ODAとNGOの連携・パートナーシップに関する議論では、この「自己否定する存在としてのNGOとODA」について話されたことはない。ODAやNGOをなくす、つまり世界に広がる富と貧困の偏在と収奪の構造をなくすという方向性を前提に、そのために何をなすべきかという議論はなかったのである。

この問題について徹底して考えることが必要となっている、と私は考える。ODAをなくすために何ができるかを考えることは、日本という「富める国」に住む個人として援助の原理をどう考えるかということでもある。国家による援助としてのODAを前提とせず、世界規模での不平等をなくすために何ができるか。「世界の富める者に、過剰消費の習慣が恥であり、俗悪であること、しかも自分たちが他者を犠牲にして消費にふけるという二重の俗悪行為を犯していること」に気づくために何をなすべきか。それが、いま私たちに求められているのである。[14]

（1）朝日新聞「地球プロジェクト二一」『市民参加で世界を変える』朝日新聞社、一九九八年、二六二ページ。
（2）http://www.mofa.go.jp/mofaj/gaiko/oda/index/kaikaku/oda_ngo.html（二〇〇六年二月一日）
（3）国際協力NGOセンター（JANIC）は、『国際協力NGOダイレクトリー二〇〇四』で、「開発問題、人権問題、環境問題、平和問題など地球的規模の諸問題に、「非政府」かつ「非営利」の立場からその解決に取り組む市民主導の国際組織及び国内組織を「NGO」と称するのが、より一般的となっています」と述べている。
（4）松井やより『市民と援助――いま何ができるか』岩波新書、一九九〇年、六九ページ、二三九ページ。
（5）こうした主張が援助をめぐる議論の「主流」になっている。その典型として、渡辺利夫・三浦有史『OD

A（政府開発援助）――日本に何ができるか』（中公新書、二〇〇三年）の第4章、西垣昭・下村恭民『〔新版〕開発援助の経済学――「共生の世界」と日本のODA』（有斐閣、一九九七年）の第11章がある。

（6）前掲（1）では、「ODAの五％をNGOに」と提言している。

（7）武者小路公秀『人間安全保障論序説――グローバル・ファシズムに抗して』（国際書院、二〇〇三年）第4章を参照。

（8）The Reality of Aid Project, *The Reality of Aid 2004, An Indepent Review of Poverty Reduction and Development Assistance*, IBON Books（Manila）, Zed Books（London）, 2004, p.27.

（9）前掲（2）。

（10）日高六郎『戦争のなかで考えたこと――ある家族の物語』筑摩書房、二〇〇五年、一二九～一三〇ページ。

（11）この時期の国連を舞台としたNGOによる活動は、北沢洋子『利潤か人間か――グローバル化の実態と新しい社会運動』（コモンズ、二〇〇三年）の第4章に詳しい。

（12）神田浩史「NGOの政策提言活動はODA政策をどう変え得るか」藤林泰・長瀬理英編著『ODAをどう変えればいいのか』コモンズ、二〇〇二年。

（13）ODA大綱見直しプロセスへのNGOの関与については、川村暁雄『ODA政策の透明性と説明責任――開かれた政策過程の実現に向けて』（「環境・持続社会」研究センター Briefing Paper Series No.18、二〇〇四年）を参照。

（14）ダグラス・ラミス「平等」（ヴォルフガング・ザックス編、イヴァン・イリッチ他著、三浦清隆他訳『脱「開発」の時代――現代社会を解説するキイワード辞典』晶文社、一九九六年）七七～七八ページ。

第6章　「援助される側の人びと」から見たＯＤＡ

1 「忌むべき債務」の帳消し

井上礼子

1 国家の債務の責任は誰に？

「忌むべき債務」という言葉は、日本ではまだ聞きなれない。“Odious Debt”という英語の訳で、「汚い債務」「憎むべき債務」と訳される場合もある。いま流に訳せば、「むかつく債務」が適切かもしれない。

ここで言うのは公的対外債務、つまり、ある国の政府が外国の政府あるいは世界銀行やアジア開発銀行などの公的金融機関から借りた借金にかかわるものである。貸し手としての日本政府の側から見ると、ＯＤＡの円借款部分、貿易保険、ＯＯＦ（その他政府資金）と呼ばれる旧日本輸出入銀行（現在の国際協力銀行の一部）が資金協力として行っている国際金融業務にかかわる問題である。(1)

忌むべき債務は、一九二七年にアレクサンダー・サックという帝政ロシアの閣僚で、ロシア革命後にフランスで法学者となった人物が、最初に定義したと言われる。(2)たとえば、軍事政権から文民政権へ、独裁政権から共和制へというように根本的な政権交代が起こったときに、新しい政権は前政権の借金に対する責任をどこまで負うべきかという議論である。当時のヨーロッパでは、こうした変化が頻繁に起こったし、国境線の変更も考慮する必要があった。この議論は、そもそも国家とは何かという問題をはらんでいて興味深い。

サックは、政権の性格が変わったとしても、国の借金に対する返済義務は原則として変わらないと主張した。貿易や国際金融の安定性のためには継続性が不可欠と考えたからである。ただし、その債務が国民の必要性や利益のためになされたものでない場合はそのかぎりではない、と考えた。

たとえば、専制君主が自己の政権基盤を固めるために借りた結果としての債務は例外であるとし、それを「忌むべき債務」と呼んだ。国民にとって、国の債務としての正当性を欠いた「忌むべきもの」であり、返済責任は独裁者個人に属するという考えである。その貸し付けが相手国の国民の利益にはならないと知って貸した以上は返済を要求できないという、貸し手側の責任も、そこには含まれる。

他方で、新しい政権による債務返済拒否が恣意的に行われないために、サックは、その借款が国民の利益にはならなかったこと、貸し手側もそれを承知していたことを新政権の側が証明しなければならないと述べている。貸し手側は、貸与された資金が国民の利益のために使われたことを国際法廷において立証しないかぎり、債務の取り立てはできないという提案も行った。

この提案の背後にあるのは、米西戦争(一八九八年)後に行われた講和会議でキューバがスペイン統治時代の債務の帳消しを受けたという事実があった(これは、スペインに代わって実質上キューバの統治者となった米国の都合によるものであったが)。さらに、第一次世界大戦後のポーランド債務に関しても、ドイツのカイザー・ウィルヘルム二世による占領下にあった時代の債務については返済する必要がないという判断を下したのである。

八〇年代に途上国の債務問題の深刻さが明らかになったとき、この「忌むべき債務」という考え方が、開発援助と途上国債務という文脈のなかで再び論じられるようになった。それは、民主化を果たした途上国を債務負担から救出し、その発展を助けると同時に、借り手国の独裁政権が非民主的であると知りながら借款を供与したことで延命に手を貸し、人びとの利益に反したという意味で、貸し手側の責任を問う概念である。カナダのNGO、Probe International の代表であり、経済学者であるパトリシア・アダムスが、九一年にこの主張を理論化した。(3)

九〇年代に入ると、途上国の債務帳消しを求めるジュビリー2000という運動が世界的に広がるなかで、アダムスの考えも広がっていく。というのは、重い債務負担に苦しんでいたアフリカ諸国(4)を中心とする貧困国の大半は、冷戦時代に東西両陣営から多大な貸し付けを受けていたからである。その典型が、モブツ政権のザイール、アパルトヘイト体制の南アフリカ、そしてソモサ政権のニカラグアである。

二〇〇五年一〇月一七日、ノルウェーでストルテンベルグ労働党党首(元首相)を首班とする左派中道連立政権が成立した。連立政権を構成する労働党、左派社会党、中央党は、政権発足に先立つ一〇月一三日に三党の政策合意文書を発表した。そこで、「不当な債務」(正当性を欠く債務＝illegitimate debt)という概念を正式に取り入れたのである。ここに至るには、ジュビリー２０００の運動を継承した、ヨーロッパのＮＧＯや教会関係者による積極的な働きかけがあった。これは、世界的な地雷除去の運動のときと同じである。政策合意文書は次のような骨子を含んでいる。

①国連は「不当な債務」と規定できる債務に関する基準を作成すべきであり、そのような債務は帳消しにしなければならない。

②「不当な債務」に関連する事案を扱う国際調停裁判所を設置するための作業を(ノルウェー政府は)支援する。

この「不当な債務」という考え方は「忌むべき債務」を含むが、返済要求を当然とはしない、より広い概念である。ノルウェー新政権の文書は、これまで「忌むべき債務」という考え方で運動してきた多くの人びとを激励するものであると同時に、債務国による債務帳消しの要求を容易にし、債権国の側にこの問題を真剣に考えることを促している。(5)

2　イラクの債務は帳消しを推進した米国

「忌むべき債務」の帳消しという点でもっとも最近の事例は、イラクのフセイン政権がつくった債務の新政権に対する支払い免除である。

米国は対イラク戦争の終結を宣言した二〇〇四年五月以降、フセイン時代の債務の帳消しを債権国に対して求めていく。ブッシュ大統領は、「イラクの債務帳消しは、イラクの政治的・経済的再建に向けた国際社会の貢献の重要な一歩だ」と賞賛した。また、ブッシュのイラク戦争を強力に推し進めた二人の人物は、こう述べた。

「独裁者時代に生じた債務をイラクの人びとに負わせるべきではない」（財務長官ジョン・スノー）

「独裁者に金を貸したのだとすれば、民主政権が浮上してきたときに、貸した金を返してもらえるなどと期待しないほうがよい」（防衛政策委員会メンバー、リチャード・パール）

イラクの債務は総額一二〇〇億ドルにのぼると言われていた。そのうち、日本・米国・英国・フランスなどを含むパリクラブ[6]加盟国の公的債務が三八九億ドル。その多くは、イラン・イラク戦争（八〇～八八年）に際してイラクを応援するためにフセイン政権に供与されたものである。また、ロシアの三四億ドルを筆頭にした旧社会主義諸国、サウジアラビアやクウェートなど湾岸諸国が、合計約四六〇億ドルだった。イラクの債務が増えた理由は、湾岸戦争後に国連が科した経済制裁によって石油輸出代金が凍結されたために債務返済が滞り、その間の延滞金ならびに金利が上積みされたという事情もある。

ブッシュ政権はイラクに対する債務の九五％の帳消しを提案し、〇四年一一月に開かれたパリクラブ会合で、三八九億ドルの八〇％の削減を決定した。約三〇〇億ドルを帳消しにすることになる。合意内容は以下のとおりだった。

「①直ちに三〇％の債務を削減する。②〇五年なかばに国際通貨基金（IMF）の復興三年計画がまとまった段階で、さらに三〇％削減する。③復興計画が順調に進めば、〇八年末までにさらに二〇％削減する」

しかし、この時点では国民議会選挙（〇五年一月末にようやく実現）はまだ行われていない。イラクの人びとを民主的に代表する政府が存在していない段階で、削減率から実行方法まで決めてしまうというのは奇妙なことではある。

表1　削減対象となる債務

内　　　訳	額
国際協力銀行関連債務	約830億円
商業上債務	約8,060億円
円建て債務	約7,900億円
米ドル建て債務	約1億4,000万ドル
合　　　計	約8,890億円(約76億ドル)

イラクに対する最大の債権者である日本政府は、パリクラブ会合での合意を受けて〇五年一一月に、イラク政府との間で債務の八〇％を削減する合意を交わした。この削減対象となる債務の内訳は**表1**のとおりである。削減の方法は二段階に分かれている。まず、書簡交換後に三〇％を削減する。

次に、IMFの復興計画へのイラク政府の合意を条件に削減率を六〇％まで引き上げ、残りの債務を償還期間二三年（据置六年）で返済する。すなわち、大半は債務免除であるが、一部は債務返済繰り延べである。

世界銀行の前総裁ウォルフェンソンは、ブッシュ政権の対イラク債務削減は、「あらゆる国の債務救済の可能性に新たな道を開くものである」と述べている。[7] 世銀の副総裁だったチーフ・エコノミストのスティグリッツも、「イラクに関する米国の主張は、タンザニア、エチオピア、アルゼンチン、チリ、コンゴなど数多くの国に当てはまる」と指摘した。[8]

債務の帳消しには一貫して非常に慎重だった日本政府は、イラクの場合も当初は、「債務救済というのは最貧国の救済のためであって、イラクは工業基盤を回復させえすれば返済できる」と述べて、米国の提案に反対していたが、最終的には、いつものように米国に従うという道をとった。これは小泉首相の政治決裁だったという。[9]

この債務削減は米西戦争後のキューバに対する削減と同様、米国の占領統治を容易ならしめるためのものであることは明白である。しかし、同時にフセイン政権への融資の多くがイラク国民の意思に反して行われたことも事実なので、イラクと同じ措置が「汚い債務」に苦しむ他のアフリカ、アジア諸国にも適用されるかぎり、この債務削減に反対するものではない。とはいえ、削減対象とする債務の規定や金額の確定に債務国・債権国の市民社会の関与がまったくない、したがって削減による財政的余裕を何に振り向けるのかに関してのモニターを行うメカニズムがないという点では、今後に問題を残している。

3　スハルト政権の債務をどうするのか

破綻した「アジアの優等生」

インドネシアのスハルト政権は、誕生の経緯からして疑惑につつまれている。六五年当時、ポピュリストであり容共的な政策をとったスカルノ政権のもとで、インドネシア共産党（ＰＫＩ）は党員数を三〇〇万人にも伸ばした。それに脅威を感じた西側諸国、とくに英・米両国のひそかな支援を受けて、[10] インドネシア国軍は同年九月三〇日に「共産党員による虐殺事件」という名目で出動。地域で影響力のあった人物や学校教師、労働組合員らを殺害し、投獄した。このときの犠牲者の数は五〇万〜一〇〇万人と言われている。文字どおり、人びとの血の海のなかから生まれたのがスハルト政権である。

このスハルト政権の軍事的性格は、東ティモールの暴力的併合、八〇年代末の労働組合弾圧、アチェやパプアの分離独立や自治を求める運動への暴力として、繰り返し発揮されている。

九四年一一月ボゴールで開かれた第六回ＡＰＥＣ閣僚会議ならびに非公式首脳会議のとき、発言の自由を奪われていたジャーナリストたち、東ティモール出身の学生たち、労働組合やＮＧＯ

が、スハルト政権に対する挑戦を開始していた。にもかかわらず、世界銀行も日本政府も、そのスハルト政権をアジアの優等生として誉めそやしたのである。日本経済にとっては天然ガス・石油などの資源の豊富なインドネシアは手放しがたい盟友であり、その国内で何が起こっているかについては見て見ぬふりを続けた。

しかし、世界銀行、米国、日本政府や日本企業にとってのお気に入りだったスハルトは、足元から起こった民主化運動にしだいに追い詰められていく。皮肉なことに、スハルト政権が外国資本の誘致や資源の輸出などを通じて導入したグローバル化が、人びとの声を軍事力で圧殺して沈黙のカーテンのなかに押しとどめることを不可能にしたのである。

さらに、九七年のタイを皮切りに、アジア全域を襲った通貨危機はインドネシアをも打ちのめし、同年一〇月、インドネシアはＩＭＦの緊急支援を要請する。その支援条件に基づく燃料価格の引き上げが直接的な引き金となって人びとの怒りが爆発し、スハルト体制は九八年五月に崩壊した。スハルト政権は、民主化を求める人びとの運動とＩＭＦによる緊縮財政政策の挟み撃ちになって倒れたと言ってよい。

腐敗への加担

九七年末の段階で、インドネシアが負う対外債務残高は約一三六〇億ドル、元利支払額は一九七億ドルに達していた（表2）。ここで「債務に関する純移転」とは、新規借款の供与額から純デッ

表2　インドネシアの対外債務の推移（単位：100万ドル）

項目＼年	1970	1997	2000	2003
対外債務残高	4,530	136,000	144,000	134,000
うち長期債務	4,040	100,000	111,000	101,000
うち短期債務	346	32,900	22,600	22,900
新規借款供与額	674	22,500	7,170	9,700
純デットサービス（元利支払額）	169	19,700	16,700	18,500
元金返済	123	13,000	9,300	14,300
利子支払い	46	6,730	7,380	4,190
債務に関する純移転	506	3,350	−8,040	−9,650
国民総所得（GNI）	9,700	209,000	139,000	199,000
対外債務残高／輸出額（％）	—	207	194	189
対外債務残高／GNI（％）	47	65	104	68
元利支払額／輸出額（％）	—	30	22	26

（注）数字が合わない部分があるが、もとの表に従った。
（出典）World Debt Tables, *Global Development Finance,* World Bank の各年次より作成。

トサービス（元利支払額）を引いたものを示す。[11]○○年と○三年はこれがマイナスになっている。これは、新規に借り入れた金額より返済にまわした金額のほうが多いことを意味する。また、対外債務残高は七〇年の四五億ドルから三〇倍にも膨れ上がっている。九七年の輸出額は六五八億ドルだから、デット・サービス・レシオ[12]は三〇％にもおよんでいた。日本政府や世界銀行が、スハルト政権下のインドネシア経済の実態を見ずに「アジアの優等生」としてつぎつぎと貸し付けた結果である。

スハルト政権に対する最大の貸し手は日本で、世界銀行がこれに続く。こうした膨大な債務がインドネシア経済を立ち行かなくさせた。

日本の対インドネシアODAは、道路・空港・港湾・発電所などの建設という大型インフラ整備が目白押しである。これは日本にとって資源供給国としてのインドネシアの重要な位置を示すもの

図1　日本の対インドネシアODA供与額とインドネシアの対外債務残高の推移(1970〜2001年)
(単位:億ドル)

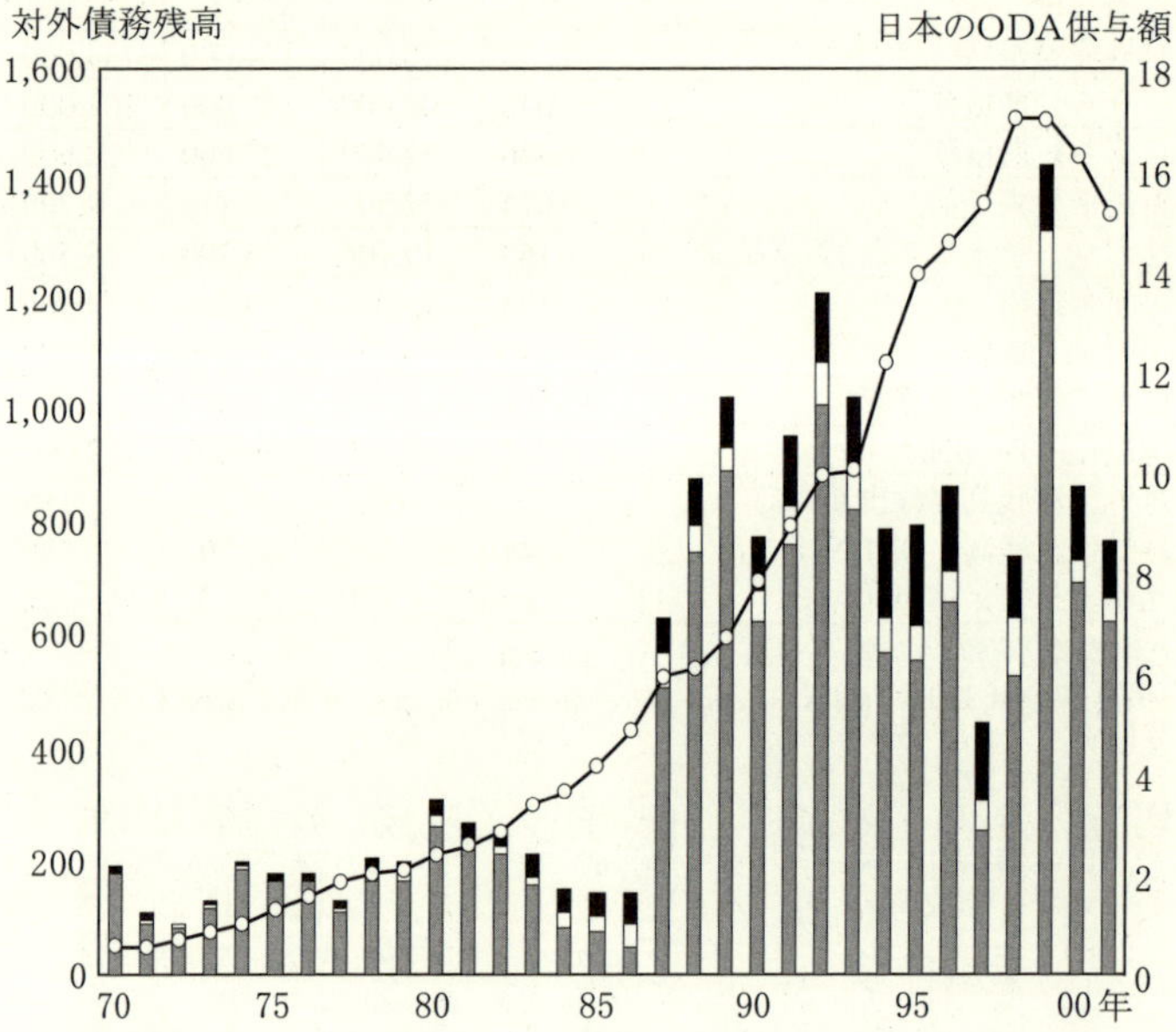

(注)■ 技術協力、□ 無償資金協力、■ 有償資金協力、—○— 対外債務残高。

であり、同時に日本とインドネシアとの、第二次世界大戦中から戦後賠償、ODAへと綿々と続いた人脈がもたらしたものでもある。

その典型は、アサハン・アルミニウム精錬工場である。日本工営の設立者・久保田豊のイニシアチブで七八年に着工し、八二年に完成したこの精錬工場は、竣工式にスハルト自らが出席したほどの肝いりナショナル・プロジェクトだった。アルミニウム精錬は多大な電力を消費する。そこで、北スマトラのアサハン川に巨大ダムを建設した。日本とインドネシアとの合弁企業によるこの事業に、七六年に二六二億円(アサハン開発Ⅰ)、七八年に三五三億円(アサハン開発Ⅱ)、合計六一五億円もの円借款を供与している。

開発輸入の典型といえる事業で、アルミニウムの大半は日本に輸出された。水力発電はもっぱらアルミニウム精錬のためであり、地元の人びとをうるおすことはなかった。運営主体であるインドネシア・アサハン・アルミニウム社の株式の五八・九％は日本アサハン・アルミ社が、四一・一％はインドネシア政府が保有している。

また、九〇年に一二五億円、九一年に一七五億円の円借款を供与したコトパンジャン・ダム建設では、ダム工事による水没地域の住民が事前に情報を知らされず、移転後の補償もなされていない。しかも、再定住地は適切な飲料水もなく、生活が困難であった。そのため住民たちは、日本国、建設計画を立案した東電設計、国際協力銀行(JBIC)、国際協力機構(JICA)を被告として、損害賠償などを求める訴訟を提訴し、インドネシア国内でも政府に対する訴訟を起こすに至っている。このダム建設は、スハルト政権下で住民の声を圧殺して実施されてきた大規模インフラプロジェクトの氷山の一角である。

スハルト政権がその出生から、軍事力を背景とした独裁政権だったことは明らかである。しかも、スハルトは世界でもっとも腐敗した指導者とまで言われ[13]、三〇年間で一五〇億～三五〇億ドルを収賄した、と言われている。債権者である世界銀行や日本・欧米の政府はそれを承知していたばかりか、腐敗にも加担していたのである。たとえば英国が保有する債権の一部は、スハルト政権が輸入した軍用機の支払いに充てられていたのである。

世界銀行インドネシア事務所のスタッフは九七年八月の段階で、「少なく見積もっても開発資金の二〇~三〇%はインドネシア政府の役人ならびに政治家たちのふところに入っている」という内容の内部報告書を作成していた(14)。それによると、六〇〇〇万人もの公務員たちが何らかの形で開発プロジェクトからの副収入を期待しており、通常、予算の一〇~二〇%はそのために消える。さらに、請負業者の入札では五~三五%が上乗せされ、役人や政治家へのリベートとなり、しかも実施中に多くの請負業者はスハルトの与党ゴルカルへの献金が求められる。その結果、プロジェクトの金額が膨らむばかりか、建設事業の場合には材料の質が落ちる。そして、それはスハルト政権の構造的なものであるという。

また、村井吉敬氏らによる『スハルト・ファミリーの蓄財』(15)は、スハルトならびにその家族と、取り巻き勢力(クローニーと呼ばれる)など政権トップ、およびインドネシア企業が軍事力を背景に蓄財してきた過程をくわしく分析している。スハルトが退陣した時点での一族の資産は一五〇億~四〇〇〇億ドルにのぼっていた。

日本は、八〇年代からほぼ一貫してインドネシアにおけるトップドナーの役割を果たして、スハルト政権の安定と蓄財を支えてきたと言ってよいだろう。スハルト時代(六六~九八年)に供与された円借款総額は、一兆八五八八億円(一一三億六五〇〇万ドル。各年次の為替率による計算、実際には元本の一部はすでに返済され、金利も支払われている)に達する。仮にその三〇%を「忌むべき債務」

表3　インドネシアの二国間公的債務の債権国別内訳(2000年12月31日現在)

債権国	債務残高	割合(%)
日本	21,755,874	69.3
複数国	3,049,266	9.7
ドイツ	2,008,262	6.4
米国	1,874,179	6.0
オーストラリア	507,206	1.6
フランス	460,839	1.5
オランダ	416,504	1.3
カナダ	273,997	0.9
スペイン	224,122	0.7
オーストリア	187,556	0.6
スイス	132,769	0.4
イタリア	123,074	0.4
ベルギー	100,808	0.3
韓国	65,787	0.2
ブルネイ	40,874	0.1
クウェート	40,377	0.1
その他	146,860	0.5

(注)債務残高は純現在額である。
(出典)World Bank, *Indonesia——The Imperative for Reform, 2001.*

と考えても、五五七六億円の債務削減が必要になってくる。**表3**に示されているように、〇〇年段階で日本の債務残高は二国間債務の七〇%近くを占めており、日本政府がこの問題にどう答えるかは大きなインパクトをもつ。

悪化するインドネシア経済

九七年一〇月末と九八年一月一五日にＩＭＦの指示のもとで作成された緊縮財政政策と金融システム改革政策は、スハルト以後もインドネシア経済の再建を遅らせた。とくに、金融再編のためのコストがかさみ、九七年から九八年の一年間で国内債務残高を三倍にまで膨らませる結果となり、タイやマレーシアとは対照的に、いまも債務のくびきから脱することができないでいる。

さらに、インドネシア・ルピアの著しい下落が、この債務負担をいっそう重いものにした。アジア通貨危機の直前、九七年六月末の時点で一ドルは二四三二ルピアだったのが、スハルト政権が崩壊した九八年五月一五日に一ドル＝一万七五〇ルピアと、わずか一年弱でルピアの価値は四分の一以下に下がってしまった。これは、国内税収で対外債務(ドル建て、円建て)を返済しようとした場合、実質的に四倍以上の税収が必要なことを意味する。

そこで、インドネシアはＩＭＦからの緊急支援と並行して、九八年九月、〇〇年四月、〇二年四月と三回にわたって、パリクラブでのリスケジューリング（債務繰り延べ）と債務削減を受けた。しかし、繰り延べを続けても債務残高は減らない。〇三年末にＩＭＦの緊急支援期間が終了した時点で、対外債務一三四〇億ドル、国内債務（国債発行残高）六二四兆ルピアをかかえていた。そして、〇四年度（一〜一二月）中に支払わなければならない額は、対外債務元本五二億ドル、利子二九億ドル、さらには国内債務約七兆ルピアにのぼったのである。

そうした状況下で〇四年末に津波に襲われ、再度パリクラブで一年間の債務返済モラトリアムが合意された。返済再開が迫った〇六年に入って、インドネシア政府内部からも債務の抜本的見直しを求める声や円借款への批判が出るようになっている。

いずれにせよ、一連のパリクラブの措置もＩＭＦの緊急支援策も、債務問題の解決をもたらさなかった。ＩＭＦの指示による緊縮経済によって、ＧＮＩ（国民総所得）は九七年の二〇九〇億ドルから〇三年には一九九〇億ドルに下がった。また、債務の健全性あるいは深刻さを示す指標のひとつであるＧＮＩに対する対外債務残高比率は、九七年の六五％から九八年には一六七・九％へと一気に拡大し、〇〇年も一〇四％と、通貨危機前よりむしろ悪化している。これは、インドネシア国民一人ひとりがより大きな債務負担を負い、生活を削って債務を返済しなければならないことを意味する。

表4　インドネシア政府の歳入に対する対外債務元利返済の負担

（単位：兆インドネシア・ルピア）

	2001	2002	2003	2004
対外債務金利支払い	28.9	29.0	26.8	24.7
対外債務元本返済	10.2	16.7	16.7	44.9
対外債務元利返済	39.1	45.7	43.5	69.9
歳入	300.5	301.9	327.8	343.2
税収(付加価値税を含む)	176.0	174.6	206.8	219.5
歳入に対する対外債務元利返済比率	13	15	13	20
税収に占める対外債務元利返済比率	22	26	21	32

（出典）INFID, Bank of Indonesia, data processed.

ＩＭＦ・世界銀行は重債務最貧国を判定する基準として、輸出に対する債務残高比率を一五〇％以下としているが、インドネシアは〇三年でも一八九％である（一八九ページ表2）。表4はインドネシア政府が税収の二〇～三〇％を債務返済にあてていることを示している。〇五年以降は税収の四〇％近くを債務返済にあてなければならないと、インドネシアのＮＧＯの連合であるＩＮＦＩＤ(International NGO Forum on Indonesian Development)は分析する。アフリカなどの最貧国が九〇年代に経験したように、教育や保健などのベーシック・ヒューマン・ニーズにかかわる予算を削り、経済建て直しのための政策実施も思うに任せなくなることが予想される。

債務危機からの脱出をめざして

ＩＮＦＩＤは、〇二年四月のパリクラブ会合に際しての声明で次のように訴えている。

①いまや一刻も早く、速やかで包括的な経済復興を実現しなければならない。インドネシア国民は、職を、物価の安定を、

安価な教育や保健サービスを待ち望んでいる。インドネシア政府が貧困対策に取り組み、経済復興をスタートさせるためには、広範囲で徹底した債務救済措置が必要である。
②パリクラブ参加国はスハルト時代に生じた債務の正当性を問うべきである。世界銀行はすでに当時の貸し付けのうち少なくとも三〇％は収賄に使われたことを認めている。新しい政権やインドネシア民衆が、この忌むべき、犯罪的な債務の負担を負うべきではない。
③パリクラブがふたたび、意味のある救済策を講じられないならば、インドネシア政府は延々と続くリスケジューリングの循環から逃れるために、六九年のインドネシアと同じように仲介者をたてて、すべての関係者に最善の本当に持続する債務の解決策を求めるべきである。
六九年のケースというのは、スハルト政権の初期に既存の繰り延べメカニズムでは対応できなくなり、パリクラブがドイツの銀行家ヘルマン・ヨゼフ氏に仲裁を依頼したことを指している。このケースは債務の繰り延べであって帳消しではないが、これまでに帳消しの前例は存在する。たとえば、コスタリカのティノコ軍事政権の後にできた新政権が一九二三年に、民間銀行（ローヤル・バンク・オブ・カナダ）がティノコ将軍に貸した金を返済する必要はないと申し立て、米国のタフト判事に仲裁を依頼した。このとき、タフト判事は、その金がティノコの海外出張のために個人的に使われたことを明らかにして、新政権が返済の義務を負う必要はないという判定をくだしたという。(16)

一般的な貸借関係がこじれたときには、裁判所のような中立的な機関に調整を申請するのが普通である。同じように国家間であっても、パリクラブ、世界銀行、ＩＭＦのように債権者が債務国と調整するのではなく、第三者機関が調整するほうがのぞましい。スハルト政権時代の貸し付けのうち、どこまでを「返済する必要がない」と考えるかは、債権国（機関）・債務国双方の資料に基づいた客観的な判断によるべきである。ＮＧＯは、ジュビリー２０００の債務帳消しを求める運動のなかで、中立的で透明な仲裁機関の設置を提案してきた。

4　解決されていないマルコス疑惑

開発独裁マルコスを支えた日本のＯＤＡ

アジアの戦後史のなかで、開発独裁政権としてスハルトと肩を並べるのが、フィリピンのマルコス政権である。マルコスが大統領になった六五年には一〇億ドルにも達していなかったフィリピンの債務は、マルコスが民主化を求める人びとに追われてアメリカに逃げた八六年には二八〇億ドルにも達していた。

マルコスは六五年、現職のマカパガルを破って大統領となった。経済政策で一定の成果を上げて六九年に再選されるが、七二年九月二一日に反政府勢力から国家を守るためと主張して、戒厳令を布告。議会を停止して、反マルコス派の政治家らを一斉に逮捕した。そして、ベトナム戦争の影響もあってフィリピンの学生や農民の間に広がっていた民族主義運動やミンダナオ島のイスラム教徒たちの分離・独立運動に対して、軍事的な弾圧を繰り返す。一方で、財閥の出身でなかったことから軍部を含む独自の取り巻き勢力(クローニー)を育成し、従来の支配階層が結びついていたスペインやアメリカと距離をおくために日本への接近を強めていく。

七三年には戒厳令を背景に、対日感情から議会が批准を拒否していた日比友好通商航海条約の批准を強行する。ここから日本の対フィリピンODAが本格的に始まった。マルコス政権下で日本が供与したODA総額(円借款だけでなく無償援助・技術協力を含む)は五〇四二億円にのぼる(図2)。マルコス政権下のフィリピンは、日本にとって大事な盟友であった。

最初の対フィリピンODAは日比友好道路であった。その後は商品借款[17]が多い。この商品借款は、日本にとっては日本の工業製品の販路確保となり、マルコス政権にとっては自由に使える資金源になるものである。輸入代金の補填によって借入国の国際収支を支援し、国内経済の安定を図ることが公式の目的だが、受入国政府は購入(=輸入)した商品を国内で販売して、手っ取り早く現金を手にできる。マルコスが戒厳令を布告した七二年に日本政府は一二三億円の商品借款を供与し、アキノが暗殺された四カ月後の八三年一二月には三五二億円、翌年一二月には三二八億円の供与を決定している。

また、おもなプロジェクトとしてはバターン輸出加工区造成事業、スービック造船所建設などがあげられる。マルコス政権末期の八五年一二月に締結された第一四次円借款のうち一一件のプ

図2　日本の対フィリピンODA供与額の推移とフィリピンの対外債務残高（1970〜2001年）　（単位：億ドル）

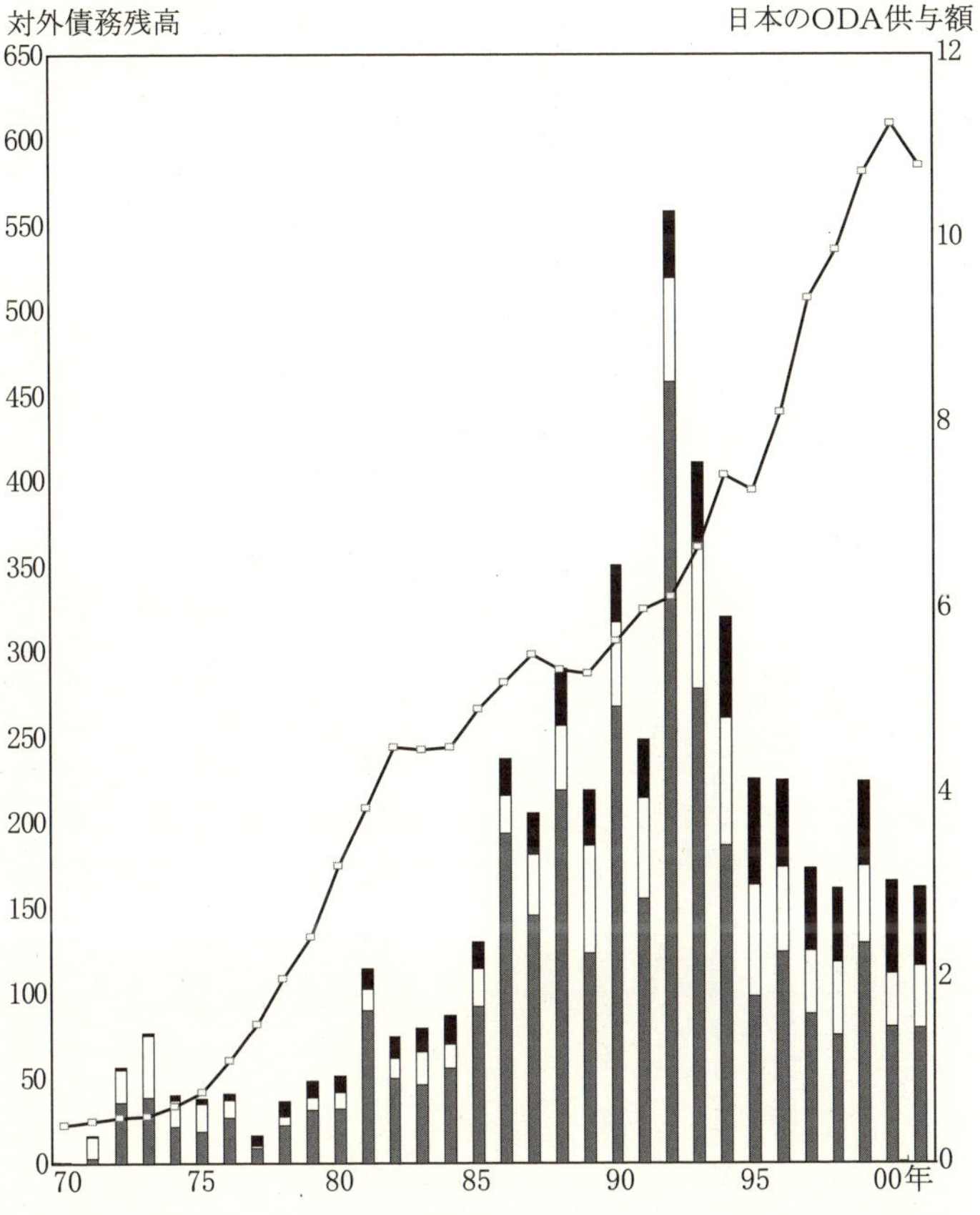

（注）■ 技術協力、□ 無償資金協力、■ 有償資金協力、━□━対外債務残高。

ロジェクト予算の一部は、翌年の大統領選挙に直面したマルコス側からの要請で商品借款に切り替えられた。ODA白書には、いまも以下のような注がつけられている。

「当初E／N＝交換公文（八五・一二）では実施予定プロジェクトは一一件であったが、比側事情により四プロジェクト相当額（一六四・二二億円）を商品借款として供与することとし、八六年一一月修正のうえ、改めてE／N署名を行った[18]」

この商品借款に関しては当時からマルコスの選挙資金として使われるという懸念があり、「独裁政権を延命させるだけの援助はやめてほしい」という強い反対の声がフィリピンの市民社会から寄せられていた。

政権崩壊後に明らかになったマルコス疑惑

マルコス政権の蓄財額は約一〇〇億ドルと言われる。マルコス退陣後にイメルダ夫人の靴などが陳列されて、そのぜいたくな生活ぶりの一端が公開された。〇五年八月にもフィリピン大統領直属の行政規律委員会が、イメルダ夫人の宝石コレクションを競売にかけることを公表。サザビーズ社の見積もりによれば、総額約五七〇万ドル（約六億二三〇〇万円）になるという[19]。フィリピン政府がこうした行動に及んだ背景には、現在のアロヨ政権が大幅な財政赤字に悩まされているという事情がある。

マルコス政権の腐敗構造は、七二年の戒厳令によって反対派を封じ込めた直後から意図的につくられてきたこと、しかもそのなかで日本のODAとそれにかかわる商社などが重要な役割を果たしたことを、津田守・横山正樹両氏は丹念に調査している。[20] マルコスは、戒厳令布告の翌日に円借款事業執行官を大統領行政命令で設置し、公共事業・道路省の次官、オスカー・ロドリゲスを任命した。アキノ政権下で一時的にその職責を務めたヘルミニオ・S・アキノ下院議員は、ロドリゲスの役割について『朝日ジャーナル』のインタビューに次のように答えている。

「（執行官の仕事は）公式の機能の外に、非公式の、おそらくこの制度の隠れた目的である、別の機能を果たしていたことが判明しています。それはマルコスと日本企業のあいだのあらゆる私的な交渉のパイプ役としての機能です。……日本側では誰が落札するのか事前の取り決めがあったこともわかっています。日本語でダンゴーと言ったと思います。日本企業の間で、事前に非公式に落札企業を決めておき、そして入札するふりをするのです。いっぽうフィリピン側では、マルコス氏のための違法な手数料あるいは賄賂のパイプ役としてすべてを調整したキーパースンがロドリゲス氏でした」

アキノ新大統領は、かなり徹底したマルコス疑惑に対する調査を行った。マルコスがハワイへ飛び立った三日後の八六年二月二八日には大統領府直属の行政監察委員会を設置。マルコス退陣が急だったこともあって、同委員会はマラカニアン宮殿にあった膨大な秘密文書を手に入れ、日本のODAの舞台裏を明かす貴重な資料となった。[21] 津田氏らの調査のなかでは、日本の賠償時代からできた枠組みで、ODAプロジェクトを受注した日本企業は約二〇％をキックバックし、そのうち一五％がマルコスの銀行口座に、残り五％はフィリピン政府高官たちに支払われていたという証言が、報告されている。

では、直接収賄にまわった金額の一部がこうしたフィリピン政府の努力によって回収されれば、それで問題は解決されるのだろうか？　ＯＤＡは相手国の人びと（政権を意味しない）のかかえる問題を共有し、解決に協力してこそ意味がある。したがって、マルコス政権を支えてきた日本側でも、問題を解明するために同じ努力が求められるはずである。

マルコス政権下のＯＤＡは、単に収賄に費やされた部分が人びとの利益に反していたばかりではない。商品借款などの形で供与されたＯＤＡ全体がマルコス政権を支え、人びとの利益に反するものであった。マルコス文書に明らかになったような腐敗の構造を、仮に日本のＯＤＡ実施機関や外務省が知らなかったとすれば、それは許されない無知というしかないが、知ってのうえでの共犯であっただろうと考える。その貸し手責任は、いまだに問われていない。

いまも債務に苦しむフィリピン社会

表5を見てほしい。フィリピンの場合、債務に関する純移転が八五年以降、ずっとマイナスになっている。それは、インドネシアの〇〇年や〇三年と同じく、新規に借り入れた金額より、返済にまわした金額のほうが多いことを意味する。つまりマルコス政権崩壊後の八六年以降、新たに借りたお金（外貨）は、実質的にはマルコス時代の借款の利子支払いや債務返済にあてられているので

表5　フィリピンの対外債務の推移　（単位：100万ドル）

	1970	1975	1980	1985	1990	1995	2000	2003
対外債務残高	2,200	4,170	17,400	26,600	30,600	39,400	60,900	62,700
うち長期債務	1,540	2,870	8,820	16,300	25,200	33,400	52,900	55,300
新規借款供与額	446	984	2,300	2,070	2,520	2,850	6,110	7,360
純デットサービス	308	457	2,180	2,530	3,590	5,360	7,060	10,300
元金返済	264	334	686	778	1,820	3,100	4,060	7,400
利子支払い	44	123	1,500	1,760	1,770	2,260	3,010	2,880
債務に関する純移転	138	757	2,360	-547	-649	-2,950	-754	-2,310
純資産移転	111	583	489	224	51	-503	415	-1,820

(注) 数字が合わない部分があるが、もとの表に従った。
(出典)表2に同じ。

ある。この背景には八〇年代が世界的な高金利時代であり、借款のうち多くを占める日本の円借款の金利も当時は四%前後であったという事情もある。

そして、未払い債務の累積のために利子支払いがどんどん増えていくという悪循環に陥っている。〇三年には海外直接投資や無償援助などまで含めた純資産移転でも大幅な赤字を計上した。これは実際上、デフォルト(債務不履行。期限内に債務の元利支払いが不可能になること)に至る状態である。貿易などの経常収支ではかろうじて黒字を計上しているが、フィリピンの輸出額の一七%までが海外出稼ぎ労働者たちの送金である。そして、対外債務残高の総額はほぼ一貫して増え続け、九〇年に約三〇〇億ドル、九五年に約四〇〇億ドル、〇〇年には約六〇〇億ドルに達した。フィリピン国民はいまもマルコスの債務のつけに苦しめられている。

〇四年度の政府財政支出(予算の内訳)を見ると、債務利子支払いだけで歳出の三分の一近くを占め(図3)、社会サービスや経済サービスのための支出を大きく圧迫している。元利支払額は、〇二年度では三六〇〇億ペソに達し、同年の歳出総額七四二〇億ペソの

図3　フィリピンの政府予算の内訳（2004年度）

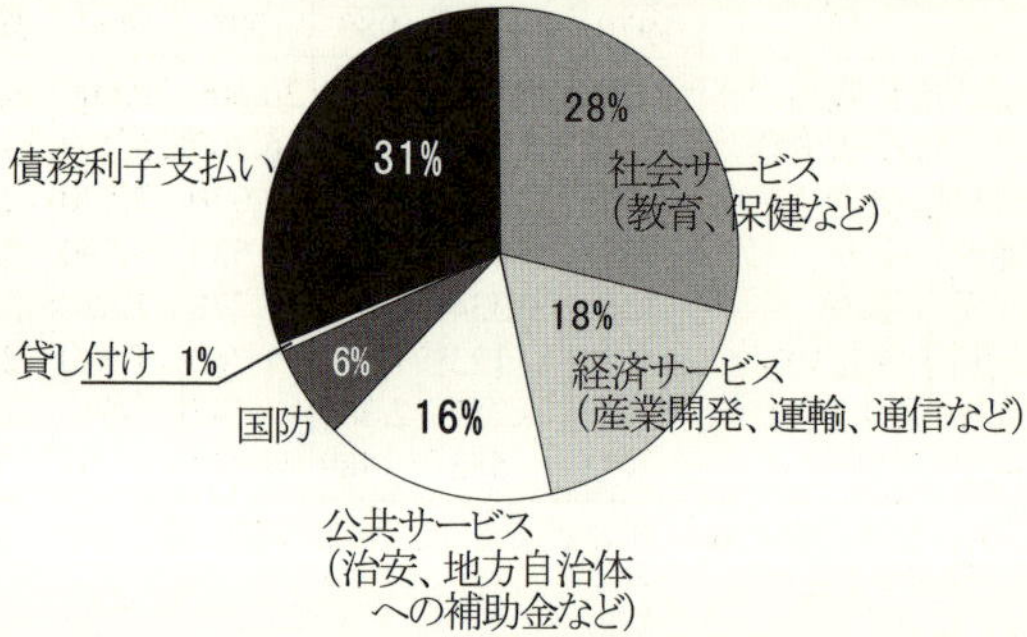

（出典）フィリピン政府BESF（Budget of Expenditure and Sources of Financing）データベースから作成。

半分近くに相当する。

インドネシアと同様に、ペソの価値が九〇年代なかば以降大幅に下落したことも、財政圧迫の一因となっている。八〇年当時、一ペソはおよそ三〇円だったのが、〇〇年には二・四円の価値しかなくなった。したがって、八〇年前後の円借款を二〇年後の二〇〇〇年に返済する場合、フィリピン側にとってその実質的負担は一二倍になることを意味する。

アロヨ政権は、増税などで国民に負担を転嫁するしかないところまで追い込まれているが、〇四年の大統領選挙における不正容疑を払拭できていない。そうした状態での公共料金値上げや増税はただちに社会不安に至る可能性があり、実施できずにいる。そうしたなかで「〇四年末のフィリピンの公的債務残高は危機的にまで拡大しており、デフォルトに陥る直前の〇一年のアルゼンチンの状況に酷似している」という警告が、米国の投資関連機関などから出された。

フィリピン上院の金融問題委員会委員長であるマニュエル・ヴィラール上院議員は〇五年初め、マルコス政権時代の腐敗に根をもつ債務返済のためにフィリピン国民がいまも苦しむのはフェアではないと考え、新たな法案を議会に提出した。それは、「債務救済評議会」を設置し、公的債務残高がGDPの七五％を超えないようにして、必要に応じて債務帳消しなどの措置をとれるようにするというものである。しかし、アロヨ大統領を筆頭に、「債務救済を求めれば、外国の資金が逃げてしまい、フィリピン経済は九七年にタイやインドネシアが経験したような危機に陥る」という懸念を共有する議員たちによって、この法案は却下された(22)。

ヴィラール上院議員は、「ますます貧困化する国民から税金を搾り取るよりは、債務を帳消しにするほうがフェアである」と述べている。だが、フィリピン政府は他の多くのODA受取国と同様、債務帳消しを言ったとたん日本からの新たな援助が得られなくなるのではないかという恐れから口に出せないのである。

5　仲裁機関による裁定とプロセスの公開を

本項のテーマである「忌むべき債務」からはややはずれるが、日本の円借款がもたらした債務に関して、さらに二つの問題点を指摘したい。

ひとつは、スハルト政権前半やマルコス政権時代の円借款は金利が高かったという点である。たとえば日比友好道路の場合の金利は五・二五％である。その後も八〇年代まで、ほぼ三〜四％

の金利を二〇～三〇年間払い続けている。リスケジューリングを受けた場合も、金利だけは支払わなければならない。それを考えると、実際に借りた金額はすでに返しているとも言える。

もうひとつは、債務国が円貨で返済しなければならないという点である。日本政府にとっては、ODAのアジア重視とあわせてアジアに円経済圏をつくりたいという意図が働いている。しかし、大半のアジア諸国にとって主要な市場は米国である。少なくとも九七年のアジア通貨危機までは、自国通貨をドルに連動させるペッグ制をとっていた。前述したようにインドネシア・ルピアやフィリピン・ペソの暴落が、円借款による債務の負担を実質的に二倍にも三倍にもしている。円借款であるかぎり、為替リスクは一方的に借り手国の側が負うことになる。

ドイツはすでに、スハルト時代に発生した債権の一部を環境スワップという手段で相殺している。これは、インドネシア政府が債務を自国通貨で返済し、それをドイツがインドネシアの環境プロジェクトに投資するという仕組みである。筆者は、このスキームで行われた環境プロジェクトの内容は検証できていないが、ODAが目的とするはずの貧困削減や環境保全という目的に沿って創造的に問題解決を図ろうとする姿勢は評価できる。

「忌むべき債務」の帳消しという考え方が根付けば、貸し手側も、該当する融資の実施過程を注意深くフォローせざるを得なくなるし、借り手国側もその圧力のもとにむやみなことはできなくなる。これは、従来存在した貸し手側と借り手国の癒着によるモラルハザードを防ぐものである。さらには、独裁政権の成立基盤自体をゆるがすことにもつながる。

筆者は、日本のODAがこの五〇年間、情報公開や環境基準などの点で多くの改善を重ねてきたことは評価する。しかし、犯してきた誤りは誤りとしてきちんと認め、謝罪と必要な補償を行うことこそが、国際社会での信頼と尊敬を勝ち得るためには大切である。「忌むべき債務」の帳消しは、かなりの額の支出を伴う。日本の市民もまたその責任の一端を、自らの無関心の対価として支払うことが求められる。

「忌むべき債務」の帳消しを具体化していくうえで、解決しなければならない論点は多い。なかんずく、ある国の債務の帳消しによってその国の腐敗政権の延命にふたたび手を貸すことになる、という危険性をどう回避するかが最大の課題だろう。

実際、インドネシアではスハルト政権時代に形成された強大な軍部がいまも隠然たる実権を握っている。それゆえ、スハルトの不正蓄財への追及は〇〇年九月段階でスハルトの病気を口実にうやむやになり、東ティモールへの弾圧に関する軍部の責任追及も、ほとんどが無罪釈放という結果になった。そうしたなかで、ただ債務を帳消しにするだけであれば、結果として現在のインドネシア政府の軍事支出を助け、新たな抑圧に加担する結果になる危険性は大きい。他方、にもかかわらず、貸し手責任を明確にした具体的な行動は必要である。

そのために、貸し手側、借り手国双方から中立の立場にたつ仲裁機関が、「忌むべき債務」の内容や金額を裁定すると同時に、帳消しの方法と実施過程に関してもフォローできなければならない。たとえば、債務返済が減免された成果が貧困層の教育や保健のために使われるようにモニターしなければならない。過去を検証するプロセスの速やかな開始が重要であり、そのプロセスが公開されることこそ意味がある。

(1) 貿易保険は実態が見えにくく、誰の利益になっているのかという点で多くの問題をはらんでいるが、ページ数の関係上ふみ込めないので、ここでは円借款を中心として考えた。
(2) Alexander Nahum Sack, *The Effects of State Transformations on Their Public Debts and Other Financial Obligations, The Succession of the Public Debts of the State.*
(3) Patricia Adams, *Odious Debts : Loose Lending, Corruption, and the Third World's Environmental Legacy,* Earthscan Publications, 1991.
(4) 第6章4節参照
(5) 「不当な債務」の定義は http : //www.odiousdebts.org/odiousdebts/publications/DefiningIllegitimateDebt.pdf 参照。
(6) インフォーマルな債権国の集まりで、特定の国の債務問題に関して協議し、繰り延べなどの決定をする。メンバーは米国、日本、フランス、ドイツなどOECD加盟国一八カ国とロシア(九七年六月に参加)。なお、民間債務に関してはロンドンクラブが対応する。
(7) *The Guardian,* 10, April, 2004.
(8) Joseph Stiglitz, "Odious Rulers, Odious Debts", *The Atlantic Monthly,* Nov., 2004.
(9) Justin Alexande, "Baker the Bailiff? Assessing U.S. policy on Saddam's debt", *Middle East Report Online,* 2, May, 2004.
(10) ジョン・ピルジャー著、井上礼子訳『世界の新しい支配者たち』(岩波書店、二〇〇四年)に、その経過はくわしく書かれている。
(11) 実際には短期債務などの返済が含まれ、計算時の四捨五入の関係からそうならないこともあるが、ここでは世界銀行の最新の数字をそのまま使用した。

(12) 一国の対外債務返済額(元利支払額)の輸出額に対する割合を意味し、二〇％を超えると、外貨事情が極端に悪いと判断される。

(13) The Transparency International, "Report on Corruption 2004".

(14) RSI Working Team, "World Bank Memoranda on Corruption in Indonesia"(WB Indon Resident Staff Views re "Leakage" from the World Bank Project Budget).

(15) 村井吉敬ほか『スハルト・ファミリーの蓄財』コモンズ、一九九九年。

(16) ジャカルタで二〇〇一年二月二〇〜二一日に開かれたセミナーでの演説。Patricia Adams, The concept of odious debt and its relevance to Indonesia, Feb., 2001.

(17) 特定のプロジェクトではなく、当該国の国際収支の改善や国内経済の安定を目的として供与されるノンプロジェクト借款の一部。供与された資金は、両国政府間で合意された工業用資材、肥料、農薬などの商品輸入に使用される。

(18) たとえば『我が国の政府開発援助(一九九六年版)下』一一二ページ。

(19) 『共同通信』配信記事、二〇〇五年八月一八日。

(20) 津田守・横山正樹『開発援助の実像——フィリピンから見た賠償とＯＤＡ』亜紀書房、一九九九年。

(21) 津田守・横山正樹編著『日本・フィリピン政治経済関係資料集——マルコス文書、アキノ証言集および関連文書選』明石書店、一九九二年。

(22) *International Herald Tribune*, 18, April, 2005.

2　メコン河流域開発をめぐって

松本　悟

1　「いま」に目を向ける

貧しい国々の住民を助けるために行われるはずのＯＤＡ事業が、なぜ、いまなお住民たちの生活やそれを支える自然環境を破壊するのだろうか？　なぜ、いまだにＯＤＡ事業が被害をもたらすのだろうか？

ここで私が考えたいのは、この問題である。検証の舞台は、私自身が一九九二年からＯＤＡ事業に伴う負の影響のモニタリングを続けている、東南アジアの半島部を流れる国際河川メコン河の流域国である。そこには五つの国――ベトナム、カンボジア、ラオス、タイ、ビルマ（ミャンマー）、それに一つの地域――中国雲南省が含まれる。

冒頭の問いで、私は「いま」に力点を置き、「いまなお」「いまだに」問題が続いていることに疑問を投げかけた。それは、九〇年代以降の二つの援助潮流が念頭にあるからだ。ひとつはODAの環境社会配慮政策の登場、もうひとつは「貧困削減のためのODA」という政策転換である。

私がODAの問題を考え始めたのは八〇年代なかばごろだ。当時、フィリピンのマルコス大統領夫妻の不正蓄財に日本のODAがからんでいたのではないか、という「マルコス疑惑」が大きな社会問題となり、「誰のための援助か?」という批判が新聞紙上を賑わせていた。その一方で、八〇年代後半から、「ODA事業による被害」も非難の対象となっていく。とくに、熱帯雨林の広範な伐採や、住民の権利と生活を無視した強制立ち退きなど、善意のはずのODA事業が引き起こす自然・社会環境面での深刻な悪影響が、研究者やNGOなどの現地調査をもとに明らかにされ、マスメディアを通じて大きな問題となった。

その処方箋として世界銀行などの国際機関を旗振り役に進められたのが、環境社会配慮政策である。自然環境面で深刻な悪影響が予想される場合は、事前に環境アセスメントが義務付けられ、住民の立ち退きや先住民族の権利といった社会的な側面への配慮も求められるようになった。こうした政策がうまく機能していれば、八〇年代から九〇年代初めに指摘された自然・社会環境面での悪影響は、いまでは回避・軽減されているはずである。

もうひとつの潮流である「貧困削減」は、九〇年代後半になって援助機関がこぞって口にするようになる。以前は、経済成長こそが援助の目的であり、GDPの成長が途上国の住民生活の向上に寄与すると言われ続けた。そのなかでは、ODA事業が現地の人たちの生活を脅かしたとしても、それはごく一部であり、国全体の発展のためには多少の犠牲もやむなしという乱暴な議論すらあった。しかし、「貧困削減」を援助の最上位の目的に掲げた以上は、ODA事業が住民の生活環境を破壊し、住民を路頭に迷わせることがあってはならない。

こうしたODAの新しい潮流にもかかわらず、後述するように、問題は解決されていない。なぜなのだろうか。具体的なプロジェクトを例に考えてみたい(1)。

2 「起きた問題」に目を向ける

初めに、九〇年代に入ってからのプロジェクトのうち、すでに約束された援助資金が全額支払われ、その結果として深刻な問題が引き起こされた、タイの三つの事業を取り上げてみる。

抗議の声に耳を傾けない

「タイの田舎に住んでいて、海外に行ったこともない私が、家族と離れてわざわざ日本に来ないと、どうして日本政府は私たちの話を聞こうとしないのか」

タイ中部のサムットプラカン県クロンダンで食堂を営むダワンさんが、メコン・ウォッチ(2)など日本のNGOの招きで二〇〇〇年一二月に来日した際、怒りの涙を浮かべながら話した。彼女が

図 1　メコン河流域と本節で取り上げる ODA 関連事業

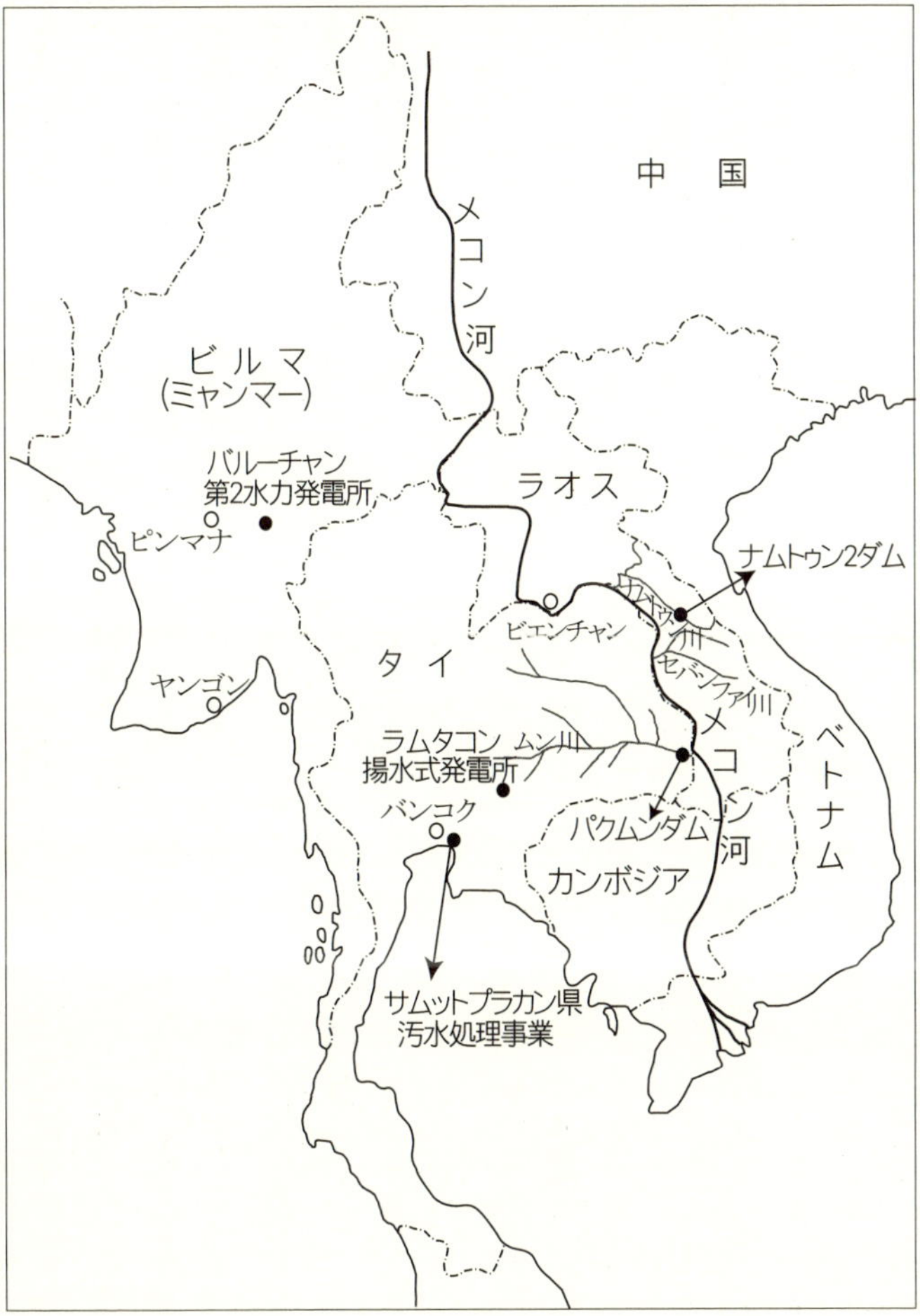

立ち向かっていたODA事業は、日本からの七〇億円の円借款と、日本が最大出資国であるアジア開発銀行(ADB)の融資によって建設が進められていた、東南アジア最大規模の汚水処理場だ。

ダワンさんが住むクロンダンは、海水と真水が交じり合った汽水域の自然環境に恵まれているため、貝の養殖など漁業で生活している人たちが多い。隣町を合わせると、六万人が加工業を含めた漁業に生計を依存している。彼女たちは、県内の工場排水と生活排水をいっしょに処理するこの事業に対して、二つの大きな懸念をもっていた。ひとつは、汚水処理場が重金属を処理できない構造なので貝や魚が汚染される可能性があること、もうひとつは処理後の大量の真水によって汽水域の塩分濃度が変わり、魚や貝が生息する生態系が破壊されるのではないかという点である。

何よりダワンさんたちが不満だったのは、計画のプロセスだ。環境を改善するための汚水処理場だという理由で事前の環境アセスメントは行われず、住民への説明や合意形成のための協議も行われなかった。彼女たちは、円借款を担当する国際協力銀行(JBIC)に手紙を書いたが、返事はなく、住民の懸念に耳を傾けるために現地を訪問する日本政府関係者もいなかった。そこで、一度もタイを離れたことのない彼女が一大決心して日本を訪問し、JBICや日本政府関係者、それに国会議員や市民にこの問題を訴えたのである。冒頭の発言は、家族と離れて、言葉の通じない日本に生まれて初めて飛び込まざるを得なかった彼女の胸の内を正直に表している。

近年、開発援助の世界では、NGOだけでなく政府にとっても、援助計画の立案にあたって直接影響を受ける住民たちの意見を聞き、その結果を計画や事業に十分反映することは、常識のはずである。ところが、この事業では事前協議が行われなかっただけでなく、住民たちが懸念を叫び始めても、日本の援助機関であるJBICは住民の話を聞きに行くことはしなかった。「タイの法律上は問題なかった」「住民協議はタイ政府が行うべき」というのが日本政府の見解である。住民参加型の開発を標榜しながらも、懸念を訴える住民のところに話を聞きに行かないという姿勢では、問題の未然防止も事後解決もむずかしい。

結局この事業は、九五%が完成した段階で、住民の抗議や事業者の契約違反などから中断した。JBICは、審査をして援助を決めた自らの責任をまったく問わないまま、タイ政府に援助資金の全額返還を求め、この事業から撤退したのである。

環境アセスメントがおかしい

九〇年代以降、著しい環境影響を及ぼしそうな援助事業には、事前の環境アセスメントが義務付けられるようになった。しかし、事業終了後の調査によって、環境アセスメントの質に疑問を投げかけられるケースは少なくない。

パクムンダムは、一三六メガワットの発電をするために、タイ東北部を流れるメコン河支流のムン川をせき止めて九四年に完成したダムで、日本が第二の出資国である世界銀行が融資を行った。この事業に対して、計画段階を含めると一五年以上にわたって、住民たちは抗議の声をあげ続けている。

当初から住民たちが懸念していたのは、ダム建設のためにムン川の早瀬を爆破する結果、魚を含む水生生物の生息環境が破壊されるとともに、ダムによって回遊ルートが遮断されて魚がいなくなることだった。この地域の住民の多くは、タンパク源や現金収入源などさまざまな形で淡水漁業の恩恵を受けている。ダム建設はこうした漁業資源を失わせ、生計を脅かすものだと、強い抗議の声をあげたのである。

こうした懸念に応えて、アメリカ政府は独自に調査を行い、事前の環境アセスメントの信憑性に疑問を投げかける。そして、ドイツ、オーストラリアとともに、九一年一一月に開かれた世界銀行理事会において融資に反対したが、賛成多数で融資は実施された。タイの英字新聞によれば、日本政府は、パクムンダムに融資しなければNGOがメコン河のダム開発を止めるはずみになってしまうとの理由から賛成したという。

それから九年後の二〇〇〇年、世界中のダム事業の功罪を再検討するために、世界銀行とIUCN(国際自然保護連合)が共同で立ち上げた「世界ダム委員会」が最終報告書を発表した。そのなかで事例研究として取り上げられたパクムンダムの調査報告は、事前調査がいかに不適切だったかを以下のように明らかにしている。

①事前調査では立ち退きが必要な住民は二四一世帯としていたが、実際には一七〇〇世帯が移転せざるを得ない状況に追い込まれた。

②タイ政府が六二〇〇世帯あまりについて建設期間中の漁業被害を受けた住民と認定し、補償の対象とした。

③影響緩和策として強調された貯水池漁業は、事前の調査では一ヘクタールあたり年間二二〇キロの魚が獲れることになっていたが、実際には一〇キロ程度しか獲れなかった。

事前に住民やNGOが懸念していたとおりの結果になったのである。事前調査は悪影響を過小に、便益を過大に評価して、プロジェクトの見栄えをよくすることに貢献したと言える。

ダムによって魚が激減した住民たちは完成後の漁業補償を求めてきたが、タイ政府は拒否し、世界銀行も悪影響を過小評価し続けた。それでも住民たちは闘いを止めず、九〇年代後半からは、補償ではなくダムの撤去による河川生態系の回復を求めて運動を継続していく。その結果、〇三年には、魚がメコン河から遡上する四カ月間はダムの水門を開放するという決定を引き出し、徐々に魚がムン川に戻り始めている。だが、環境アセスメントが無視した魚の生態系への影響は、数千人の住民たちの人生をいまなお狂わせているのである。

援助資金を出し終わったら、おしまい!?

〇四年三月五日、タイのナコンラチャシマ県で、ひとりの女性住民リーダーが四八歳で永眠した。メサニ・ガーサンさんである。彼女は、日本のODAと世界銀行の融資を受けたラムタコン揚水式発電所の貯水池建設の爆破作業で二年七カ月もの間大量の粉塵を浴びてから、健康を害し

ラムタコン揚水式発電所の上部池建設のための爆破は毎日２回行われ、住民たちは粉塵と爆音に悩まされた（写真提供：メコン・ウォッチ）

ていた。

父親と甥も建設工事中に体調を壊して死亡したメサニさんは、同じような健康被害をかかえる村人のため奔走し、亡くなる前年には、日本の市民や援助資金を出したＪＢＩＣにこの問題を訴えるため、病気を押して来日した。しかし、頬に発症したガンが悪化し、ちょうど一年後、帰らぬ人となったのである。亡くなる間際、建設工事の被害状況を記録するために現地を訪れたタイのＮＧＯスタッフに、自分の写真やビデオを撮らせていた。見る影もない自らの姿をあえて記録させたのは、被害を後世に残し、自分の死を無駄にしないように、という遺志である。

ラムタコン揚水式発電所は、ＪＩＣＡが九一年に事前の開発調査を行ったあと、世界銀行が貯水池など本体工事のために一億ドルを、ＪＢＩＣが発電機などの機材のために一八二億円をそれぞれ融資して建設された。事業主体のタイ発電公社は、貯水池が観光スポットになるから住民生活は向上すると説明したため、貯水池近くの二つの村（オヤイティアン六区と一〇区）は反対しなかった。

しかし、貯水池やトンネルの工事を行った二年七カ月間、二つの村には粉塵が降り注ぎ、メサニさんのように健康不良を訴える村人が続出する。呼吸困難や嘔吐に見舞われ、原因不明のまま急死する人も出たという。牧草は枯れ、作物は実らず、水源や屋根に積もった粉塵が飲み水などの生活用水を汚染した。放牧に利用していた土地にも、振動で地割れや浸食が起きたという。

しかも、タイ発電公社が地域農業振興策として支援したキノコ栽培や畜産などの事業は、ことごとく粉塵や振動などで失敗し、村人たちには新たな借金だけがのしかかってきた。健康被害と建設工事の関連については、タイ政府は〇一年に委員会を立ち上げて調査に乗り出す姿勢を見せたものの、いまだに予算を確保しておらず、宙に浮いた状態である。

こうした深刻な状況にもかかわらず、援助を供与した世界銀行やＪＢＩＣの対応はきわめて冷酷だ。

世界銀行は、すでに融資を全額支払ったことを理由に何の対応もしていない。全額を払った以上はタイ政府に改善策を要求する影響力はないと主張するだけで、世界銀行として何らかの対策を取ることなどまったく考えていないのである。自分たちが融資した事業で何が起きているかに関心を示さず、責任逃れの言い訳ばかりを探している。

一方のＪＢＩＣは、世界銀行のように門前払いはせず、被害住民たちがバンコクの駐在事務所に来れば丁寧に対応している。しかし、解決を早めるためにタイ発電公社と話し合い、タイ政府の対応を見守るのが限界という姿勢である。また、被害を出した貯水池の建設は世界銀行の融資部分であり、ＪＢＩＣに直接的な責任はないとの見解を示している。結局のところ、事後的に起きた問題を解決する仕組みが援助機関にはなく、すべては被援助国しだいなのである。

3　「進行中の事業」に着目する

次に、タイと比べて言論の自由が確保されていない、軍事政権下のビルマと、社会主義体制のラオスで、援助が始まったばかりのプロジェクトを取り上げてみる。

声なき声を聞こうとしない

日本はビルマに対して「建設的関与」を続けている。民主化運動を弾圧し続ける軍事政権に対して、欧米各国が制裁で臨んでいるのに対して、日本は援助を続けることで民主化を進める独自路線だと説明する。また、国際的に孤立した軍事政権に投資や援助を通じて中国が接近しているため、「長年の親日国であるビルマを中国にとられては大変だ」との認識も、先進国で例外的に日本が軍事政権を支援し続ける背景にある。

　その象徴的なプロジェクトが、バルーチャン第二水力発電所改修事業だ。この発電所は、カレンニー州を流れるバルーチャン川に戦後賠償で建設されたが、老朽化が進んだため、改修のためのODAを供与したものである。〇二年五月一〇日に六億二八〇〇万円の交換公文が結ばれた。最終的には、総額で三〇～三五億円の無償資金協力が供与される予定であり、一般的な無償資金協力としてはかなりの規模である。

　日本の外務省によれば、この発電所はビルマ国内の約二〇％の電力を供給しており、もし事故が発生すれば、病院の停電や電気料金の値上げなどによって貧困層に影響があるという。そして、この援助を基礎生活分野（BHN）上、必要なものと位置づけている。一方で、事業が実施されるカレンニー州最大の反政府組織であるカレンニー民族進歩党やNGOのカレンニー・エバーグリーンなどは、発電所の改修に伴って強制労働などの人権侵害の恐れがあると指摘した。

　ビルマでは九〇年代、軍による強制労働、物資の強制調達、女性へのレイプなどが村人たちを苦しめてきた。とりわけ悪名高いのは、子どもまでも動員した強制的な荷役（ポーター）である。十分な食べ物や休息を与えずに、移動する軍隊の重荷を数週間にわたって運ばせるというもので、なかには衰弱して動けなくなり、途中で放置される村人もいたという。国連の国際労働機関（ILO）は、こうした事態を重くみて、加盟国にビルマとの関係を見直すよう求める異例の制裁措置を発動した。日本政府がバルーチャン第二水力発電所改修事業に多額の無償資金協力を検討していたのは、こういう時期である。

九九年にビルマの軍事政権が強制労働を禁止する政策を発表したことを受けて、ＩＬＯは〇一年に「高級レベル使節団」をビルマに派遣し、政策の実効性を検証した。その結果として、事態は改善しているものの、とくに軍の施設周辺ではいまだに強制労働が行われていると結論付けている。

バルーチャン第二水力発電所周辺には、ビルマ軍の駐屯施設がある。このため、カレンニー民族進歩党やカレンニー民族のＮＧＯは、日本政府に対して、「発電所の改修事業に伴って専門家や技術者が入り、警護の軍が増強されることが予想される。したがって、この事業によって荷役などの強制労働が行われないようモニタリングをするべきだ」と申し入れた。これに対して日本政府は、外務省とＪＩＣＡの職員を現地に派遣。短期間の聞き取り調査の結果として、強制労働の懸念はないと判断し、〇二年に六億円の交換公文を締結したのである。問題は、ＩＬＯと日本政府の調査方法の差である。

ＩＬＯは、①「高級レベル使節団」の訪問場所や面談相手を制限・妨害しない、②面談相手の身元は軍事政権に告げない、③軍の護衛は調査に同行しない、④情報操作を防ぐため調査スケジュールは事前に軍事政権には教えない、⑤通訳は「使節団」が独自に用意する、の五点についてあらかじめ軍事政権の合意をとったうえで、三週間以上の現地調査を実施した。そのなかには、圧政のビルマから隣国のタイに逃げてきた人たちが住むタイ—ビルマ国境の避難民キャンプも含まれていた。国境のキャンプでは、軍事政権の目を気にせずに、現地の様子を比較的自由に話すことができるからである。こうした調査に基づいてＩＬＯは、ビルマでは軍の施設周辺でいまも強制労働が続いていると警鐘を鳴らした。

一方、外務省とＪＩＣＡの職員は、軍事政権の担当官といっしょに数日間村を訪問して聞き取り調査を行った。軍事政権がいかようにも情報を操作できる状況下で聞き取り調査を行い、問題なしと結論付けて、三〇億円を超える援助を決めたのである。

「貧困削減」というレトリックがダム建設を進める

「最悪の事態は、ダムを前提にした伐採で森がなくなったのに、ダムによる補償がもらえないことだ」

私がラオスで草の根の農村開発の活動をしていた九五年に、ラオスのナムトゥン2ダムの水没予定地に住む村人が言った言葉を忘れることはできない。ダムを建設する資金がないのに、水没予定地の伐採をどんどん進め、林産資源に依存していた村人たちの生計を脅かした。加えて、水没予定地の村は、ほとんどの農村開発プロジェクトの対象からはずされた。どうせ沈むのだからという理由で、取り残されていったのである。ダム計画があるだけで住民は窮地に追いこまれ、ダムによる補償をよすがとするしかなくなっていく。

あれから一〇年。ナムトゥン2ダムはラオスにおいてもっとも論議を巻き起こした援助事業と

ナムトゥン２ダムによる水没予定地で伐採された松。激しい伐採で住民の生活が脅かされ、環境アセスメントは伐採後に行われた（写真提供：メコン・ウォッチ）

なったが、〇五年三月三一日ついに世界銀行が支援を決め、工事が始まった。一〇七〇メガワットの水力発電ダムで、電力の九五％はタイに輸出される。その外貨収入によって貧困削減を進めるというのが、ラオス政府や援助を行った世界銀行とアジア開発銀行の主張である。しかし、琵琶湖の三分の二に相当する貯水池建設によって、六二〇〇人の山岳民族が立ち退かされるほか、発電後の大量の水が流されるセバンファイ川沿いの一〇万人が、農地の消失、水質悪化、漁業資源の減少、洪水などによって悪影響を受けると見られている。

一〇年間も論議を呼びながら、なぜ世界銀行は最終的にこのダム計画への支援を決めたのか。二つの理由があると考える。

ひとつは、「ダムが環境を守る」というレトリックである。従来は、ダムは巨大な貯水池を造るため自然環境を破壊すると非難されていた。しかし、ナムトゥン2ダムで使われたのは、環境破壊の原因は貧しい村人による焼畑農業や違法な狩猟であり、環境破壊を続ける村人をダムを理由に移転させる一方、電力輸出の収益を環境保護にまわせば、ダム事業が環境保護に貢献する、というレトリックである。

もうひとつの、さらに重要な理由は、「貧困削減」というレトリックである。九〇年代には、電力をタイに輸出して得た外貨で経済成長するというのがこの事業の目的だったが、〇〇年以降は、電力をタイに輸出して得た外貨を貧困削減に優先的に使うという目的に変わった。具体的には、貧困削減基金に外貨収入をプールし、透明性を確保したプロセスで貧困削減に寄与する事業に優先的にまわしていくという方法である。

私は一二年以上もこのダムプロジェクトと向き合い、ダムを建設すべきではないと考えてきた。

第一に、悪影響を受ける住民たちは、米作と林産資源による自給的な生活を営んできたのに、移転住民の生活再建計画では米作から換金作物への転換を謳っている。過去の教訓から、生計手段の大幅な変更は、住民にとって大きなリスクになることは明白だ。

第二に、水没予定地の森林を伐採して住民の生計手段を奪ってから、環境アセスメントや住民の合意形成をするやり方を認めるわけにはいかない。

第三に、単一資源の輸出による外貨を貧困削減にまわすやり方は、同じようなレトリックを使って世界銀行が融資したチャド・カメルーン石油パイプライン事業ではうまくいっていない。外貨収入は保健や教育ではなく、高速道路の建設にまわされ、収入の使途を決める委員会は大統領の親族が牛耳ってしまったのである。ガバナンスの弱い国では、こうした事態が起きることは容易に予想できる。

世界銀行がナムトゥン2ダムを支援するかどうかについて、日本政府で世界銀行を担当している財務省国際局と日本のＮＧＯとの間で何度か話し合いをもった。そのなかで、事業によって深刻な環境・社会被害が生じること、ラオス政府には悪影響の緩和や電力輸出収入の管理に必要なガバナンスが欠けていることなど、問題意識は完全に共有していたと思う。しかし、ＮＧＯ側が、「だから、これほどリスクの高い事業を支援すべきではない」と主張したのに対して、「だから、世界銀行が関与して、ラオス政府の能力向上をしなくてはならない」というのが財務省の見解だった。

経済成長が貧困削減という言葉に置き換えられ、リスクやガバナンスの欠如は巨大ダムへの援助の口実となったのである。

4　なぜ問題は続くのか

環境アセスメントや貧困削減が援助の主流となったいまでも、ＯＤＡ事業によって住民生活が脅かされ、貧困化が起きている、あるいは起きる可能性をかなり残したまま事業が進められている現状を、メコン河流域国の開発プロジェクトを通じて検証してきた。最後に、なぜ問題が続くのかを私なりに整理したい。

第一に、「住民の声」に対する矛盾した対応である。援助機関は、軍事政権のビルマや社会主義体制のラオスなど民主的な仕組みに欠ける国では、現地の役人といっしょに積極的に影響を受ける住民を訪問して、「問題ない」という住民の声を聞き取る。一方で、タイのように言論の自由が確保された国では、問題を叫ぶ住民のところに行くことはほとんどない。これでは、実際に起きている問題や将来の懸念を的確に確認することは困難である。

第二に、自由が確保された状態で聞き取った声を、事業に反映させていない。パクムンダムでは問題は事前に察知されていたのに、科学的な論証よりも政治的な意思が優先されたため、プロジェクトへの融資が進められたと考えられる。こうした例は、紙面が限られていたため取り上げなかったが、アジア開発銀行が援助したラオスのトゥンヒンブンダムでも起きている。問題が予期されていたのに、それを適切に事業計画に反映しなければ、環境アセスメントや利害関係者との事前協議を行う意味がない。

第三に、事前の環境アセスメントで想定していなかった問題が生じたときに、事後的に対応する仕組みができていない。パクムンダムも、ラムタコン揚水式発電所も、結局は援助機関の責任逃れによって、タイの国内問題として矮小化されてしまった。発展途上国の住民生活の向上を目的としている以上は、援助によって住民が貧困化したのならば、総力をあげて対応するべきであろう。

第四に、そもそも発展途上国なのだから、政府が大規模インフラ事業による環境・社会問題やリスクを回避できないのは当然であり、それを理由に援助を行わないのは本末転倒だという考え方がある。一見もっともなように聞こえるが、では、なぜ長年日本が援助してきたインドネシアやフィリピンやタイで、いまだにこのような自然・社会環境面の問題が起きているのかと逆に問いたい。過去の援助が、開発に伴う負の側面を回避・軽減するための能力向上や政治的な意思の形成に必ずしも役に立っていないことの、証左ではないだろうか。

九〇年代初めに書かれたODA批判の書物のなかには、ODAに伴う負の影響を回避するためには、ODAを律する基本法や、環境アセスメント制度の導入、情報公開政策などが必要だと書かれたものが少なくない。しかし、いまや制度的にはかなり前進したことは認めざるを得ない。なのに、なぜ問題が続くのか。個々の具体例を深めながら、地に足のついた議論を真剣に行うべきときである。

(1)本節で詳述する事例は、私が所属する特定非営利活動法人メコン・ウォッチの仲間たちがモニタリングした結果である。とくに、木口由香(タイ)と鬼塚円(ビルマ)の名前をあげておきたい。

(2)メコン河流域国の開発や経済協力が、地域の自然資源に支えられた人びとの生活を脅かさないように、政府機関などに働きかけることをおもな目的に一九九三年に設立されたNGO。

3　住民の声を反映させるためのＮＧＯの役割

久保康之

1　開発コンサルタントという存在

ＯＤＡ事業における開発コンサルタントの役割は大きい。国際協力機構（ＪＩＣＡ）が実施する技術協力における開発調査、外務省などが実施する無償資金協力における基本設計調査、詳細設計、施工監理、国際協力銀行（ＪＢＩＣ）が実施する有償資金協力における詳細設計、施工監理などの業務は、ほとんどすべて開発コンサルタントに委託される。

また、ＯＤＡの対象となる案件を発掘するプロジェクト・ファインディングが開発コンサルタントによって実施されることも多く、その費用は官庁主導によって設立されたコンサルタント業界団体からの補助金が当てられることもある。さらに、それらの業界団体に監督官庁の高級官僚が天下りをするなど、官民癒着の構造も指摘されてきた(1)。

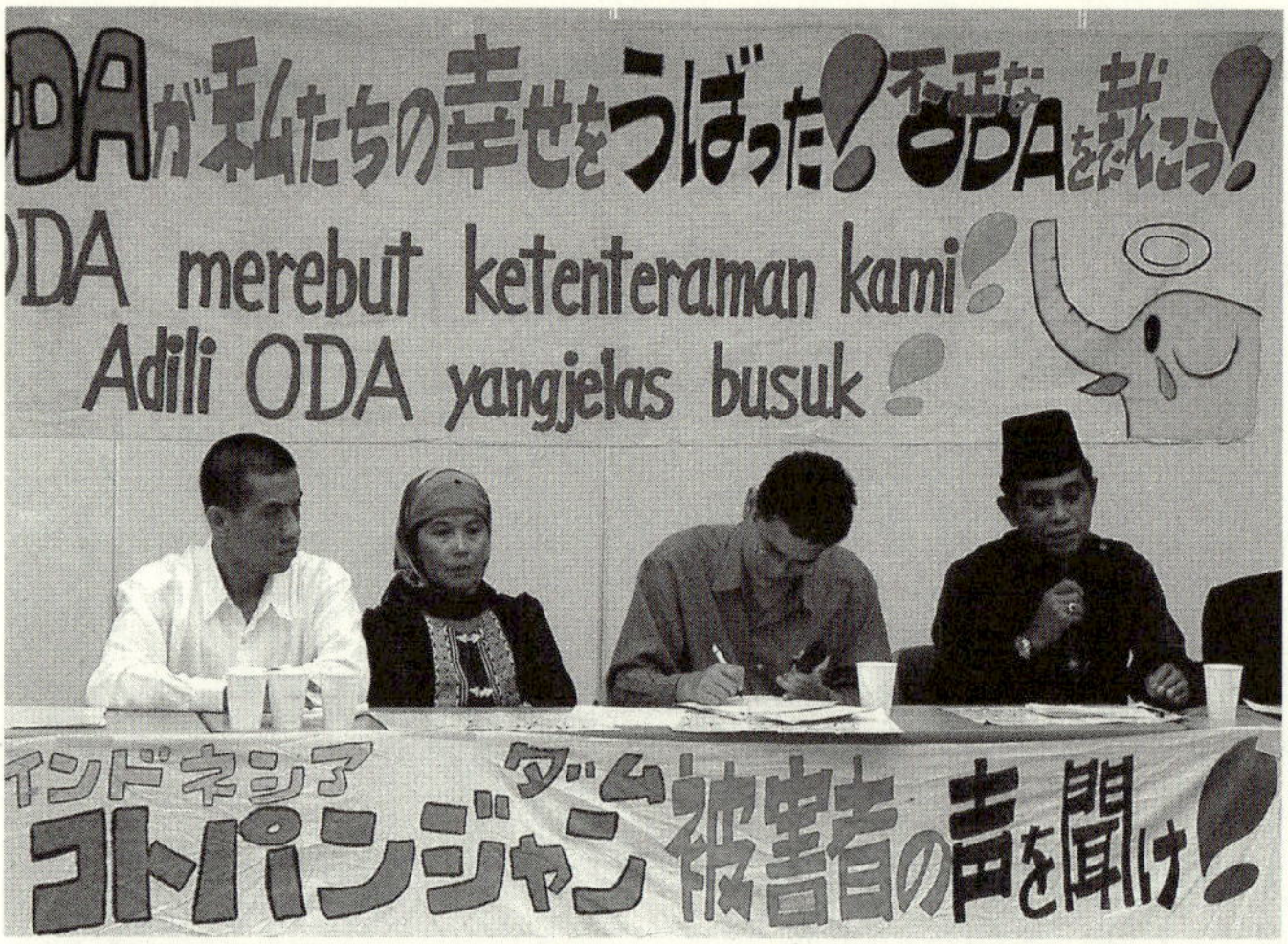

2003年9月11日、東京地裁で行われた第2回口頭弁論後に記者会見を行う原告住民たち(撮影:アジア太平洋資料センター)

開発コンサルタントはODA事業において、援助機関(JICA、JBICなど)、援助受入国政府機関、住民、NGOなどのステークホルダー(利害関係者)の利害を調整する役割も担っている。しかしながら、プロジェクトによって影響あるいは被害を受ける住民の声よりも、援助受入国政府機関の意向がしばしば優先される。その結果、政府機関や開発コンサルタントと住民との間で対立が起きることもある。

それがもっとも顕著になった例のひとつが、インドネシアのスマトラ島中部に建設されたコトパンジャン・ダム事業である。この事業では、開発調査、詳細設計、施工監理を担当した開発コンサルタント会社の東電設計が、日本政府、JBIC、JICAとともに、ダム建設によって立ち退きにあった住民たちから訴えられている[2]。

かつてのインドネシアにおけるスハルト体制のように、援助受入国の政府が権威主義的で開発を国家の最優先課題としている場合、ODA事業を含む開発事業に対して住民が直接異議申し立てを行うことは非常にむずかしい。開発コンサルタントは、住民の声にさほど耳を傾けなくても事業を進められた。だが、援助受入国での民主化の進展に伴い、住民の開発事業に対する異議申し立ての声もしだいに高まり、その意見をこれまで以上に受け入れざるを得ない状況になりつつある。また、住民の意見をODA事業に反映させるうえで、NGOがコンサルタント的役割を果たす機会も増えてきた。

本稿では、インドネシア・バリ島のODA事業に注目し、住民の異議申し立ての過程とそれに対する開発コンサルタントの対応を検討しながら、ODA事業における住民、NGO、開発コンサルタントの役割について考えていきたい。

2　バリ島のODA事業

毎年、多くの観光客で賑わうバリ島。実は、この島を訪れる観光客の多くは、気がつかないうちに日本のODA事業の恩恵を受けている。

たとえば空の玄関口であるングラライ・バリ国際空港は、円借款によって整備されたものであ

図1　バリ島のおもなODA事業

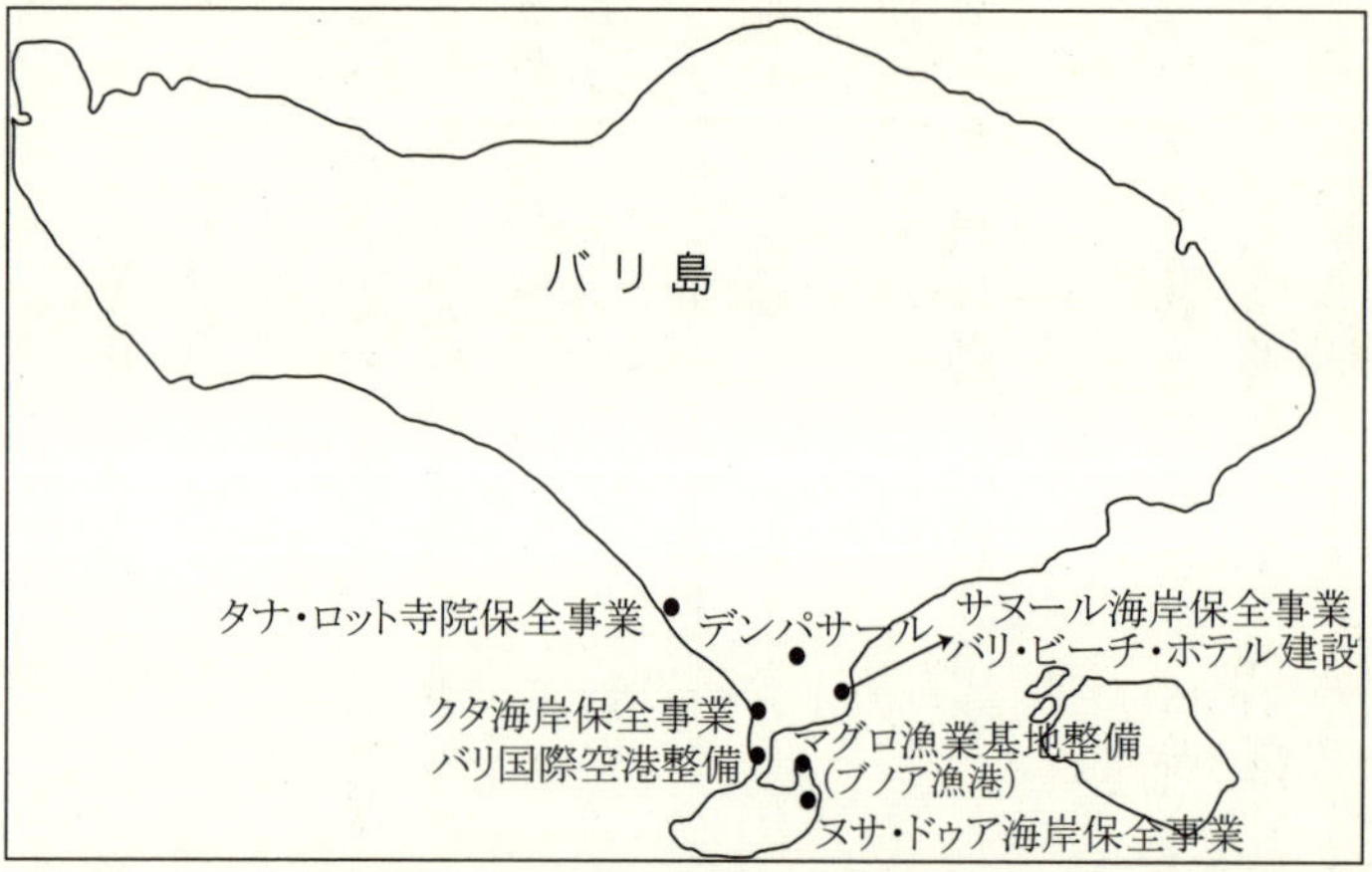

る。同空港の拡張事業に関して、詳細設計のためのエンジニアリング・サービスの費用として一九八三年一〇月に五億六五〇〇万円の借款契約が結ばれたほか、バリ国際空港整備事業の第一期分として八七年一月に一八九億九九〇〇万円の借款契約が、第二期分として九四年一一月に一一八億一六〇〇万円の借款契約が結ばれた。

また、バリ島初の本格大型ホテルであるサヌール海岸のバリ・ビーチ・ホテル(現在のグランド・バリ・ビーチ・ホテル)は、日本のＯＤＡの先駆けとなった賠償によって六六年に建設された。さらに、観光客が多く訪れるサヌール海岸やクタ海岸、ヌサ・ドゥア海岸、そしてタナ・ロット寺院の海岸保全事業も、円借款によって実施されている。多くのホテルが立ち並ぶサヌール地区とクタ地区においては、九四年一一月に五四億円の借款契約が締結されたデンパサール下水道整備事業によって、下水道工事も計画・実施中である。

観光分野以外では、ブノア漁港におけるマグロ漁業基地整備に円借款が供与されている。七二年五月に四億五〇〇〇万円、八月に七億八二〇〇〇万円、七三年一二月に一〇億四四〇〇〇万円、七四年八月に五億九七〇〇万円の借款契約（ただし、ブノアだけではなく、サバンの漁業基地設置も含む）が結ばれた。そのブノア港に集荷されたマグロは、バリ国際空港から日本へと空輸される(3)。

このようにバリ島におけるODA事業は、多くが観光分野と関連する。そうしたプロジェクトをとおした観光客の増加によって、地域経済が発展し、地域住民の生活が向上すると言われてきた。しかし、そうしたプロジェクトは本当に地域住民の声に耳を傾けながら進められてきたのであろうか？　そして、地域住民の声がプロジェクトに反映されるためにはどうすればいいのだろうか？　以下では、バリ海岸保全事業を通じて、どのように住民の意見が反映されていったかについて見ていく。

3　バリ海岸保全事業の概要と経緯

バリ海岸保全事業は、海岸浸食が進むクタ海岸、サヌール海岸、ヌサ・ドゥア海岸およびタナ・ロット寺院を保全するものである。インドネシア政府から日本政府に対し、「国土の保全と経済

図２　クタ海岸の保全計画

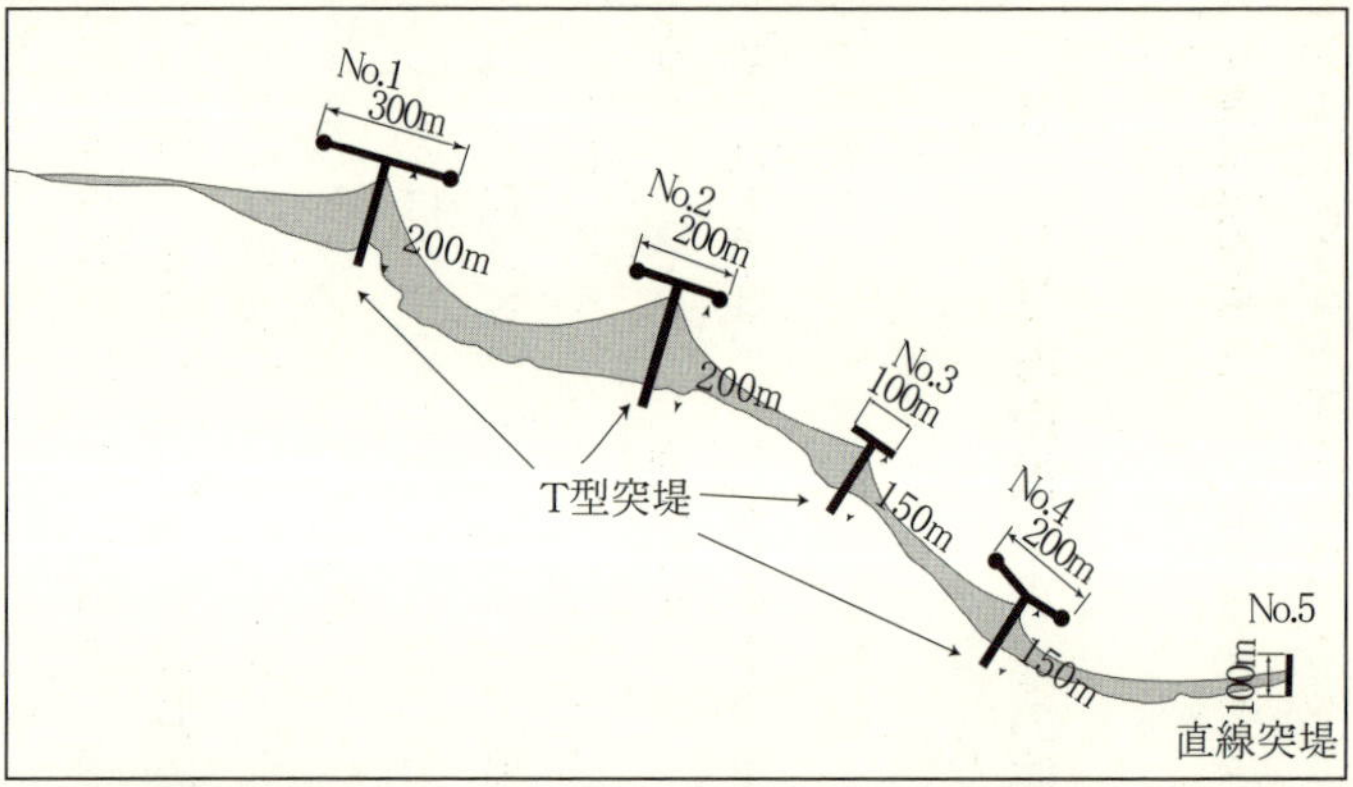

（注）▒▒▒▒が養浜区域。
（出典）国際協力事業団『インドネシア共和国バリ海岸緊急保全計画調査要約』1989年、49ページ。

的発展の基盤」としての海岸を整備すべく「バリ海岸緊急保全計画調査の実施と技術協力」を要請されたことを受け、ＪＩＣＡ（当時は国際協力事業団）は八七年に「バリ海岸緊急保全計画調査事前調査」を行った。

その後、八八年から八九年にかけて、ＪＩＣＡから委託を受けたバリ海岸緊急保全計画調査共同企業体（構成員：アイ・エヌ・エー新土木研究所、パシフィック・コンサルタンツ・インターナショナル）が「バリ海岸緊急保全計画調査」を実施する。それは、海岸保全計画の策定、そのフィージビリティ調査、さらにそれらの調査を通じたインドネシアのカウンターパートへの技術移転を目的としていた。その結果、海岸保全対策事業の必要優先順位がつけられ、クタ、ヌサ・ドゥア、サヌール、タナ・ロットの四地区が優先実施地区として選定される(4)。

クタ海岸における保全対策は、人工養浜によっ

海岸保全事業が行われたサヌール海岸

て海浜を復活させ、維持するものである。そのために、延長二七〇〇メートルの範囲で幅平均五〇メートルの人工養浜が計画された。また、海浜の維持・確保のために、対象とされる海岸をいくつかに分割して各区間内で安定させる必要があるとして、四基のT型突堤と一基の直線突堤も計画された⑤。

サヌール海岸における保全対策は、延長七〇〇〇メートルと四〇〇〇メートル、幅平均三〇メートルの人工養浜を造成し、海浜の維持・確保のために、三基のヘッドライン、五基の直線突堤、一基のL型突堤、および潜堤(堤体が水面下に没した消波構造物)を設置するというものである。ヌサ・ドゥア海岸の保全対策としては、延長二三五〇メートル、幅平均五〇メートルの人工養浜の造成、突堤の延長など、タナ・ロット寺院の保全対策としては、コンクリート・ブロックの囲設による岩礁島が計画された(6)。

そして、九〇年一二月にOECF(海外経済協力基金、現在はJBIC)はバリ海岸緊急保全事業のエンジニアリング・サービス(E/S)として、一億七九〇〇万円の借款契約を結び、日本工営が受注。さらに、OECFは九六年一二月、九五億六〇〇〇万円にのぼるバリ海岸保全事業の借款契約を結んだ。

そのコンサルタント部分の七億二八〇〇万円については、日本工営を中心として、現地企業のネコン・チプタ・ジャサとヨドゥヤ・カルヤ、バンドゥン工科大学、ガジャ・マダ大学などが受注している。また、建設工事は、りんかい建設(現在はりんかい日産建設)、大成建設、五洋建設、現地企業のワスキタ・カルヤ社などが受注した。事業実施者は、インドネシア共和国公共事業省水資源総局である。

では、こうしたプロジェクトの計画が作成される過程において、地域住民の意見は反映されていたのだろうか? 残念ながらバリ海岸保全事業が計画された八〇年代は、住民の意見が反映されるような政治状況ではなかった。バリ島では、ふだんの海岸の利用についてさえ、地域住民はさまざまな制限を受けていた。たとえばクタの漁業組合長によれば、クタ海岸の管理はスハルト時代、インドネシア陸軍が運営する陸軍協同組合が行っていたという。そのため、パラシュート部隊の訓練の際には、船を係留するため浜に植えられていた木が訓練の邪魔になるとの理由で伐採された。住民たちが浜で行う葬式などの行事も、軍によって制限されていたという。

4　住民組織と現地コンサルタント

九八年五月にスハルトが退陣したインドネシアでは、民主化の促進などの「改革」に対する期待が高まった。その後の展開を見ると、期待されていた「改革」の多くは頓挫し、いまだ実現されていない。とはいえ、たとえば国家の大規模開発事業の進め方を以前と比べれば、住民の声が反映されやすくなったのは事実である。それは、バリ海岸保全事業についても言える。ここでは、とくにクタ地区とサヌール地区のプロジェクトについて、どのように住民の意見が反映されるようになったのかを見ていく。なかでも、住民組織、NGO、地元知識人、建設会社などの活動に注目する。

クタ海岸の保全事業

バリ海岸保全事業のうち、住民の反対により工事の開始がもっとも遅れたのが、クタ海岸地区の保全事業である。波が高いクタ海岸には、サーフィンをするために訪れる観光客も多く、波自体が観光資源となっている。したがって、当初の保全計画どおりに大型のT型突堤が造成されれば、波がなくなって観光客が来なくなるのではないかとの懸念から、地元住民の間で反対運動が起きた。その結果、当初の保全計画は大幅に修正される。住民運動の中心的な役割を果たした組織が、パルム・サミギタ(Parum Samigita)である。

パルム・サミギタは、世界銀行の融資による「クタのための戦略的構造計画(Strategic Structural Plan for Kuta)」を策定するにあたって、スミニャック(Seminyak)、レギアン(Legian)、クタ(Kuta)からなるサミギタ地区の住民の考えや希望を受け入れるための場として、二〇〇一年三月六日に一九人のメンバーで設立された。そのメンバーは、住民、観光業界、NGO、知識人など、この地域におけるすべてのステークホルダーの代表として選出されている。

クタ海岸保全事業計画に関しては、環境・人口部門担当のアサナ・ビブケさんなどが中心となり、現行の計画では波が失われる可能性があるとの立場から、大型のT型突堤の建設に反対した。そして、バリ海岸保全事業の実施機関やコンサルタント業務を担当していた日本工営などに対し、計画を変更して住民の声を事業に反映するよう要求していく。

こうした要求は当初受け入れられず、ビブケさんは何者かに車で追跡されるなどの嫌がらせや脅迫を受けた。しかし、その後、事業実施機関や日本工営側が住民の反対を受けたままでは事業を着工できないと判断したためか、住民の意見に耳を傾けるようになる。その結果、パルム・サミギタなどが推薦したデンパサールにあるプラティスタ・プリサラ・カラナ財団(以下、プラティスタ財団)が日本工営から委託を受け、住民の意見聴取についてのコンサルタント業務を担当することとなった。

プラティスタ財団は、コミュニティ開発をおもな業務とするコンサルタント会社であるトゥリアコ開発コンサルタントによって〇〇年三月二〇日に設立されたNGOである。活動目的は、慣習村[(7)]のエンパワーメントによる参加型のコミュニティ開発だ。スタッフは一一名で、建築学、農学、都市計画などを専門とするエンジニアが中心である。

パルム・サミギタとの関係は〇二年五月に始まり、翌月にヌサ・ドゥアで開催されたインドネシア・ピープルズ・フォーラム（IPF）の展示会において、住民にパルム・サミギタの活動を紹介するためのパンフレットやポスターなどを作成した。そうした信頼関係もあり、プラティスタ財団はパルム・サミギタから推薦を受け、クタ海岸保全事業に対する住民の意見をまとめる業務を請け負うことになったのである。

プラティスタ財団は〇二年八月から〇三年一月までの六カ月間、ファシリテーター（議論の進行役）として「住民との議論」をサミギタ地区で行った。その活動は、準備、有力者たちとの議論、プログラムについての議論、住民のプロポーザルの作成、および現地視察から構成されている。

準備段階では、手続きに関する準備、調査（サーベイ）、聞き取り、有力者へのアプローチなどが実施された。そして、慣習村長などの有力者、海岸で活動する漁民、海岸の管理者、ホテル、NGOなどと議論し、プログラムについてはパルム・サミギタ、各慣習村、および地域住民翼賛会（LKMD）などと議論した。こうして、突堤を造らない、植樹を行うなど、慣習村の住民の要望がまとめられていく。

さらに、〇三年三月から五月には、「住民とのプログラムについての議論」活動が実施され、代替案の作成や、選択された代替案の詳細計画について議論。六月から七月には「住民との詳細設計についての議論」活動が、八月には「クタ住民とのパッケージⅣ（クタ海岸の保全事業）詳細設計についての検討」活動が、九月には「パッケージⅣ実現の合意についての議論」活動が実施された。

プラティスタ財団がファシリテーターとなったこうした活動を通じて、住民の意見がプロジェクト側に伝えられ、当初の計画が大幅に修正されていく。たとえば、波がなくなる原因になると住民たちが考えていたT型突堤の計画は取り止めとなり、トイレなどの公共施設の設置を含む海岸整備が新たに追加されたのである。なお、クタ海岸保全事業は〇六年三月現在、工事の準備段階である。

サヌール海岸、ヌサ・ドゥア海岸の保全事業

サヌール海岸の保全事業においても、クタ海岸ほどではないにせよ、プロジェクトに反対する声が住民からあがっていた。工事を担当したあるバリ人技師によれば、当初は、サヌール海岸に五つある漁民グループのうち四つが反対していたという。サヌール海岸では、ホテルが独自に侵食防止施設を造っていたが、うまく機能していなかった。そのため、住民たちは保全工事の効果に懐疑的であり、会合が何度も開かれたという。

技術的な側面については、地元サヌール出身の学者であるイ・マデ・マンクさんが大きな役割を果たした。マンクさんは、オーストラリアの大学で博士号を取得した海岸管理の専門家である。サヌール海岸の保全工事にあたっては、突堤の位置や数などについての改善案を出し、受け入れられた。養浜についても、沖合から作業船で直接砂を撒くという方法ではなく、いったん海岸まで運び、砂を洗った後、陸路で運ぶという方法が提案された。沖合から浚渫《しゅんせつ》船で直接養浜の作業をした場合、泥も同時に噴射されるために、浜辺のサンゴが死んでしまう。それを避けるために、こうした提案がなされたのである。

これを受け、養浜の方法については三つの方法が住民に対して提示され、それぞれの長所と短所が建設業者側から説明された。その結果、住民側は、マンクさんらが提案していた環境への負担がより少ない方法を選択。建設業者側も、住民の意見を尊重しなければ工事の着工が遅れるとの理由から、その選択を受け入れた。砂をトラックで運ぶ作業についても、夜間に実施されるなどの配慮がなされた。こうしてサヌール海岸の保全事業は完了したのである。

これに対してヌサ・ドゥア海岸の保全事業においては、沖合の浚渫船からパイプを使って直接、養浜の作業が行われた。マンクさんらは、ここでもサヌール海岸での方法を提案したが、受け入れられなかった。そのため、マンクさんによれば、工事の際、作業船から海岸まで引かれた排砂管によってサンゴが破壊されたほか、事前に洗っていない泥が混じった砂が海岸に撒かれ、海岸のサンゴが死滅したという。砂の色についても、撒かれた砂はもとの浜の砂ほど白くはなかった。

このように、クタ海岸やサヌール海岸の保全事業では実施段階に入って、地元住民からの反対運動が起き、クタ海岸の保全事業では大幅に計画が変更され、サヌール海岸においても計画の一部変更や、住民や地元の学者の意見に沿った工事方法が実施されたのである。一方、海岸のほとんどがホテルで占められているヌサ・ドゥア海岸の保全事業では、地元の学者などから提案された工事方法は採用されなかった。

5　NGOに問われるもの

バリ海岸保全事業では、フィージビリティ調査が実施された計画段階においては、住民の声を事業に反映するような努力は事業実施機関や開発コンサルタントによってなされていない。当時は、たとえ住民側がプロジェクトに反対する意見をもっていたとしても、その表明自体が困難であったため、住民の意見が表に出ることは少なく、国家の開発事業はトップ・ダウン方式で実施できた。

しかし、民主化の進展に伴い、地域住民は以前と比べて自分たちの意見をより表明できるようになり、それを無視して国家が一方的に開発事業を促進することは困難になりつつある。いまや住民の意見を無視して事業を強引に進めれば、地域住民から反発を受け、プロジェクト自体の実施すら危ぶまれかねない。したがって、実施側は住民の意見に耳を傾ける努力をせざるを得ず、住民の意見をくみ上げる現地の住民組織やNGOの役割がますます重要になってきている。

クタ海岸の保全については、パルム・サミギタなどの住民組織を通じて住民の反対意見が表明され、その後プラティスタ財団というコミュニティ開発に関する専門知識をもったNGOが、住民の意見を聞くためのファシリテーターとしての役割を果たした。こうした住民組織やNGOを通じて住民の意見をODA事業に反映するというやり方は、今後ますます多くなるだろう。

そのとき住民の意見をいっそうODA事業に反映させるには、プロジェクトの実施段階からではなく、計画段階において住民の意見を表明する機会が与えられなければならない。そのためには、計画段階からプロジェクトに関する情報が公開される必要がある。そして、住民やNGOの意見聴取が単にプロジェクトの実施を正当化するために用いられるのではなく、反対意見も含めて具体的に計画に反映されなくてはならない。

また、ダム建設のように、住民が移転を迫られるためプロジェクトによってほとんど利益を受けず、大きな被害を受けるケースは、計画の変更だけでは問題が解決されない。計画の抜本的な見直しが必要になる場合もある。

そして、住民の意見を聞くためにNGOが間に入る場合、住民側に立つという姿勢が重要である。さらに、当然ながら調査能力などの専門性が問われるし、地域の言語、文化、慣習へ精通していなければならない。

クタ海岸の保全については、パルム・サミギタなどの住民組織を通じて住民の反対意見が表明され、その後プラティスタ財団というコミュニティ開発に関する専門知識をもったNGOが、住民の意見を聞くためのファシリテーターとしての役割を果たした。パルム・サミギタが推薦したプラティスタ財団はバリ人の団体であり、地元の言語、文化、慣習を理解していたため、地元住民とのコミュニケーションにも問題は見られなかった。サヌール海岸の保全事業においても、マンクさんのような地域の事情に精通した地元出身の知識人が大きな役割を果たした。

ただし、本稿においてNGOの役割が肯定的に評価されているからといって、すべてのケースでNGOの役割が肯定的に評価されるとは限らない。ODA事業を「円滑に」実施するために、NGOが開発コンサルタントの「下請け」として利用される危険性もある。実際、インドネシアでは、世界銀行やJBICなどから委託を受け、住民の意見聴取の「コンサルタント業務」を行うNGOが、すでにジャカルタにはいくつか存在する。そうしたNGOによる調査のなかには、首をかしげざるを得ないケースも多い。

たとえばJBICによるコトパンジャン・ダムの援助効果促進調査において、住民に関する調査の一部を担当したのは、ジャカルタのNGOである。一方で、一〇年以上にわたって住民との関係を築いてきた地元のNGOは、調査に参加する機会を与えられなかった。そのため、そのジャカルタのNGOは、住民との信頼関係を築けず、またダム建設によって被害を受けたミナンカバウ社会に関する言語、文化、慣習などについての理解も不十分であった。

筆者の知人であるインドネシア人のNGO関係者は、住民との関係について、よくpendamping（「付き添う者」の意）という言葉を使う。これは、あくまで主体は住民であって、NGO側は住民に付き添う補助者であることを意味している。本来、ODA事業により影響や被害を受ける住民は、当事者としてその事業にかかわり、自分たちで決める権利を有しているはずである。

しかしながら、ODA事業における当事者としての住民の立場はまだ弱く、住民自身が決定権をもつようなメカニズムも十分に整っていない。そうした状況においては、過渡的に、住民を補助するNGOの役割は重要である。したがって、変更、中止も含めてODA事業にきちんと住民の声を反映できるかどうか、住民組織やNGOの力量が問われることになる。

（1）村井吉敬・ODA調査研究会編『無責任援助ODA大国ニッポン』JICC出版局、一九八九年。
（2）コトパンジャン・ダム問題については、久保康之編著『ODAで沈んだ村――インドネシア・ダムに翻弄される人びと』インドネシア民主化支援ネットワーク発行、コモンズ発売、二〇〇三年、参照。
（3）ブノア漁港事業については、福家洋介「空飛ぶマグロと『近代化』」村井吉敬編著『検証ニッポンのODA』コモンズ、一九九七年、参照。
（4）国際協力事業団『インドネシア共和国バリ海岸緊急保全計画調査要約（1）（2）』一九八九年、二四ページ。
（5）前掲（4）、四四～四五ページ。
（6）前掲（4）、四五～四七ページ。
（7）バリには、慣習（adat）に基づく慣習村（desa adat）と行政単位としての行政村（desa dinas）とがある。

4　アフリカの債務問題

普川容子

1　ODAが債務に姿を変える

二〇〇五年七月、英国グレンイーグルズに集まったG8各国の首脳たちが主要議題として取り上げたのは「アフリカ」だった。アフリカの貧困をどうするのか――その大きな課題に取り組むためには、大前提として解決しなければならない問題があることを、国際社会ははっきりと認めている。それはアフリカがかかえる債務問題だ。世界でもっとも貧しく、かつ重い債務に苦しむ国は、「重債務貧困国（Heavily Indebted Poor Countries, HIPCs）[1]」と呼ばれ、三八カ国ある（〇六年現在）。そのうち三二カ国がアフリカだ。

ここでも、日本のODAは問題の主役となる。それは、日本がかつてODAとして拠出してきたおカネが債務となってアフリカにのしかかっているからである。では、なぜ、日本のODAが

表1　アフリカに対する日本の二国間 ODA 実績の推移

	1985	1990	1995	2000	2003
贈与（無償、技術協力）	205.68	548.12	1062.65	913.62	625.46
政府貸与等（借款、債務繰り延べ）	72.36	243.63	270.28	55.37	−95.48
ODA 合計	278.04	791.75	1332.93	968.99	529.98
全 ODA 中の割合	10.9%	11.4%	12.6%	10.1%	8.8%

（注）支出純額、単位：100 万ドル。
（出典）外務省経済協力局編『政府開発援助（ODA）国別データブック 1993、2004』1993 年、2004 年。

表2　重債務貧困国に対する ODA 債権残高と割合

	債権残高（億ドル）	割合（%）
日本	120	53
フランス	43	19
ドイツ	28	12
米国	23	10
イタリア	14	6
英国	0	0
カナダ	0	0
合計	228	100

（注）2000 年残高。数字はおよその額。
（出典）外務省調査による。

アフリカにとって重い債務となってしまったのだろうか。

ＯＤＡには二つのチャンネルがある。一つは、二国間援助と呼ばれる日本政府から直接各国政府に拠出されるＯＤＡ（六六％）だ。もう一つは、国連や世界銀行などの国際機関を通じて流れる多国間援助である（三四％）[2]。

まず、二国間援助を見てみよう。日本のＯＤＡはアジア重視の傾向が強く、現在も二国間ＯＤＡの半分以上がアジア向けである。アフリカ向けは一九八〇年代に入ってようやく一〇％に達し、現在に至っている（表1）。アフリカには旧宗主国である欧米諸国が中心となって援助を行ってきており、〇三年度の実績で見るとＤＡＣ諸国中日本は六位だ[3]。ところが、債権残高（借款、すなわち貸し付けの残高）を見ると、その順位は一変する。アフリカ諸国にとって、日本が他を大きく引き離してダントツトップの債権者なのである（表2）。

日本が最初にアフリカに対して円借款を行ったのは六六年。ウガンダ、ケニア、タンザニア、ナイジェリアに対する経済開発借款である。当初は借款が中心であったが、八〇年代後半には贈与、すなわち無償と技術協力で七〇％近くを占めるようになる。

しかし、世界的にアフリカ向けの援助は無償が主流を占めることと比較すると、三〇％前後とはいえ日本の借款比率はきわめて高い。結果として、「我が国はこれら諸国に対して円借款を相当額供与してきているため、米国、フランス、西ドイツと並んで、ODA借款という形の公的債権が相当に残っている」[4]ことになった。過去の借款比率の高さに加えて、高金利だった八〇年代に拠出した借款の影響を受け、〇〇年以降はアフリカ諸国に新規に貸し付ける借款の金額よりも、元利返済として受け取る金額のほうが大きいという「資金の逆流」減少すら起きている[5]（表1）。

次に多国間援助を見てみよう。〇三年度の国際機関等への拠出金・出資金等の総額（支出額）は四三一四億円で、うち九七・七％がODAとして拠出されている[6]。多国間援助には、国連諸機関への分担金・拠出と、世界銀行グループや国際通貨基金（IMF）などの国際金融機関への出資・拠出がある。そのうち後者が五〇％以上を占め、年によっては八〇％近くにもなる。IMF・世銀からみても、日本は米国に次ぐ第二位の出資国という「大株主」だ。

こうして日本のODAは、国際金融機関を通じてローンとしてアフリカ諸国へ貸し出される。アフリカ諸国のかかえる公的債務の四割が、この多国間のチャンネルからの借金である[7]。日本のODAが国際金融機関を通じて最終的に債務に姿を変えるのである。

2　どのくらいの債務をアフリカはかかえているのか

「アフリカの債務――それはアフリカ大陸の開発・発展の一つの主要な障害となっている。アフリカの経済状況が危機的なのは、ひとえに債務問題にある。アフリカの債務は私たちにとって致命的なのだ」[8]（一九九一年の国連総会におけるムセベニOAU（アフリカ統一機構）議長の演説より）

アフリカ、とくにサブサハラ・アフリカ[9]にとって、開発・発展をめざすうえでもっとも大きな障害の一つとなっているのが、対外債務（外国からの借金）である。〇三年にサブサハラ・アフリカがかかえる対外債務の総額は、二二〇〇億ドルにものぼる[10]。

一般に、巨額の債務をかかえる途上国としては、アルゼンチンやメキシコなどラテン・アメリカ諸国がイメージされるだろう。たしかに、債務の絶対額としては、全途上国の債務総額の三一%をラテン・アメリカ諸国（カリブ海諸国を含む）が占め、サブサハラ・アフリカは九%にすぎない。しかし、経済規模との比較においては、アフリカ諸国の債務が巨額である。輸出総額に対する対外債務総額は一六二%、GNI対比では五八%と、途上国平均に比較してその負担は大きい[11]（表3）。

対外債務総額が大きければ、毎年の元利返済の負担も大きい。多くのアフリカ諸国が、返済期日が来ても支払えない延滞債務をかかえている。経済的に貧しいこの大陸が、それでも必死に返

表3　GNIと輸出総額に対する対外債務総額の比率

	GNI比(%)				輸出総額比(%)			
	80	90	00	03	80	90	00	03
全途上国	20	34	39	37	86	168	117	98
サブサハラ・アフリカ	22	60	69	58	68	218	174	162

(出典) World Bank, *Global Development Finance 2004 Vol.* Ⅱ, 2004.

済している負担は、対輸出総額の一〇%に相当する。[12] 国連は九三年に「(アフリカからの)債務返済は、開発に向けて努力している国々にとっては、信じられないほど巨額な負担である」[13] と警告を発している。

六〇年代に次々と独立したアフリカ諸国は、工業化・近代化のための資金を必要とし、「いくらでも借りたい」熱心な借り手だった。そこに、オイル・ダラーという過剰資金をかかえて拡大主義に走る、「いくらでも貸し付けたい」無責任で積極的な民間銀行やIMF・世界銀行、そして東西冷戦下で援助合戦を行う先進国政府という貸し手がいた。さらに、世界的な金利上昇やドル高などの外的なショックに揺さぶられた結果、債務は雪だるま式に膨らんでいく。アフリカ諸国の債務を、単なる経済的な「問題」と考えてはならない。それは、そこに暮らす人びとにとっての「危機」なのである。国連児童基金(ユニセフ)元事務局長代行のリチャード・ジョリーは言う。

「前タンザニア大統領のニエレレは八六年に、こう問いかけた。『私たちは、私たちの子どもたちを飢えさせてまで、債務を返済しなくてはいけないのか?』。現実はこの質問に次のように答えている、『Ｙｅｓ』とね[14]」

債務返済のツケを払うのは、アフリカの貧しい、立場の弱い人びとである。豊かな自然資源と人的資源にもかかわらず、一日一ドル以下で暮らす人びとの割合は約四割にも達する。[15] 債務が「危機」であるのは、なによりもまず、貧しい人びとが、その命を犠牲にしてまで支払ってきたという点にある。九〇年の時点で、統計があるアフリカのＨＩＰＣｓ一四カ国のうち七カ国が、教育や医療・保健にかける予算よりも多くを債務返済に充てている。[16] ユニセフは、こう指摘する。

「サハラ以南のアフリカは二〇〇〇億米ドルの債務を返済するために、この地域の三億六〇〇〇万人の子どもの保健と教育に費やす以上の資金を使っている。だが、これは経済的に無意味で、道徳的にも弁明の余地がない」[17]

さらに衝撃的な指摘もある。国連開発計画（ＵＮＤＰ）は九七年の年次報告書で述べている。

「重債務国が毎年の債務返済から解放されれば、その資金を使って二〇〇〇年までにアフリカだけで約二一〇〇万人の子どもの命を救い、九〇〇〇万人の少女と女性に初等教育の機会を提供できるだろう」[18]

結局、〇〇年までにアフリカ諸国が債務返済から解放されることはなかった。債務返済が優先された結果、救えたであろう二一〇〇万人の子どもの命がみすみす失われたことになる。報告書が発表されてからの三年間で二一〇〇万人とすると、救えたはずの失われた幼い命は、一分間に一三・三人というまさに危機的な数字となる。

3 構造調整は債務危機の万能薬か

「プロジェクトは人びとに局地的な影響をもたらす。構造調整は広範な人びとに、とくに貧しい人びとに悪影響をもたらす」（アフリカのNGO「AFRODAD」代表のバーバラ・カミラ）[19]

債務の重圧に苦しむアフリカ諸国に対して債権者が差し出したのは、「構造調整」という薬だった。それは、債務の鎖から人びとを解き放つ万能薬だったのだろうか？　それとも、鎖につながれた人びとをさらに苦しみに追いやる毒薬だったのだろうか？

最初の投薬は「構造調整借款」と呼ばれる援助だった。借款の使い道は、橋やダムの建設、港湾の整備など経済インフラだ。一般に、一定の地域に特定の施設を建設あるいは運営するプロジェクトへの融資を「プロジェクト借款」と呼ぶ。構造調整借款は、債務問題が国際的な注目を集めるようになった八〇年代に始められた。国際収支の赤字に苦しむ債務国に対し、厳しいマクロ経済政策（＝構造調整プログラム）の実施を条件（コンディショナリティー）とする借款である。

構造調整プログラムは、基本的に「小さな政府」と市場原理に基づき、財政赤字を削減して債務返済の資金を捻出すること、輸出の増大によって外貨を獲得して債務返済に充てることが重視された。おもな政策内容は、①政府支出の削減、行政機構の縮小など歳出の切り詰め、増税や社会サービスの有料化など歳入の増大、②補助金の撤廃などによる価格改革、市場メカニズムに基づいた自由化、民営化、③関税や幼稚産業保護の撤廃などによる貿易自由化、為替切り下げによる輸出増大などだ。

アフリカでは八〇年にケニアに導入され、翌年にマラウィ、モーリタニア、セネガルが続く。八二年の債務危機発生以降、債務問題がますます深刻化すると、構造調整プログラムの実施が債務繰り延べ・削減[20]、新規融資の条件とされるようになる。こうして、ほとんどのアフリカ債務国は構造調整という薬を飲まざるを得なくなったのである。

日本は積極的にこの構造調整プログラムに支援していく。[21]構造調整はIMFや世界銀行が中心に行うが、日本は前述のように多国間ODAとしてこれらへの出資・拠出を通じて協力すると同時に、二国間のチャンネルを通じても構造調整借款との協調、資金の補完などを行ってきた。

まず、八六年から円借款によって、構造調整プログラム支援のためにIDA（第二世銀）の「アフリカ基金」との特別協調融資を開始。八八年以降は、「アフリカのための特別支援プログラム（SPA）」における協調融資に参加し、構造調整を前提としたIMFの最貧国向け融資にも積極的な姿勢をとり続けた。さらに、無償援助においても、八七年に「経済構造改善努力支援無償資金協力」を創設し、現在も拠出している。こうした日本の構造調整に対する「支持」は、九三年に開催されたアフリカ開発会議（TICAD）における羽田孜副総理・外務大臣の演説に如実に表れている。

「（日本のアフリカ支援の五つの柱の二番目として）我が国はアフリカにおける経済改革を引き続き積

極的に支援して参ります。アフリカ諸国が推進している経済構造調整は、短期的には国民に大きな負担をかけることになりますが、経済発展のための基盤強化に必要な試練であります。（中略）他の援助国とともに世銀によるアフリカ特別援助プログラム（SPA）の継続及び国際通貨基金（IMF）による拡大構造調整ファシリティー（ESAF）の後継ファシリティーの必要性についても強く支持してきているところであります[22]」

ガーナやナイジェリアにおける経済成長率の上昇や交易条件の好転[23]、国家主導の開発にメスをいれることによる一党独裁体制の民主化への影響などは、構造調整プログラムのプラスの面として評価されよう。だが、構造調整が貧しい人びとにもたらした致命的な影響は、羽田氏のいう「必要な試練」どころではなかった。

政府支出切り詰めのターゲットの一つとされたのは、教育や医療である。こうした社会サービスは、量だけではなく、公務員や教員の削減による質の低下も見られた。また、政府収入を増加させるために初等教育や医療は有料化され、公共交通の料金は引き上げられていく。

たとえば、八〇年には七九％というアフリカトップの識字率を達成したタンザニアは、教育の有料化によって小学校就学率が八〇年の九三％から九〇年の七四％へ大きく低下した。また、補助金の撤廃は政府の補助によって安く抑えられていたパンやガソリンといった生活必需品の値上がりを、為替の切り下げは石けんなど輸入に頼っていた生活用品の値上がりを引き起こした。これらの価格の高騰は、貧困層、とくに都市に暮らす貧困層を直撃したのである。九〇年のガボン、コートジボアール、ナイジェリア、ザイールでの大規模な都市暴動やストライキは、いずれも構造調整プログラムが引き金となっている。

さらに、輸出増のために単一作物の生産増加が図られ、それが小規模農業を破壊し、環境にも負担を強いていく。セネガルでは、主要輸出品である落花生の生産が奨励され、品種改良、化学肥料・農薬の使用が盛んになった。結果として土壌が疲弊し、海外からの借金で建設された一〇〇万トンの精製能力をもつ工場をフル稼働させるに十分な量を生産できなくなったのである。しかし、この工場建設費用の返済のためには、落花生を輸出して稼がねばならない。生産増のために農地が必要となり、しばしば裕福な土地所有者は小規模土地所有者の農地を買収し、農民を追い立てた[24]。

構造調整プログラムに対しては、アカデミズムやNGOだけでなく、国連アフリカ経済委員会（ECA）や国連貿易開発会議（UNCTAD）、ユニセフ、国連食糧農業機関（FAO）、国連教育科学文化機関（ユネスコ）などが批判している[25]。たとえばユニセフは、「人間の顔をした構造調整」が必要だと主張した。これは、ODAや援助の名の下に構造調整がいかに人間を無視してきたかを痛烈に皮肉る言葉である。

一方で、構造調整プログラムを推進する側――IMF・世界銀行、そしてそれに相乗りしている日本を含む先進国政府――は、もっとも経済上非効率な分野には「調整」を要求しなかった。それは軍事費である。「軍事費に口を出すのは内政干渉にあたる」という理由で、どれほど武器や

（独裁政権を守るための）軍隊に支出しようとも、構造調整による支出削減の対象にはならなかった。

加えて、構造調整プログラムは貿易の自由化を進めるためにあらゆる政府による介入や保護を排除しようとするが、途上国が比較優位をもつ繊維などの分野で先進国側は自国の産業を手厚く保護している。債務国が政治腐敗や、肥大化した非効率な多くの国営企業の存在など経済構造上の問題をかかえていることが事実であるにせよ、その改革の痛みは債務国のみに押し付けられているのだ。グローバルなレベルでのガバナンスや経済構造上の問題（先進国と途上国の経済力・政治力の差、強者の論理にたった不公正貿易など）を改革するための構造調整を先進国には誰も要求しないという矛盾がまかり通っている。

構造調整プログラムは債務削減とセットになって、いまもアフリカの人びとに毒薬を与え続けている。八〇年代の債務危機発生後、国際社会は債務問題の解決のためにいくつかの取り組みを開始した。二国間公的債務を対象とした削減がパリクラブを中心にして始まり、九六年九月には、後に多国間公的債務を対象にした重債務貧困国（ＨＩＰＣｓ）イニシアティブが開始された。だが、ＨＩＰＣｓイニシアティブの適用適格国になり、債務削減を受けるためには、構造調整を最大で六年間実施し、かつ良好な実績を残さなくてはならないという、高いハードルが設定されている。そのハードルを越えるまでに、いったいどれだけの人びとの命や生活や環境が破壊されるのだろうか。

4　日本独自の「債務救済無償援助」は誰のため？

七〇年代末には、多くの途上国の深刻な債務危機への直面は、すでに国際的な注目を集めていた。七八年の国連貿易開発会議第九回貿易開発理事会では、債務救済措置をとる決議が全会一致で採択される。[26]この決議に基づき、日本は債務救済無償を開始した。「後発途上国」と呼ばれる一一カ国とオイルショックの影響を強く受けた七カ国の計一八カ国[27]に対し、返済額と同額のＯＤＡ無償資金協力（贈与）を行うという内容である。

その後、対象国は二八カ国に増大し、さらにＨＩＰＣｓイニシアティブ対象国が加えられた。そして、〇二年まで日本独自の債務救済の方法として使われ、会計検査院の報告によると二五年間で三〇カ国に四六一一億円を贈与したとされている。[28]返済額と同額のＯＤＡを無償で拠出するというのは一見、返済額に相当する債務の帳消しと同等の効果をもつかのように見える。

しかし、債務救済無償として拠出された資金は、必ず輸入品の購入に充てなくてはならないという制約が付いている。そもそも七八年時点では、オイルショックに際して困窮した途上国の輸入代金の支払いを援助することを目的としていた。したがって、貧困問題の解決を目的としたものではなく、外貨支払い不足を補うという一時的な目的が色濃い。さらに、債務救済無償は円建

表4　ケニアに対する債務救済無償の使途内訳（1990〜99年度）

購入品	金額 (1,000円)	受益者	供給企業（国名）
トヨタハイラックス（10台）	15,243	大統領府／警察	不明
トヨタカローラ（5台）	6,030	大統領府／警察	不明
トヨタカローラ（9台）	10,995	大統領府／警察	不明
三菱パジェロ（5台）	9,045	大統領府／警察	不明
車両（7台）	14,061	情報・通信省	日本
トヨタセダン（18台）	17,445	政府	豊田通商（日本）
トヨタ四駆（7台）	16,871	政府	豊田通商（日本）
救急車両（トヨタハイエース1台）	42,576	保健省	豊田通商（日本）
理科教材	8,873	小・中学校	不明

（出典）情報公開法に基づき外務省から入手したデータより、途上国の債務と貧困ネットワーク（デットネット）作成。

てで、日本国内にある銀行に払い込まれる。ヒモ付きではなく、貧困削減を目的とした輸入品購入に充てるとされているが、このシステムから判断するかぎり、日本企業からの輸入に使われる可能性が高い。

事実、九〇〜九九年にかけてケニアに拠出された債務救済無償を見ると、ほとんどが貧困削減とはかかわりのない大統領府用のトヨタや三菱の車両を購入しており、日本企業が供給企業としてあげられている（表4）。九三〜九四年のウガンダに対する債務救済無償も、警察向けの日本車が豊田通商などから購入されている。また、中東のＨＩＰＣｓであるイエメン向けの七九〜九六年度供与分を見ても、供給企業に、セイコー、ソニー、コマツ、日商岩井、三菱商事、住友商事、丸紅、東芝、大丸興業などの日本企業がずらっと並ぶ[29]（企業名は当時）。

それでも、債務救済無償の使途が報告されているのは、まだましなほうだ。九四〜九七年度の二〇カ国に対する計一二五六億円の債務救済無償に関して会計検査院が調査したところ、タンザニア、ボツワナ、ネパールなど一四カ国はまったく使途の報告が提出されていなかった。この一四カ国に対する供与額は四年間で一四四億円であり、その全額が使途不明金となっているのだ(30)。

債務救済無償に対する批判の高まりを受けた日本政府は、〇二年一二月になってようやくこれを廃止し、「債務問題のより早期の解決、債務国の負担の軽減、ODAの透明性及び効率性の観点から(31)」、債権放棄に切り替えた。他のG7各国がODA債権放棄に踏み切った九九年から、遅れること二年半である。ただし、債権放棄は数年かけて行い、即座に全額放棄するわけではない(32)。したがって、二年経過後の〇四年一二月三一日付けのアフリカHIPCs向け債権残高を見ても、三割弱しか減少していない(表5)。

また、日本はいかなる債務削減・帳消しに対しても消極的なことで有名である。〇五年七月のG8サミットに出された「小泉総理大臣からのアフリカへのメッセージ」では、「日本政府はアフリカの重債務貧困国(HIPC)に対し、全債権国中最大級の総額約四九億ドルの債務救済を約束しています(33)」と述べられている。

しかし、日本は、二国間ODAとして借款を大規模に行っている唯一の援助国である事実を忘れてはならない。アフリカ向けを含むすべての二国間ODAを他のDAC諸国と比較すると、日本は半分近い四六・七%が借款であり、次に借款比率が高いスペインの二一%をはるかに上回る(34)。HIPCsに対して言えば、最初に見たとおり日本は最大の二国間債権国である。債権残高が最

表5　アフリカのHIPCs向け公的債権残高（円借款分）（単位：億円）

	01年3月31日	04年12月31日	増減	%
アンゴラ	0	0	0	—
ウガンダ	62	0	−62	−100
エチオピア	0	0	0	—
ガーナ	959	0	−959	−100
カメルーン	79	94	15	19
ガンビア	0	0	0	—
ギニア	85	66	−19	−22
ギニア・ビサウ	0	0	0	—
ケニア	1,194	1,145	−49	−4
コートジボアール	147	165	18	12
コンゴ	0	0	0	—
コンゴ(民)	437	795	358	82
サントメ・プリンシペ	0	0	0	—
ザンビア	430	295	−135	−31
シエラレオネ	23	23	0	0
スーダン	107	107	0	0
セネガル	112	0	−112	−100
ソマリア	65	65	0	0
タンザニア	107	0	−107	−100
チャド	0	0	0	—
中央アフリカ	6	6	0	0
トーゴ	90	89	−1	−1
ニジェール	28	0	−28	−100
ブルキナ・ファソ	0	0	0	—
ブルンディ	33	36	3	9
ベニン	38	0	−38	−100
マダガスカル	161	161	0	0
マラウィ	276	234	−42	−15
マリ	82	0	−82	−100
モーリタニア	84	0	−84	−100
モザンビーク	0	0	0	—
リベリア	37	37	0	0
ルワンダ	15	16	1	7
合計	4,657	3,334	−1,323	−28

（注）中長期債権のみ。短期債権は含めない。
（出典）外務省経済協力局。

大である以上、削減額が最大であるのは当然だ。

九九年にドイツのケルンで行われたG8サミットにおいては二国間ODAの一〇〇%債権放棄が合意されたが、日本は最後まで難色を示した。G7首脳（ロシアを除く）声明は「われわれは、政府開発援助（ODA）債務をさまざまな選択肢を通じて、二国間ベースで完全に免除することを要請する」と述べている。この「さまざまな選択肢を通じて」という表現は、とくに日本政府の要望によって挿入された。そして、「選択肢」として、前述の債務救済無償が使われたのである。

また、HIPCsイニシアティブ導入の際にも、債務削減に反対する日本政府がベニン、ガーナ、マラウィなどの債務国に対してイニシアティブに参加しないよう、ODAの削減をちらつかせて圧力をかけたという批判がNGOから出された。その後、HIPCsイニシアティブの遅れや問題点が明らかになるにつれ、先進各国がアフリカに対する多国間債務の一〇〇%帳消しを進めようとする一方で、日本はフランスと並んで反対の姿勢をとり続けてきた[35]。

最大の債権者である以上、本来ならば債務問題の早期解決に向けたイニシアティブをとる義務も権利も日本は有していたはずである。にもかかわらず、債務削減・帳消しに向けた国際的な流れに乗り遅れ、常に後追いになっているのが現状である。

5　誰がグッド・ガバナンスを決めるのか

九〇年代以降、構造調整プログラムに加えて債務削減・繰り延べの条件（コンディショナリティー）の一つとして登場してきた概念がある。それは、グッド・ガバナンス（よい統治）だ。[36]

ガバナンスは、一般的には「政治・経済・社会などの分野で国民の参加を確保する体制」であり、民主制、法の支配の確立、汚職の防止、人権擁護などがその具体的内容としてあげられる。この一般的な概念には誰も反対はしないだろうし、実現されればすばらしい。しかし、グッド・ガバナンスという旗の下に世界銀行や先進諸国が進めようとしているのは、西洋型の議会制民主主義であり、市場重視型ネオ・リベラル的「小さな政府」だ。価値判断を含む言葉である「グッド」なガバナンスとは、市場原理がうまく機能するような官僚・政治体制であり、それ以外のものは「グッド」ではないとみなされてしまう。

本来担保されるべき価値は、アフリカの人びとが自らの民主制度を選択する自由であり、そこへの参加の確保である。政治的腐敗の一掃をめざすのであれば、自由市場を邪魔しないような政府をつくりあげようとするのではなく、これまで無視されてきたアフリカの市民社会の声や力を政策に反映させることが最優先となる。そのために民主主義は大前提となるが、その形態・市場との関係などは各国が自由に判断できる領域である。それを世界銀行や先進諸国が決定するようでは、地球規模での民主主義は成り立たない。

グッド・ガバナンスが債務削減・新規ODAのコンディショナリティーの中心となりつつあるいま、かつて「よい経済政策」は構造調整プログラムであるとしてきた失敗を、「よい統治」で繰り返すのだろうか。ODAは債務となり、アフリカをコンディショナリティーで縛り付ける道具であり続けるのだろうか。それとも、ODAはアフリカの人びとの声が反映される社会をつくり出す手助けとなり得るのだろうか。

「私たち(アフリカ)に関して、私たち(アフリカの人びと)抜きで進められる、いかなる政策もODAも債務帳消しも、あり得ない」

これは、ウガンダの友人の言葉だ。自分たちの知らないところで積み重なってきた債務に苦しめられてきた人びとの言葉である。そして、腐敗のない、多様なアフリカを実現する権利とその力をもつ人びとの言葉でもある。日本は二国間・多国間ODAをとおして最大の債権者であることを忘れてはならない。債権者である私たちは、これ以上その言葉を無視してはならない。

(1) 一九九三年の一人あたりGNPが六九五ドル以下で、かつ現在価値での債務合計額が輸出年額の二・二倍以上、もしくはGNPの八〇%である国。IMFおよび世界銀行によって認定される。二〇〇六年二月の段階で認定されているアフリカ地域の三二カ国は以下のとおり。ウガンダ、エチオピア、ガーナ、カメルーン、ガンビア、ギニア、ギニア・ビサウ、コートジボアール、コモロ、コンゴ、コンゴ(民)、サントメ・プリンシペ、ザンビア、シエラレオネ、スーダン、セネガル、ソマリア、タンザニア、チャド、中央アフリカ、トーゴ、ニジェール、ブルキナ・ファソ、ブルンディ、ベニン、マダガスカル、マラウィ、マリ、モーリタニア、モザンビーク、リベリア、ルワンダ。当初ケニアとアンゴラも入っていたが、債務が返済可能な範囲であるとして〝卒業〟させられた。

（2）外務省編『政府開発援助（ODA）白書（二〇〇五年版）』二三〇ページ。ODA全体に占める割合は各年でばらつきがあるが、だいたい二〇％台後半から三〇％台が多い。

（3）支出純額ベース。一位米国、二位フランス、三位英国、四位ドイツ、五位イタリアと、欧米諸国が占める。ただし、冷戦終結直後の一九九〇年代初頭には、欧米諸国のアフリカへの関心が低下し、その際に日本の援助が主導した時期もある。

（4）外務省経済協力局編『我が国の政府開発援助（一九八七年版）上』四八ページ。

（5）外務省経済協力局編『政府開発援助（ODA）国別データブック二〇〇四』二〇〇四年、三八七ページ。

（6）外務省『国際機関等への拠出金・出資金に関する報告書（平成一六年度版）』。

（7）債務は民間債務と公的債務の二つに分類される。民間債務は民間金融機関からの借入を指し、公的債務は先進国政府および国際金融機関など公的機関からの借入を指す。データはWorld Bank, *Global Development Finance 2004,* Vol.II, Washington D.C. : World Bank, 2004.

（8）Ihonvbere, J.O., *Africa and the New World Order*, New York : Peter Lang Publishing, Inc., 2000, p.39.

（9）サハラ砂漠以南の黒人諸人種が居住する地域の総称。アフリカ五三カ国中四七カ国が属している。

（10）World Bank, *Global Development Finance 2004,* Vol. II, Washington D.C. : World Bank, 2004.

（11）前掲（10）。

（12）前掲（10）。

（13）United Nations, *African Debt Crisis : A Continuing Impediment to Development*, New York : United Nations, 1993, p.46.

（14）Jolly, R., "The Human Dimensions of International Debt", A.Hewitt & B.Wells, eds., *Growing Out of Debt,*

London : Overseas Development Institute, 1989, p.51.
(15) 外務省、『平成一四年版外交青書』二〇〇二年。http://www.mofa.go.jp/mofaj/gaiko/bluebook/2002/
(16) 国連開発計画編『人間開発報告書二〇〇四――この多様な世界で文化の自由を』国際協力出版会、二〇〇四年、二四六〜二四七ページ。
(17) 国連児童基金『国々の前進一九九九』一九九九年、二七ページ。
(18) 国連開発計画編『人間開発報告書一九九七――貧困と人間開発』国際協力出版会、一九九七年、一一三ページ。
(19) 二〇〇三年八月にアジア太平洋資料センター（ＰＡＲＣ）で行われた勉強会でのスピーチ。
(20) 債務削減・繰り延べなどは、ＯＤＡとみなされる。たとえば、日本政府は二〇〇五年のＧ8サミットにおいて、ＯＤＡの一〇〇億ドル増加を打ち出したが、これにはイラク向けの債権放棄なども含まれる。新規拠出ではないにもかかわらず「ＯＤＡの増額」というこの世界向けの公約に対しては、「小泉の裏切り」という手厳しい批判がＮＧＯから出された。
(21) ただし、経済協力基金（ＯＥＣＦ、現・国際協力銀行）が世界銀行の構造調整に対する批判のペーパーを出しているのは注目に値する。そこでは、ゆきすぎた政府機能の縮小・民営化、外国資本への市場開放について批判を展開している。ＯＥＣＦ『基金調査季報No.73』一九九二年、参照。
(22) http://www.mofa.go.jp/mofaj/press/enzetsu/05/eko_1006.html
(23) 毛利良一『グローバリゼーションとＩＭＦ・世界銀行』大月書店、二〇〇一年、一〇四〜一〇七ページ、参照。
(24) スーザン・ジョージ著、佐々木健・毛利良一訳『債務ブーメラン――第三世界債務は地球を脅かす』朝日新聞社、一九九五年、二四ページ。
(25) 詳しくはBrown, M.B. & P. Tiffen, *Short Changed : Africa and World Trade*, London : Pluto Press, 1994. 参照。
(26) 決議一六五「過去のＯＤＡ条件の調整措置またはその他同等の措置をとるよう努力する」。
(27) イエメン、エチオピア、ギニア、ケニア、ザンビア、シエラレオネ、ソマリア、タンザニア、中央アフリカ、トーゴ、ニジェール、ビルマ（ミャンマー）、ブルンジ、マラウィ、マリ、モーリタニア、ラオス、ルワンダの一八カ国。

(28) 第一五〇国会参議院行政監視委員会における会計検査院長報告。

(29) 途上国の債務と貧困ネットワーク（デットネット）調べ。

(30) 『毎日新聞』二〇〇〇年一一月一一日。

(31) 二〇〇二年一二月一〇日の外務省発表による。

(32) 債務救済無償対象国の債権に関しては、返済の期日が到来したものから順次放棄する。ＨＩＰＣｓ対象国の債権に対しては、ＩＭＦ・世界銀行によるＨＩＰＣｓイニシアティブの債務削減スケジュールにしたがって放棄していく。

(33) http://www.mofa.go.jp/mofaj/area/africa/pdfs/hyokei_0506.pdf

(34) 約束額ベース。二〇〇一～〇二年の二年間の平均値。外務省編『政府開発援助（ＯＤＡ）白書（二〇〇四年版）』三七三ページ。

(35) 最終的に、二〇〇五年二月のＧ７財務相会議において米英の合意に引きずられる形で、日本もＨＩＰＣｓ一八カ国に対するＩＭＦ・世界銀行・アフリカ開発銀行に対する多国間債務帳消しに合意した。

(36) この概念が最初に取り上げられたのは、世界銀行の一九八九年の“Sub-Saharan Africa: From Crisis to Sustainable Growth: A Long-term Perspective”である。三年後の九二年、世銀はそのポリシー・ペーパー“Governance and Development”において、ガバナンスを「政治体制の様態」「国家における経済的・社会的資源の管理において行使される権力のあり方」「政策を計画・策定・施行するための政府の運営能力」と三つの側面から定義した。最初の側面である政治体制にかかわる部分は、世銀の権能外として、後者二つを支援対象としている。明確に「ガバメント（政府）」といわず、「ガバナンス（統治）」という曖昧な表現を使っているのは、世銀の設立協定に「内政干渉にあたる分野には口を出せない」という決まりがあるからである。しかし、経済領域とはいえ一連の構造調整プログラムが内政干渉にあたるのではないかという批判は根強い。

第7章

贈与と借款の功罪

中村尚司

1　贈与か借款か

発展途上国に対する政府開発援助に関して、贈与(グラント)がよいか、それとも借款(ローン)を中心にしたほうがよいかという課題は、繰り返し問われている。たとえば、インド政府は贈与よりも借款を希望し、ネパール政府はその逆を希望する。援助を供与する側でも、ＥＵ諸国や国際ＮＧＯは贈与に傾き、世界銀行や日本政府は借款を重視する。ＯＤＡを受け取る側でも与える側でも、論議は尽きない。

政府開発援助に関するかぎり、贈与や借款は国家と国家との間で行われたり、国際通貨基金(ＩＭＦ)や世界銀行のような国際機関と発展途上国の政府との間で実施されたりする。部分的には、非政府の民間団体に委託されることもある。いずれの場合でも、政府機関と無縁な暮らしをしている多くの納税者や地域住民には、その優劣がわかりにくい。

しかしながら、いかなる政府間の取り決めといえども、しょせんは人間の営みであり、人と人との社会的な関係に由来している。国家や政府機関の活動を担っている官僚群も、現実には生身の人間である。その本質的な問題を把握しようとすれば、ふつうの人間的な営みのなかで考えてみるべきであろう。借款という言葉自体がものものしく、ふだんの暮らしではあまり使わないけれども、煎じ詰めればサラ金のような消費者金融と変わらない、お金の貸し借りである。日常的な生活の場で人にあげたり、人からもらったりする社会的な付き合いは多い。金品を貸したり返したりする付き合いも、同じように多い。

ここでは開発援助の業界用語にとらわれることなく、ごく当たり前の人間生活に即して考えてみよう。人間の社会的な関係の基本的な特質に即して、贈与と貸借の利害得失を吟味すれば、国家間や国際機関の開発援助がもつ課題も、開発業界の論議とは異なった姿を現すにちがいない。

2　あげる・もらう

牛や馬は誕生するとすぐに歩き始めるのに、ヒトの赤ちゃんは異常に長く社会の保護を必要とする。誕生してから一〇年過ぎても、まだ両親のようには生きられない。親の目から見て、人並みに生きられるようになるには、さらなる成長が必要である。このように乳幼児が成人するまでの期間を長引かせるのは、生物としての成長過程に時間がかかるという側面もあるが、それだけではなく社会生活の側からの要請でもある。

生まれた乳幼児が人間として自分自身の社会的な位置を知るには、同じ身体組織をもつ仲間が必要である。最初の同類の人間は、たいていの場合、およそ二〇～三〇歳ばかり年長の母や父である。母や父という言葉を知らないときから、年長で食事や排泄の世話をしてくれる人を、長時間かけて自分の親だと観念する。その長期間に親から捨てられた子どもでも、他の誰かに依存しないと生存さえ困難である。多くの場合、擬制的な親を演ずる年長者を含め、両親への依存度はきわめて高い。さしあたり贈与が、そのような親子関係の基本である。食事の供給や排泄の世話から始まって、親から子どもへ実に多種多様な贈与が行われる。

子どもは食べ物などの生活資料を親に依存しながら、成長する。この基本的な贈与関係を親のほうから見れば、ただ一方的にあげ続ける行為である。子どものほうから見れば、長期間もらい続けるばかりである。このような贈与関係なしに、たいていの乳幼児は成育できない。その意味で贈与は、人間がつくる原初的な社会関係にとって不可欠である。

乳幼児の成長過程にとってきわめて貴重であるとはいえ、このような贈与を基本とする人間関係は、避けようもなく上から下への支配と従属へ向かいがちだ。長く固定的な贈与が続く場合、当事者間で対等な関係を形成することは、非常に困難である。贈与者と受贈者とは上下の関係にあり、支配従属関係の出発点である。親からの贈与を必要としなくなる程度に応じて、たいていの子どもが親に反抗し始めるのも当然だ。

このような一方的な贈与であっても、永続するにはどこかで返礼が行われる必要がある。親孝行を説く道徳もあれば、歳を取れば子どもが扶養してくれるという期待もあるし、成人になる前に死亡して親孝行も扶養もできない場合もある。返礼を期待できない重い持病をもつ子どもでも、親は一方的な贈与をやめるわけにいかない。直接的な返礼は期待できなくても、いつかどこかで別の人びとや次の世代が、自分の暮らしを支えてくれる。時間的にも空間的にも視野をはるか遠くまで広げれば、どのような一方的な贈与であっても、いくぶんかは互恵的な相互依存関係の一部である。因果応報という考えを受け入れるかどうかは、間接的な互恵関係をどこまで広く認めるか、という問題でもある。

やがて、両親ほど年齢は離れていなくても、四六時中いっしょに暮らす親密な仲間がいることに気づく。兄弟姉妹である。兄弟姉妹ほど親密でなくても、それに近い従兄弟や従姉妹がいる場合もある。乳児院であれば、血縁はなくても兄弟姉妹に近い仲間ができる。親は自分を保護し、食べ物を一方的に供給してくれるが、年齢が近い兄弟姉妹との関係はほぼ対等で、直接的な相互の借り貸しが基本となる。むずかしい言葉を使えば、最初の消費貸借関係である。しかし、借りを返しても完全に自由にはなれない。生物的なつながりが付きまとう。自分の意思で兄弟姉妹を選ぶことも、変更することもできない。たいていの場合、まだ完全には、生物離れができないのである。

このような原初的な贈与や貸借の関係を通じて、親子や兄弟の結合が形成され、強化される。しかし、これだけでは不十分である。人間以外の動物でも多かれ少なかれ、ごく短期的な贈与や貸借の関係は観察されている。人間生活の特徴は、前世代から受け継いだ遺伝的な要因を超えて、社会的な贈与や貸借の占める比重がきわだって大きいことである。子どもがおとなになる期間がきわめて長いため、その持続性が顕著であり、相互の依存関係が長期化する。成人しても集団を形成し、孤立した行動をとることは、むずかしい。

誰でも長い人生の間には、気分がすぐれなかったり、思うように身体が動かなかったり、咳をしたり、発熱したり、発疹ができたり、出血したりして、不自由なことがらをたくさん経験する。乳幼児だけでなく、成人後もこれらの困難はなくならない。だが、それが病気のせいなのか老化によるものなのか、当事者にはよくわからない。

乳幼児の世話をしていた両親が老齢化し、息子や娘が親の扶養や介護を引き受けるようになれば、両者の贈与関係は逆転する。老いた親への贈与を続ける期間が長期化すればするほど、あげる側ともらう側との関係が、幼少時とはすっかり逆になる。老いた親は、成人した子どもに頼らなければ生きられなくなる。

親子でなくても、親戚、隣近所や職場の付き合いでも、援助を受け続けると、援助する側の言い分に従わざるを得なくなる。同世代の友人関係でも、贈与を受け続けると、いつの間にか主従関係に変貌するおそれがある。私企業間や法人格をもつ団体間の関係も、このような親子関係の類比で見ると、対等な付き合いよりも支配従属関係に向かいがちである。

3　借りる・貸す

人は家族のなかで誕生し、家族のなかで老い、家族のなかで病み、家族のなかで死ぬ。その無理が親子喧嘩による義絶、兄弟喧嘩による不和、夫婦喧嘩による離婚を招き寄せるとはいえ、なによりもまず家族のなかで人間になる。家族関係が人為的に構成されたという成立の事情から、いかなる家族も常に解体の危機をはらんでいる。その危機を乗り越えながら、国家やその他の集団組織よりも、人類史に長く命脈を維持してきた。このようにして生物学的な関係を基礎にしたヒトの暮らしから、人間は自己の意思と選択で社会的な活動への道を拓く存在へと変貌をとげていく。

家族関係の外へ出ると、個体としての身体組織が、荒々しい外的世界との接触に直面し、よりいっそう傷つきやすくなる。病気以上に傷害から身を守る必要も高まる。衣服、鎧《よろい》、兜《かぶと》、盾などの防具も核シェルターの装置まで高度に発達するが、これで十分に安全・安心とはいえない。人間ほど仲間殺しに熱心な哺乳動物は、ほかに例がないからである。象を殺す象や、サルを殺すサルと比べてみればよい。いつの時代も防具の発達は、攻撃用武器の発達に追いつけない。

ヒトは生老病死の過程を通じて、自己の内と外との区分が消滅して人間化する。さらに一歩進めて、次のように言うこともできる。もともと関係行為のみが人間をつくるのであって、個人としての存在は関係行為の産物にすぎない。皮膚のようなもので仕切られた内側と外側の区別のないのが、人間本来の自然なあり方である。生物離れするにしたがって、ヒトの自然なあり方と人間の自然なあり方は、正反対の極地に転位する。

このように関係行為のネットワークを展開する人間にとって、年齢差の大きい親と子の関係が一方的な贈与の典型だとすれば、年齢差の少ない兄弟姉妹や配偶者の社会的な関係は、直接的な借り貸しが基本である。同世代の間では、一定の期間内に清算が容易な借り貸し関係が多く、年齢の離れた世代の間では、返礼に時間のかかる贈与関係の比重が高い。いずれにせよ個々の人間は、他の哺乳動物のように同一の自己完結的な存在ではない。年齢だけでなく、性格、体力、知識、資産などいずれをとっても、個々人の間には非常に大きな程度の相違や差異が存在する。

配偶者であれ兄弟姉妹であれ、知人や友人であれ、人間として相互に足りないところを補い合うために、短期や長期の借り貸しを繰り返しながら助け合う。実にさまざまな分野で、借り貸しに基づく相互依存関係が形成される。この相互依存の基本形を現代社会の金融用語で言えばローンであるが、利子の有無が決定的に異なる。

多くの農民は、鍬でも鋤でも手持ちの農具が故障した場合、たいてい隣の農家から借りる。自分の農具を修理すれば、借りたものは隣家に返す。もし返さなければ、二度と借りることができない。漁民も漁網が損傷すれば、繕う間は隣家の網を借りる。しかし、自分の網を縫い直せば、必ず貸し手に返却する。

図書館で借りた本は、必ず返却しなければならない。利用者の間で返却しない人が出てくれば、その分だけ図書館の機能は損なわれる。大半の利用者が返却しなければ、図書館そのものが消滅してしまう。だからといって、借りた期間に対応する利子を付けて返却する利用者はいない。人間社会における本来的な借り貸し関係は、無利子が原則だからである。

日本育英会（当時、現・日本学生支援機構）の奨学金も、同様である。誰もが借りたものを返さなければ、社会関係の永続性も発展性もない。私は高校生のとき月額七〇〇〇円、大学生のとき月額二〇〇〇〇円の奨学金の貸与を受けていた。私の一歳上の姉や一歳下の妹は、中学校を卒業すると同時に就職し、わずか長くとはいえ税金を納める側であった。日本育英会は通貨発行権をもつ公権力によって維持されているので、奨学金を貸借から贈与に変更もできる。

だが、贈与に変更すれば、大学生や大学院生が学位取得に要する費用を中学校や高等学校卒業のみの納税者が与え続けることの正当性が問われる。少なくとも私自身は、貸与なら受けられても、贈与なら穏やかな気持ちで受けられなかった。返済条件のはっきりした貸与のほうが、無限に負い目を感じなければならない贈与よりもありがたかったのである。

高学歴であるがゆえに高所得を獲得できる社会システムを低学歴の低所得者が支えるのは、階級社会のならいとはいえ、露骨にその正当性を主張することはむずかしい。私憤や公憤の源泉になる。一歩さがって、贈与の正当性を確認できたとしても、借り貸し関係のようには簡単に連帯の輪を広げられない。同時に、日本育英会が公権力によって維持されているからといって、利子を徴収するのは間違っている。

オックスフォード英語辞典によれば、一五世紀に始まる英語としてのローンの第一の意味は、上位者が下位者に与える贈り物(グラント)だったそうである。この古い用語法は、ローンもグラントもともに、「社会関係の永続性を支えるために行われる金品のやり取りである」ということを教えてくれる。問題の本質は、その社会が対等なパートナーシップを重視するのか、それとも支配服従関係を基軸にするのか、という点にかかっているといえよう。

どちらかといえば上下の秩序を形成する贈与も、対等な関係を前提にして条件を決める借り貸しも、人びとの助け合いの仕組みにほかならない。時間的な制約がない相互交換が贈与であり、一定の期間内に返済を義務付ける相互交換が貸借であるともいえる。このように考えるかぎり、グラントとローンの違いは程度の問題にすぎない。

4　金利と為替の破壊力

支配従属関係と対等な社会関係

〈あげる・もらう〉という行為は、どちらかといえば上位者と下位者の秩序を形成するのに役立つ。それは親子関係にとどまらない。現代社会においても、支配従属関係を維持・拡大するのに、非常に有効な手段である。親分と子分、親会社と子会社、本店と支店、本山と末寺、中央政府と地方政府、最高裁判所と地方裁判所、宗主国と植民地、援助国と途上国など、列挙し始めればきりがない。

他方、〈借りる・貸す〉という行為は、どちらかといえば対等な社会関係のネットワークを広げる。それは配偶者や兄弟にとどまらない。借り貸しを通じて、地球上の交流や交易が発展する。頼母子講《たのもしこう》(くじびきまたは入札によって一定の金額を順次メンバー間で融通する、伝統的な互助金融組織)、向こう三軒両隣、協同組合やその連合組織、野球やサッカーのチーム、医師会や弁護士会のような同業者組織、EUやASEANのような国家連合など、こちらも枚挙にいとまがない。

人間社会では、支配従属の秩序も相互依存の仕組みも同じようにつくり出され、ときには共存する。前者にとっては贈与が、後者には貸借が有効である。同時に、贈与と貸借は相互補完的である。結婚式のお祝いや葬式の香典は当然、贈与の一形態である。しかし、誰もが結婚式や葬儀は一回きりのものではなく、関係者の間で連鎖的に必要となることを承知している。その長期的な連関を手繰ると、贈与ではなく実は借り貸しだと心得る人もいる。どんなに親しくても、贈り物をもらい続けると、〈借り〉ができるから嫌だという人は珍しくない。

関係をゆがめる金利

このように、人間社会にとって相互依存関係を深めるもっとも有効な手立てである贈与や貸借も、公権力が介入すると様相ががらりと変わる。相互に必要なものを交換するだけでなく、公的な秩序維持に転用されるからである。貝殻や貴金属が貨幣だった時代から、公権力が通貨発行権を独占する時代になると、贈与も貸借の価値も通貨で計算されるようになり、公権力の規制に従うようになる。

そのうえ貸し借り関係に金利が必要となれば、社会関係のあり方がまったく変わる。貸し手と借り手の関係は、対等でなくなる。利子を生む金額が大きくなるにつれて、その破壊力は甚大となる。人びとの現実的な生産、流通、消費や分配の活動と関係なく、大量破壊兵器の軍事力を背景にした巨額の米ドルがわずかの金利差をめぐって、世界を駆けめぐる。その結果、アジア通貨危機に見舞われた地域住民のように、その苦境は、あたかも大地震や大津波の被災者と見まがうばかりである。

英国の科学者フレデリック・ソディ(一八七七〜一九五六年)は、物質の放射性崩壊のメカニズムを明らかにして、一九二一年にノーベル化学賞を授与された。形あるものは必ず崩壊する、という仏陀の教えを物理化学的に解明したともいえる。ソディはいかなる物質も崩壊をまぬがれないのに、通貨だけが崩壊どころか信用機構を通じて増殖することに疑問をもち、受賞後は経済学研究に没頭する。

もちろん通貨も、金属や紙幣の形態を取るかぎり、物質としての磨耗や崩壊を無限に防ぐことはできない。しかし、銀行に預けておけば、時間の経過とともに、磨耗しないだけでなく利子率に応じて価値が増殖する。なにひとつ資源や労働を追加しないにもかかわらず、増殖するのは自然界の物理法則に反する。増えているかに見えるのは、現実の生産や消費と関係なく、架空の数学的な計算量だけである。

春に作付けするときに種籾が足りないから、隣人から借りて秋の収穫時に返す。その際、収量に応じて返済する籾の量を、借りた量の二倍や三倍にして返しても、それには増産できた穀物という物質が対応していて、法定貨幣のような計算上の増殖ではない。金利を通じた銀行の信用創造は、公権力の軍事力と同様、人間社会に暴力的な破壊を及ぼす。

ソディの考えに従えば、利子はこのように物的な対応物の範囲を超えるべきではない。それゆえ、貨幣の発行量は生産や消費の物的な根拠をもつべきであり、購買力によって規制されるべきである。銀行は預金者から集めた資金を一定の範囲で経済活動に投資してもよいが、その事業から利潤を得るだけでなく損失も引き受けるべきである。この点では、イスラーム銀行の仕組みに近い構想である。時間とともに無限に増殖するような資金に対して、利子率に対応して課税し、有限の現実的な生産活動への投資を支援する。

長年ヨーロッパで職業差別を受け、キリスト教徒が忌み嫌う金貸し業に従事してきたユダヤ教徒にとって、金利を取ることが重要な所得の源泉であった。一八世紀以降キリスト教会も金利の徴収を認めるようになり、近代の銀行制度の基礎が確立される。

金利生活に関するかぎり、ユダヤ教にもキリスト教にも屈服したくないイスラーム教徒は、イスラームの教えにふさわしい銀行制度を創設する。イスラーム銀行の基本的な理念に従えば、預金者に利子を払うことは望ましくない。預金者の貴重なお金を安全に保管し、必要に応じて返す事業にはコストがかかる。利子どころか、むしろ保管料や手数料を請求すべきである。

他方、融資を受ける事業家に対して、そのビジネスの成功や失敗にかかわらず、融資期間に応じて一定の比率で金利を請求し続けるのも不当である。経済活動に融資する以上、貸し手もその事業の成否に責任を取るべきである。利潤が得られれば、一定の分け前を受け取っても当然であるが、事業が失敗に終われば、その損失の一定部分は引き受けるべきである。この考え方は、経済活動に成功する見込みのない借り手を捜して高利の資金を貸し付け、保険金目当ての自殺に追い込む消費者信用とは、正反対である。

人びとの暮らしには物価の安定が大切であるにもかかわらず、金融機関や公権力による信用創造は、インフレーションを不可欠の要員とする。日本経済のバブルがはじけたあと、珍しく物価上昇率がゼロになり、金利もゼロという働く者に望ましい状況が生まれた。経済学者に転向したソディが、その理論を具体化できる可能性が開けたといえよう。

しかし、物価の番人である日本銀行は、数十兆円の大量資金を商業銀行に提供する金融の量的緩和政策によって、インフレと金利上昇をめざした。日本政府も、年間数十兆円に及ぶ新規国債を大量発行し、同じ目標を追求している。財政赤字は膨らみ続け、地方自治体の債務と合わせると、二〇〇五年には国内総生産の一七〇％にも達している。このような無理を重ねながら、物価と金利の上昇を実現しようとする。上昇した分は、すべて働く者の負担増でまかなわれる。

イスラーム信用の原則の準用

私たちの生きる世界を金利目的の金貸し業が支配しているからこそ、ＯＤＡにおける贈与や借款がより明示的に支配従属関係を形成できる。人びとの暮らしを金利によって収奪できる環境を前提にして、金利不要、返済不要を口実に、グラントを与える側のヒモ付き援助が展開される。その一方で、商業借款よりも低金利の長期ローンを通じて、受け手を次世代までしばることができる。

現代世界では、金融機関の利子率の変動により人びとの暮らしが破壊され、通貨交換率の変動により国際的な経済秩序が形成される。金利によって収奪された人びとの暮らしは、為替変動によりさらに窮乏化する。援助の歴史を見ると、発展途上国の通貨はたえず切り下げられるが、その為替差損は被援助国側が負担する。為替変動が生じない国際通貨制度を再建するか、為替差損を供与国側が負担する仕組みにしなければ、この破壊力はとどまるところを知らない。

この視点に立つと、イスラーム信用の原則を準用して、新たな借款のルールを次のように明確にすべきである。

①ODAを構成するすべての借款は、無利子を原則とする。
②返済期間が長期にわたるために、返済完了までの為替差益と差損とは、貸し手と借り手の双方で公正に分担する。
③十分な調査と審査を経たうえに実施される借款である以上、返済完了までの期間、事業による利益と損失はともに、貸し手と借り手の双方に帰属する。

今後、北ヨーロッパ諸国ばかりでなく、世界銀行のような国際金融機関も含めて、ODAがNGOを媒介する傾向が強くなる。〇五年は「国連マイクロファイナンス年」でもあった。ODAがNGOに資金を供与し、二〇％前後の金利で小規模金融を促進する試みが各地で進んだ。しかし、日本の消費者金融も含めて、あらゆるローンにイスラーム信用の原則を準用してほしい。

すべての借款を無利子化・無償化へという提案のうち、①は無利子化をめざし、②と③は無償化のみならず、ODAの無用化をめざす。過去の多くの円借款の事例が教えているように、受入国側は通貨の切り下げによって、莫大な為替差損を蒙ってきた。たとえば、ラテン・アメリカやアジアにおける九〇年代の通貨危機は、マレーシアのような事例を除き、当事国の政策判断のみでは対応しがたい金融グローバリゼーションの圧力によるものである。①の事業損失も受入国の経営能力もさることながら、日本の道路公団の場合と同じように、無理な便益予測をした貸付側の責任が少なくない。したがって、②と③の損失はともに無償化すべきである。

キューバ政府のカストロは、「南側諸国は受け取った借款の何倍もの額をさまざまの形で供与国側に返却したので、これ以上返す必要がない」と主張している。借款の取り決めを行った南側諸国の権力者の責任を免罪するのでなければ、彼の言い分は正しい。〇五年九月二八日にジュビリー・サウスが発表したハバナ宣言は、南側の民衆が受けた搾取、収奪、抑圧の不当性を強調して、カストロの主張を再確認している。

北沢洋子によれば、ノルウェー政府は〇五年一〇月二八日に、貧困国に対する「正当ではない債務」の帳消しを支持し、それを審議する国連による国際法廷の設立を呼びかけた。「正当ではない債務」とは為替差損の大きい債務や軍事政権などへの借款で、地域住民の便益を無視したものである。

ODAを無用化するために

将来、日本経済の国際競争力が低下し、インド・ルピーや中国元が日本円に対して切り上げられる可能性が十分ある。その場合、インドも中国も為替差益によって得た利益を、一定の比率で貸付側の国際協力銀行(JBIC)に還元すべきであろう。また、大きな事業収益が実現した場合も、国際協力銀行に一定の配当金を出すべきである。このようにして、国際協力銀行が日本国内で得られる以上の収益を確保できれば、もはやそれをODAと呼ぶ必要もなくなる。イスラーム金融の原則を準用すれば、それは通常の金融取引にほかならない。この意義が重要なのは、ODAの無用化を展望できるからである。

「すべてのODAを贈与に」と主張しているかぎり、どうすればODAが無用になるのか道筋を示すことができない。現状では、貧困削減を主張してさえいれば、ODA官僚だけでなくNGO活動家もまた安んじてその仕事に専念できる。貧困は国家の成立とともに古く、国際開発の従事者にとってありがたいことに、地球上に国家があるかぎり、貧困も決してなくならない。日本国内における所得水準の向上に即応して、生活保護予算が肥大してきたのと同じように、国際機関ともどもODA予算の肥大を慶祝できる。

長年ODAで給料をもらってきた人間は、ODAの拡大に拍手する。しかし、贈与の対象となる社会や地域住民には、ODAを通じて対等な人間関係を達成できる道がなく、悲しい二一世紀になるだろう。インドや中国の政策当局だけでなく、民衆の側にもODAの贈与から抜け出す道を開くべきである。

ODAは地球規模の貧困削減のための社会保障的な役割を果たすべしという視点から、生活保護の実施過程を参照すると、公権力による贈与の問題点がよく見える。いまでこそ日本のODA予算は低落傾向にあるが、九〇年代には年額約一兆円規模で生活保護予算に拮抗するところまで急増し、国内の貧困削減事業と地球規模の貧困削減事業とが、あたかも車の両輪のような様相を示していた。生活保護は基本的に無償の供与である。

ODA行政は、生活保護対象者に対する厚生労働行政の失敗から学び、NGO活動家はこの贈与がなぜ貧しい人びとを苦しめるのか、福祉事務所のケースワーカーから学ぶべきであろう。ここでも最大の問題点は、生活保護を与える側と与えられる側との関係が、対等にならないことである。

　近年では世界銀行やアジア開発銀行でもグラントとローンの組み合わせが増えているため、遠からず日本のODAもその潮流に棹をささざるを得なくなる。国家予算の財源が、税金（グラント）と国債（ローン）の組み合わせから構成されているのに対応する。NGOによるODA利用もまた、贈与のみとするかどうかいまから考えておく必要があろう。

　ODAの債務帳消しこそ渋っているが、日本政府は住専問題の処理以来、熱心に銀行や大企業の債務帳消しに大判振る舞いをしてきた。アジア太平洋資料センター（PARC）が「ジュビリー2000」で重債務国への債務帳消しを日本政府に求めていたころ、国会は電気通信事業法を改正してNTTの巨額債務である電話加入権を帳消しにした。NTTの最大株主が日本政府であることを考えると、債務の無償化がいかにご都合主義的に行われているかがよくわかる。

　近世日本の頼母子講や朝鮮社会での「契《ケイ》」が、プリペイド・カードのプレミアム程度の報償差はあっても、基本的に無利子ローンであり得たのは、貸す側と借りる側との関係が対等だったからである。ODAにとっても、関係者間の対等性の確保が最大の課題である。公権力によってのみ維持が可能な利子率を価格とする信用市場が成立するのは、貸す側と借りる側との間に情報の非対称性が存在するからである。対等な仲間になることができれば、利子付きの融資ではなく、イスラームの教えのとおり、共同事業への投資となるはずである。

5　戦争から交流へ

戦争に対立する言葉は、決して平和ではない。平和とは、軍事力による鎮圧、平定、支配、抑圧の強化を意味する。パックス・ロマーナは、古代ローマ帝国が平定した版図を指し示している。太平洋がスペインの軍事力により平定された海として名づけられたように、パックス・ブリタニカやパックス・アメリカーナも、英国の海軍力や米国の核兵器の体系による支配の貫徹を意味している。軍事力を背景にした通貨発行権によって担保された銀行による信用創造も、人びとの暮らしを抑圧するという意味では、戦争や平和の同類である。

すべての戦争は、暴力の延長線上にある。その暴力は、本質的に人間的な関係の破壊をめざす。それゆえ、戦争に対立する言葉は平和ではない。むしろ、交流、交換、交信、交易などがその対極に位置する。社会関係を破壊する暴力に対抗するのは、人間的な関係を強める協力である。現代世界の国際関係で使われる贈与や借款は、軍事力を背景にした秩序維持としての平和と不可分である。このような戦争と平和の呪縛からまぬがれる道はないのだろうか。

人間の生命活動と穏やかな暮らしにとって、市場は誰もが否定できないほど大切な役割を果たす。自分のもっているものを、相手はもたない。逆に、相手のもつものが自分にはない。これが商品交換の出発点であり、女と男との関係のように、お互いの必要を交換することから、人類は地球上に多様な文化を育ててきた。その意味でも、交換は人類文化の母である。

商品交換を積極的に進め、相互の生活を向上させるのに役立ってきたのが、市場である。二〇〇〇年も昔の古代ローマと古代中国とは、さまざまな市場のネットワークを通じて、有無相通ずる活動を行い、東西の文物を発達させ、人類文化に貢献してきた。絹織物、香料、宝石、ガラス類だけではない。生活様式の交流も進んだ。とはいえ、シルクロード交易のような市場の発達を通じて、ローマが中国を支配し、収奪し、搾取した形跡はほとんどない。他方、中国の側からローマを支配し、収奪し、搾取した史実もない。明日香村《あすか》(奈良県)を訪ねるとわかるように、朝鮮半島も日本列島もその恩恵を基礎に、それぞれの地域で固有の文化を育んできた。

一〇〇〇年昔に、北ヨーロッパのヴァイキング商人は、鱈《たら》や毛皮を持って北アメリカ大陸へ渡り、その地の先住民に商品交換を求める。しかし、先住民側にも、鱈や毛皮は余るほどある。結局、双方に有無相通ずるものが見つからず、あきらめて引き返す。このように市場が成立しなかった事例も、歴史上に数多く知られている。市場の失敗である。市場が失敗すれば、北ヨーロッパと北アメリカとの間で、先住民相互の文化交流が花開く機会も失われる。

五〇〇年前、西ヨーロッパの商人たちが鉄砲を持って東インド(現代のインドネシアなどのアジア)や西インド(現代のメキシコなどのアメリカ大陸)に来て、相手の意思を無視してまで商品交換を強要した。それ以来、アジア、アフリカおよびラテン・アメリカ地域では、植民地支配、環境の破壊、民衆の抑圧、奴隷を含む労働の搾取などが進んだ。日本の支配者も、そのまねをして武力による市場の拡大を企てた。

現代世界の戦争、紛争、対立をいくぶんでも緩和しようとすれば、対等な当事者間の交換、交流、交易、交信を進めるよりほかなかろう。

6 グラントかローンか

以上のように検討してみると、「贈与か借款か」という問いは、あまり適切ではないことがわかる。人びとの暮らしには、「贈与も借款も」ともに必要である。たしかに、対等な関係を育てるという意味では、ローンのほうがグラントより望ましい。しかし、ソデイの経済理論やイスラーム銀行の理念を採用しないかぎり、ローンには金利や為替変動が付きまとう。

次の時代において対等な借り貸し関係を展開するには、戦争や抑圧をもたらす条件を少なくし、協力を推進することが必要である。

第一に、生命を破壊する市場の発達を許すことはできない。一日も早く、血液の売買市場、臓器移植の市場、武器の輸出入市場、麻薬の取引市場など人間の生命活動に危害を加える市場の縮小が必要である。

次に土地市場、労働市場と信用市場の縮小である。働いてもつくれない土地に値段をつけて売る代わりに、共同で利用しよう。人を雇ったり雇われたりする代わりに、自分自身で事業経営の主体になろう。人間の信用を利子率で評価する代わりに、相互扶助の信頼関係を深めよう。土地売買の自由化、低賃金労働力の国際移動、そしてなによりも金融市場のグローバリゼーションが、人びとの生命と暮らしを破壊する凶悪な力となって、相互の協力を妨げている。

近代の日本社会では、金を貸して利子を取ることにあまり躊躇を感じない。その結果、誰はばかることなく大蔵省(現・財務省)や日本銀行を頂点とする多種多様の銀行が高い地位をもち、人びとから尊敬される、特異な金融文化が形成されたのである。この特異なローン文化は、土地の資産価値と一体化して育てられた。土地資産を担保にする信用供与が、間接金融という形で日本経済の成長を支えた。

このような尋常ならざる信用市場と土地市場の結合や拡大こそ、日本経済の高度成長の礎であった。だが、消費者信用が発達すればするほど、借金の返済地獄で苦しむ人も増える。多額のローンをアジア、アフリカおよびラテン・アメリカ諸国に供与している日本国で、借金のために自殺したり蒸発したりする人びとが、発展途上国よりはるかに多い。新井将敬代議士の自殺も元はといえば、一億円の借金をもとに信用取引を始めたところに起因する。

アジア諸国の通貨が下落している現状では、ODAを円貨で返済することはサラ金以上の地獄の苦しみとなろう。九二年六月に閣議決定した政府開発援助大綱(ODA大綱)で日本政府は、「開発途上国における民主化の促進、市場経済導入の努力並びに基本的人権及び自由の保障状況に十分注意を払」ってODAを実施するとしている。この大綱を文字どおり実行するうえでも、借金苦による自殺や蒸発を拡大しないためにも、日本社会におけるローン文化の再検討が必要であろう。

金利の破壊力を抑制できれば、相互依存関係の展開による生命活動の発展は、歴史的にも現代社会でも決して無力ではない。土地所有、労働力や信用と異なり、働けばつくれる商品や生命と生活に危害を加えない商品は、文化を豊かにする力をもつ。市場が単に商品売買の場にとどまることなく、生命活動と民際交流を支える文化運動となれば、交易や交流が人間生活の品性を高める。アジア・アフリカの民衆が手を結んで、戦争に代わる協力の道を拓いていこう。

第8章

ひとりひとりの生存と地球規模の社会保障に貢献するODAの提言

アジア太平洋資料センター（PARC）

1　日本のODAの進むべき方向性

私たちは、日本のこれまでのODAのあり方にはさまざまな問題があると考えている。

いま、地球上では、援助をする側も、される側も、グローバル化という大波に飲まれつつある。グローバル化は東側陣営の崩壊とともに加速度的に進展し、人、モノ、カネ、情報の国境を越えた大規模移動、市場経済の世界化というかつて人類社会が経験したことのない事態を生み出しつつある。とりわけ、いわゆる発展途上諸国では、市場経済が社会の隅々まで浸透し、人びとを競争的市場経済のルールに巻き込みつつある。

その結果、市場経済の強者がますます富と権力を集中する傾向を生み出している。草も木も水も土もすべてが商品経済に巻き込まれ、安寧な共同体も、人びとに恵みを与え続けてきた自然も、失われつつある。自由な市場経済の名のもとに環境が破壊され、人びとの主要な食料の生産が軽んじられ、保健や教育など「非採算部門」への補助金もカットされている。

世界は未曾有の数の貧者を生み出し、世界規模でも一国内でも貧富の格差が広がり、大量失業状態は解決されることなく、感染症が広がり、地域の紛争、民族間の紛争が頻発し、難民、国内・域内避難民もあとを絶たない。こうしたグローバル化の時代に、これまでの「援助観」はすでにその意義を失いつつある。

私たちは、日本の掲げてきたＯＤＡの国際人道主義をいまこそさらに強調する必要があると考える。ＯＤＡはもっぱら、この地球上で、明日を生きることすらおぼつかないもっとも貧しい人びとの生存を保障するために使われるべきであると考える。私たちは、ＯＤＡを地球上の隣人たちのための生存保障であり、彼らが恐怖を抱くことなく暮らせる人間の安全保障であると位置づけたい。そのために、私たちは日本のＯＤＡが次のような点で方向転換していくべきであると考える。


【方向転換1】人びとの平和的生存権確立のためのＯＤＡへ

日本国憲法前文には、「われらは、全世界の国民が、ひとしく恐怖と欠乏から免かれ、平和のうちに生存する権利を有することを確認する」とある。これは、世界のすべての人びとが安寧に生存しうる権利を有している（平和的生存権）ことを認めたものである。一方、日本国憲法第九条は、戦争の放棄および交戦権を否定した世界に誇るべき先駆的内容を保持しており、それこそが平和的生存権を保障する基礎になっていると考える。私たちは、日本のＯＤＡは、こうした人びとの平和的生存権確立のためにもっぱら用いるべきであることをまず提唱したい。

二〇〇三年に改訂されたＯＤＡ大綱は、ＯＤＡを平和構築（紛争の予防、平和の定着、復興支援など）に用いるとしている。紛争防止としての貧困削減や格差是正への取り組みから、紛争下の緊急人道支援、紛争後の平和の定着まで、平和構築のために援助を継ぎ目なく機動的に行うことが、重点課題として新たにODA大綱に盛り込まれた。平和憲法を有する日本がこのような取り組みを行うことは重要であるが、平和構築に真に寄与できるためには、軍事紛争や占領・戦争状態において一方の当事者の側に身を寄せていてはならないことを肝に銘じなければならない。

その意味で、イラクに対する米・英軍の攻撃およびその後の占領を支える役割を担った自衛隊派遣と対イラク支援は、平和構築とはなりえない。日本のODAが平和的生存権を重視するのなら、〇二年九月にアメリカが発表した「国家安全保障戦略」にもとづく「テロとの戦争」に協力するものではないことを明確にすべきである。

また、OECD（経済協力開発機構）のDAC（開発援助委員会）「上級会合」は、〇三年一〇月に『テロリズム防止と開発協力』（A Development Co-Operation Lens on Terrorism Prevention : Key Entry Points for Action）という政策文書を公表した。この文書は、ODAの定義を見直し、これまでの貧困根絶に加えて、安全保障・治安などを目的とする援助も可能にしようとするものである。この方向でODAが定義づけられた場合、ODAの質と配分が大きく変えられる可能性がある。その結果、貧困削減や感染症対策などの社会開発が疎かにされ、安全保障や治安という名目で人権侵害が正当化されるなど、強圧的な政権への援助が増え、人びとの、とくに貧しく社会的に脆弱な人びとの暮らしに甚大な影響が生じることが懸念される。

私たちは「ODA再定義」について、貧困根絶というODAの意義を尊重する立場からはっきりと反対する。また、日本政府に対しても、この見直しに反対し、より積極的に「ミレニアム開発目標（ＭＤＧ）」などの目標達成のため自らも努力しつつ、他の援助国へも働きかけることを求める。

【方向転換２】貧困からの脱却と格差を生み出す構造を変革するためのＯＤＡへ

言うまでもなく、人びとは好きこのんで恐怖と欠乏の状態におかれているわけではない。こうした恐怖と欠乏の状態はほとんどの場合、人為的につくられたものである。この地球上には、残念ながら人びとを貧困や恐怖に追いやる構造が存在している。民族、宗教、出自、性、年齢、階層などの理由で人びとは差別され、貧困に追いやられ、職を失い、病気に感染し、教育の場から阻害され、生存すらおぼつかなくなる。

グローバル化は、こうした「貧困化のプロセス」を加速化している。私たちは、貧困はただ単に「モノがない」といった低所得に起因する静態的状況ではなく、経済的、政治的、社会文化的に剥奪されるプロセスであるという認識に立って新たなＯＤＡ観を確立すべきであると考える。この観点から、日本のＯＤＡは、次のような目的に対して優先的に用いられるべきである。

①政治経済、社会文化的に剥奪される状況におかれ、生存すらおぼつかない人びとが、そうした状況から脱するため。

②もっとも貧しい人びと、もっとも差別され阻害された人びと、身体的・精神的な障害ゆえに暮らしの立ちいかない人びとの救済のため。

③こうした人びとを生み出す構造あるいは貧困化の構造がなくなり、ODAを不要とするプロセス促進のため。

【方向転換3】地球規模の社会保障のODAへ

私たちは、世界のすべての人びとが安寧に生存するためには、国家や国境を越えた地球的な保障・保護の枠組みが必要だと考える。ODAも国家枠や狭い意味の国益にとらわれるべきではないと考える。

二一世紀における援助は、国家や国益にとらわれぬ地球規模の社会保障の役割を果たすことに徹すべきである。二〇〇〇年の国連総会は「ミレニアム開発目標(MDG)」を定め、国際社会に積極的な取り組みを要請した。MDGは、援助供与の対象となる地域住民の内発性、固有の文化を尊重しながら、極度の貧困と飢餓の撲滅、普遍的初等教育の達成、ジェンダーの平等の推進と女性の地位向上、幼児死亡率の削減、妊産婦の健康の改善、HIVその他の感染症の蔓延防止、環境の持続可能性の確保などを共通の目標に定めた。

貧困層をターゲットとするとき、必ずしも対象国のGNPでは計れない国内の地域間格差、階層間格差まで視野に入れた、きめ細かな方策が必要となる。日本のこれまでの国別援助計画は、マクロ経済指標にもとづいて援助方針を立てているが、上記目標を達成するには、人間開発指標ならびにその国内の社会発展状態をよく見極める必要があり、その意味で相手国のNGOならびに対象国で活動している日本のＮＧＯおよび国際ＮＧＯなどからのインプットが重要である。

ＤＡＣによる日本のＯＤＡに対する評価（The OECD Development Assistance Committee, *Peer Review of Japanese Development Co-operation*, Dec., 2002）も、この大綱改訂に関して、ＯＤＡの本来の開発目標が狭義の国益に従属させられてはならないという趣旨の警告を発している。

ＪＩＣＡ（国際協力機構）の緒方貞子理事長は、「日本の国益とは近隣の国々から信頼されることです」という趣旨の発言をしているが、「近隣の国々の人びとから信頼される国になること」という意味でこの発言を支持する。ＯＤＡを狭義の国益追求のための外交ツールとして利用するかぎり、貧しい国々や軍事支配下にある国々の人びとからの信頼をうることはできない。ＯＤＡ受入諸国の市民社会の批判的な意見にも率直に耳を傾けることは、ＯＤＡが本来の目的を達成するうえで重要である。

【方向転換４】 社会・経済・政治的弱者のためのＯＤＡへ

すでに述べたが、〇三年八月に閣議決定されたＯＤＡ大綱は、「我が国ＯＤＡの目的は、国際社会の平和と発展に貢献し、これを通じて我が国の安全と繁栄の確保に資することである」という表現で始まっている。地球社会の共通目標よりも「我が国の安全と繁栄」を強調している。五〇年間のＯＤＡの実績から判断すると、長期にわたって引き下げられてきた借款のタイド比率が近年ふたたび拡大しているなど、日本経済ひいては日本企業の利益を優先する方向で考えられているのではないかと懸念される。

新ODA大綱が「我が国の繁栄」という表現を取り入れたのは、不況下の日本の経済界、とくに建設業界をはじめとするODA関連業界からの声を反映したものであろうと推測される。

日本のODAがマクロレベルの経済成長とインフラ建設を重視してきたことは、すでに述べたとおりである。『政府開発援助(ODA)白書(二〇〇三年版)』でも、「貧困削減における経済成長、インフラの役割を重視してきており、こうした考え方を国際的な議論においても主張してきました」と、あえて述べている。

かつて世界銀行において日本のイニシアチブで『アジアの奇跡』という調査報告書を出し、そのなかでアジアの経済成長を賛美したが、その直後にアジア通貨・金融危機が起き、対外依存によって達成される経済成長の危うさが露呈した。とくにインドネシアにおいては、この通貨・金融危機は三三年間にわたって軍事独裁の座にあったスハルト政権の崩壊をもたらした。スハルト政権下のインドネシアは日本のODAの最大の受け手であった。日本のODA五〇年は、マルコス政権(フィリピン)やスハルト政権のような開発独裁政権と結びついて、大規模な国家プロジェクトを優先させてきたこと、そのなかで多くの人権抑圧、地域住民の生活破壊、環境破壊に加担してしまった歴史を反省しなければならない。

このインドネシアの事例からしても、マクロレベルの成長路線を最重点におくODA政策はやめるべきであり、本当に援助を必要とする社会・経済・政治的な弱者を主体にしたきめ細かなO

ＤＡ政策への大胆な転換が必要であると、私たちは考える。

2　私たちの提案

以上の基本的な考え方にもとづき、私たちは次の八項目を当面の具体的提案とする。

【提案1】ＯＤＡ基本法の制定を

日本の外交政策の重要な柱であるＯＤＡは、その立脚点を閣議決定という行政手続きで定めた「ＯＤＡ大綱」に置いているだけで、法律面での裏付けがない。これは、国民が選んだ代表によって構成される国会の関与を排除するもので、納税者である私たちの意向を反映する仕組みになっていないことを意味する。

すでに日本のＮＧＯは何度となくＯＤＡ基本法の制定を求めているが、いまだに実現していない。私たちは、ＯＤＡの基本理念、実施機関、政策決定過程、予算配分原則、実施原則などを細かに規定したＯＤＡ基本法の制定をあらためて求める。

【提案2】「国際援助省」の設置を

現行のODA実施体制は、大きくは外務省、JICA(国際協力機構)、JBIC(国際協力銀行)と三分され、さらには多くの省庁がかかわるため、省庁の縦割りの弊害や複雑な決定過程など、一貫性を欠くODA政策や非効率な実施が批判の対象の一つとなっている。これを克服するために、ODA関連業務を「国際援助省」に一元化することでODAの実施の透明性と政策的な整合性をはかるべきである。現在の一〇を越す省庁による実施体制は、省益による弊害と不透明性をもたらしている。そのうえ、外務省も含めて担当者は二〜三年で交代してしまうために、対象国に関する知識の蓄積、開発の人材育成ができていないことから、コンサルタント依存という結果をもたらしている。

【提案3】援助する側・される側双方住民の参加を原則に

さまざまな影響を受ける日本からのODAに対して、被援助国住民がその政策に関与することはほとんどない。また、日本の住民にしても自らの税や郵便貯金など財源にかかわっていながら、政策の企画立案にかかわることはない。そして、個別プログラムやプロジェクトの多くにおいても、残念ながら被援助国の住民や市民社会の声が届く体制にはなっていない。これらの人びとにとって参加は権利であり、エンパワメントが援助の基本目的だという観点から、情報公開はもちろん、実質的に参加できる体制・制度をつくっていかなければならない。

援助国・被援助国住民の双方が真に参画できるODAであるべきことは言うまでもない。被援助国住民が参画できるようにするためには、援助供与の条件として、住民の参画を促すよう供与国が求めるべきである。また、外務省や財務省が各種ＮＧＯとの定期協議により、一定程度ＮＧＯ参加の機会を開いていることは評価に値するが、それが本当に政策に反映されうるよう、さらなる努力を求めたい。

【提案４】債務問題の解決を

ＨＩＰＣｓ（重債務貧困国）に対して債務救済援助といった不透明なスキームを廃して債務削減に踏み切ったことは評価する。だが、従来の円借款、とくに八〇年代の高金利時の円借款による債務負担から脱出できていない国々に対して、大胆な債務解消の政策が講じられなければならない。

【提案５】すべての借款を無利子化・無償化へ

国際社会ならびに日本のＮＧＯからの批判もあって、ＯＤＡに占める借款の比率は徐々に下がってきてはいるが、依然としてＤＡＣ諸国のなかでトップである。過去半世紀、円借款は他の融資とともに多くの被援助国に多大な債務負担をもたらし、債務は貧困削減プロセスの重大な阻害要因となっている。本来、社会的弱者、最貧困層に向けられるべきＯＤＡがこうした構造的圧迫をもたらしてきた反省に立ち、新たな借款のルールを（イスラーム信用の原則を準用して）次のように明確にすべきである。

①ODAを構成するすべての借款は、無利子を原則とする。
②返済期間が長期にわたるために、返済完了までの為替差益と差損とは、貸し手と借り手の双方で公正に分担する。
③十分な調査と審査を経たうえに実施される借款である以上、返済完了までの期間、事業による利益と損失はともに、貸し手と借り手の双方に帰属する。

【提案6】アンタイド比率を一〇〇%に

一九九六年にはアンタイド比率一〇〇%であった日本のODA(借款部分)が、国内企業・経済界からの批判を受けて、〇一年にはアンタイド比率五九・五%にまで後退した(〇三年には九二・〇%)。

提案5で主張したような借款の無利子化などに加えて、アンタイド比率一〇〇%とすることを条件とすべきである。さらに、贈与部分についても、DACはアンタイド化の方針を打ち出し、前述の日本のODAに対する評価において日本のヒモ付き援助が他の援助国から際立っている点を批判している。現在、原則一〇〇%タイドで実施されている贈与部分も、一〇〇%アンタイド化が国際的潮流といえる。同時に、これらを単にアンタイドとするだけではなく、可能なかぎり対象国の企業や人材を登用できるようなプロジェクト内容としていくことが望ましい。

【提案７】実施パートナーにＮＧＯを

日本のＯＤＡに占めるＮＧＯへの資金供与の比率は、徐々に拡大してはきているが、依然として極度に小さい。かつ単年度主義であって、審査に時間がかかり、迅速な対応が困難など多くの弊害が指摘されている。ＮＧＯへの資金スキームをもっと大胆に増額すると同時に、長期的な視野をもって活動できるように、日本のＮＧＯの力量を育てていくような方向で転換すべきである。

【提案８】ガイドラインに効果的な拘束力を

「環境社会配慮確認のための国際協力銀行ガイドライン」および「ＪＩＣＡ環境社会配慮ガイドライン」が策定されたことは評価できる。だが、拘束力のないガイドラインは、絵に描いた餅となりかねない。したがって、ガイドライン違反への罰則規定を設けること、とくに民間部門などにも適用するためのモニタリング体制をとること、あるいはガイドライン策定以前のプロジェクトであっても明白な違反があった場合には必要に応じた補償あるいは修正に積極的に取り組むべきことなどを明文化すべきである。

＊この文章は、シンポジウム「アジアの人びとと語る日本のＯＤＡ五〇年」（アジア太平洋資料センター（ＰＡＲＣ）、国際協力ＮＧＯセンター（ＪＡＮＩＣ）、上智大学アジア文化研究所主催、二〇〇四年一〇月九日）においてＰＡＲＣが提出した文章の３節と４節に、読みやすくするための修正（改行、用字用語の統一など）や一部訂正を加えたものである。

年	時期区分 本書	時期区分 外務省	おもな動き
1984	ODA高度成長期	計画的拡充期	3月＝『我が国の政府開発援助(ODA白書)』刊行開始
1986			7月＝世銀との構造調整融資(SAL)開始 「マルコス文書」流出でODA批判高まる
1987			7月＝ノン・プロジェクト無償資金協力開始 9月＝国際緊急援助隊創設 10月＝国際協力の日制定
1988			5月＝国際協力構想発表 7月＝総務庁「ODAに関する行政監察結果」発表
1989			4月＝草の根無償資金協力開始 12月＝ODA実績、DAC諸国中初の第1位
1990			7月＝対世銀借款を全額返済完了、イラク周辺国緊急支援
1991	冷戦終結と新たなODAの模索期	政策・理念充実期	1月＝国際ボランティア貯金開始 4月＝ODA 4指針発表 12月＝対カンボジア援助再開
1992			ODA大綱閣議決定 11月＝対ベトナム円借款再開
1993			9月＝第1回カンボジア復興国際委員会会合 10月＝アフリカ開発会議開催
1994			6月＝バタンガス港(フィリピン)拡張計画で住民銃撃事件
1995			5月＝緊急無償・民主化支援開始
1996			7月＝対ラオス援助再開
1997			5月＝ODA改革懇談会発足
1998			12月＝特別円借款新設
1999			10月＝国際協力銀行(JBIC)発足
2000			1月＝特別円借款対象国の拡大
2001	新ナショナリズム時代		9月＝アフガニスタン周辺国緊急支援
2002			1月＝鈴木宗男疑惑 6月＝ODA総合戦略会議発足 9月＝コトパンジャン・ダム被害者住民、日本政府などを提訴
2003		新たな時代への対応	7月＝コトパンジャン・ダム訴訟第1回口頭弁論 8月＝新ODA大綱閣議決定 10月＝独立行政法人国際協力機構(JICA)発足
2004			11月＝外務省「ODA 50年の成果と歩み」発行
2005			2月＝新ODA中期政策発表
2006			2月＝「海外経済協力に関する検討会」最終報告(JBIC分割など)

(注) 藤林泰「日本のODAの半世紀～対東南アジア関係を中心に」(『オルタ』2003年8・9月号)をもとに、2003年8月以降を追加して作成。

〈年表〉日本のODA

年	時期区分 本書	時期区分 外務省	おもな動き
1946	戦後復興期	戦後復興期	対日ガリオア・エロア資金供与開始
1950			12月＝日本輸出入銀行設立
1953			世界銀行対日融資開始
1954			10月＝コロンボ・プラン加盟 11月＝対ビルマ賠償協定調印(日本のODA事業の開始)
1955	前走期：賠償とODAの並走	体制整備期	7月＝外務省アジア局に賠償部設置、対タイ特別円処理協定調印
1956			5月＝対フィリピン賠償協定調印
1958			1月＝対インドネシア賠償協定調印 2月＝円借款事業開始(インド) 10月＝対ラオス経済・技術協力協定調印
1959			3月＝対カンボジア経済技術協力協定調印 4月＝外務省経済協力部設置 5月＝対南ベトナム賠償協定調印
1960			3月＝開発援助グループ(DAG)加盟 12月＝国際開発協会(IDA、第2世銀)加盟
1961			3月＝海外経済協力基金(OECF)設立
1962			5月＝外務省経済協力局設置 6月＝海外技術協力事業団(OTCA)設立
1964			4月＝OECD(経済協力開発機構)加盟 5月＝アジア局賠償部を経済協力局に統合
1965			4月＝青年海外協力隊(JOCV)発足
1966			インドネシアに最初の商品借款(108億円)供与
1968			7月＝食糧援助開始
1969	経済益追求期		一般無償資金協力開始
1974			8月＝国際協力事業団(JICA)設立 アサハン開発借款(インドネシア)供与 水産無償援助開始
1975			4月＝文化無償資金協力開始 7月＝対外経済協力閣僚協議会発足
1976			4月＝災害緊急援助開始 対フィリピン賠償完了
1977		計画的拡充期	4月＝食糧増産援助開始 8月＝福田ドクトリン発表
1978	ODA高度成長期		4月＝債務救済無償資金協力開始 7月＝ODA第1次中期目標(3年で倍増計画)発表
1979			12月＝対中国円借款開始表明
1981			1月＝ODA第2次中期目標策定(5年で倍増)発表

〈参考文献〉


朝日新聞「援助」取材班『援助途上国ニッポン』朝日新聞社、一九八五年。

ヴォッフガング・ザックス編、イヴァン・イリッチ他著、三浦清隆他訳『脱「開発」の時代――現代社会を解読するキイワード辞典』晶文社、一九九六年。

ODA研究会「日本の開発援助における『環境配慮』の強化方策について：NGOからの提言」一九八九年。

ODA研究会『ODA資料集』ODA調査研究会、一九八九年。

小浜祐久『ODAの経済学』日本評論社、一九九二年。

外務省編『サン・フランシスコ会議議事録』一九五一年。

外務省戦後外交史研究会編『日本の外交三〇年――戦後の軌跡と展望』世界の動き社、一九八二年。

グレアム・ハンコック著、武藤一羊監訳『援助貴族は貧困に巣喰う』朝日新聞社、一九九二年。

下村恭民『ODAの現場で考える』外国為替貿易研究会、一九九一年。

ジョン・ダワー著、大窪愿二訳『吉田茂とその時代(下)』中央公論社、一九九一年。

鈴木健二『国際派議員と利権の内幕――ODA(政府開発援助)に群がる政治家たち』エール出版、一九八九年。

鷲見一夫『ODA援助の現実』岩波書店、一九八九年。

鷲見一夫「政府開発援助(ODA)と環境破壊――「開発」モデルと「援助」モデルの破綻」『公害研究』第一九巻第三号、一九九〇年。

鷲見一夫『きらわれる援助――世銀・日本の援助とナルマダ・ダム』築地書館、一九九〇年。

鷲見一夫『ノー・モアODAばらまき援助』JICC出版局、一九九二年。

日本国際ボランティアセンター『NGOの選択――グローバリゼーションと対テロ戦争の時代に』めこん、二〇〇五年。

日本弁護士連合会公害対策・環境保全委員会編『日本の公害輸出と環境破壊――東南アジアにおける企業進出とODA』日本評論社、一九九一年。

賠償庁・外務省共編『対日賠償文書集』第一巻、第三巻、一九五一年。

ハワード・B・ショーンバーガー著、宮崎章訳『占領一九四五〜一九五二――戦後日本をつくりあげた八人のアメリカ人』時事通信社、一九九四年。

PP21ODA調査研究会編『ODA報告集』ODA調査研究会、一九八九年。

福家洋介・藤林泰編著『日本人の暮らしのためだったODA』コモンズ、一九九九年。

藤林泰・長瀬理英編著『ODAをどう変えればいいのか』コモンズ、二〇〇二年。

毎日新聞社会部ODA取材班『国際援助ビジネス――ODAはどう使われているか』亜紀書房、一九九〇年。

前田俊彦『百姓は米をつくらず田をつくる』海鳥社、二〇〇三年。

松井やより『市民と援助――いま何ができるか』岩波書店、一九九〇年。

松浦晃一郎『援助外交の最前線で考えたこと』国際協力推進協会、一九九〇年。

武者小路公秀『人間安全保障論序説――グローバル・ファシズムに抗して』国際書院、二〇〇三年。

村井吉敬・ODA調査研究会『無責任援助ODA大国ニッポン』JICC出版局、一九八九年。

村井吉敬編著『検証ニッポンのODA』コモンズ、一九九七年。

山本剛士『日本の経済援助――その軌跡と現状』社会思想社、一九八八年。

吉川洋子『日比賠償外交交渉の研究』勁草書房、一九九一年。

渡辺昭夫・宮里政玄編『サンフランシスコ講和』東京大学出版会、一九八六年。

渡辺利夫・草野厚『日本のODAをどうするか』日本放送出版協会、一九九一年。

【著者紹介】

内海《うつみ》　愛子《あいこ》　1941年生まれ。恵泉女学園大学名誉教授。主著『戦後補償から考える日本とアジア』(山川出版社、2002年)、『スガモプリズン――戦犯たちの平和運動』(吉川弘文館、2004年)、『日本軍の捕虜政策』(青木書店、2005年)。なぜ90年代になって、戦争で被害を受けたアジアの人たちが日本に補償を要求したかを調べるうちに、冷戦下の賠償とODAの問題に行き着きました。

村井《むらい》　吉敬《よしのり》　1943年生まれ。早稲田大学アジア研究機構教員、インドネシア民主化支援ネットワーク(Nindja)コアメンバー。主著『エビと日本人』(岩波新書、1988年)、『サシとアジアと海世界』(コモンズ、1998年)、『スハルト・ファミリーの蓄財』(コモンズ、共著、1999年)など。ODA問題に市民の立場から長い間かかわってきたが、本当は東南アジアの海辺をのんびりと歩くのが趣味。早くODA問題を「卒業」したい。

金子《かねこ》　文夫《ふみお》　1948年生まれ。横浜市立大学教員。主著『近代日本における対満州投資の研究』(近藤出版社、1991年)、『顔のない国際機関――IMF・世界銀行』(学陽書房、共著、1995年)、『復興期の日本経済』(東京大学出版会、共著、2002年)。多国籍企業、ODA、FTA、東アジア共同体などを市民の視点から調べています。

越田《こしだ》　清和《きよかず》　1955年生まれ。さっぽろ自由学校「遊」、ほっかいどうピースネット。共著『ODAをどう変えればいいのか』(コモンズ、2002年)、『アジアの先住民族』(解放出版社、1995年)など。故郷の札幌に戻り、あらためて植民地支配とは何か、開発とは何かを考えながら、「底ぬけビンボー暮らし」をしています。

井上《いのうえ》　礼子《れいこ》　1946年生まれ。市民研究家。共著『徹底解剖100円ショップ』(コモンズ、2004年)、『自由貿易はなぜ間違っているのか』(現代企画室、2003年)、訳書『新しい支配者たち』(岩波書店、2004年)。ODAは国境を超えた地球規模での社会福祉として貧しい人びとの生活を守り、環境を守るために役立つことが求められている。

松本《まつもと》　悟《さとる》　1963年生まれ。(特活)メコン・ウォッチ代表理事。主著『被害住民が問う開発援助の責任』(築地書館、2003年)、『メコン河開発』(築地書館、1997年)、『シリーズ国際開発第3巻――生活と開発』(日本評論社、共著、2005年)など。ODAの問題を考え始めて20年。いまも被害はなくならない。自らの問題解決アプローチも問わないといけないと思う毎日です。

久保《くぼ》　康之《やすゆき》　1968年生まれ。インドネシア民主化支援ネットワーク(Nindja)コアメンバー。編著『ODAで沈んだ村』(コモンズ、2003年)、共著『ODAをどう変えればいいのか』(コモンズ、2002年)など。日本のODA事業によって影響、被害を受けたインドネシアの人びとのもとに通いながら、「開発」の問題を考えています。

普川《ふかわ》　容子《ようこ》　1972年生まれ。アジア太平洋資料センター理事。共著『トルコ人のヨーロッパ――共生と排斥の多民族社会』(明石書店、1995年)。途上国の債務問題に「ハマッて」きました。今後は貿易や直接投資なども見過ごせない！と思っています。

中村《なかむら》　尚司《ひさし》　1938年生まれ。龍谷大学研究フェロー。主著『人びとのアジア』(岩波書店、1994年)、『地域自立の経済学』(日本評論社、1998年)、『豊かなアジア貧しい日本』(学陽書房、1989年)。内外人平等主義を原則にして、日本社会の内でも海外でも対等なパートナーのネットワークを拡げたい。

徹底検証ニッポンのODA

二〇〇六年四月五日　初版発行
二〇〇八年六月五日　二刷発行

編著者　村井吉敬

発行者　大江正章
発行所　コモンズ
東京都新宿区下落合一-五-一〇-一〇〇二
TEL〇三（五三八六）六九七二
FAX〇三（五三八六）六九四五
振替　〇〇一一〇-五-四〇〇一二〇
info@commonsonline.co.jp
http://www.commonsonline.co.jp/

印刷・東京創文社／製本・東京美術紙工
乱丁・落丁はお取り替えいたします。

ISBN 4-86187-020-8 C 1030

＊好評の既刊書

ＯＤＡをどう変えればいいのか
●藤林泰・長瀬理英編著　本体２０００円＋税

日本人の暮らしのためだったＯＤＡ
●福家洋介・藤林泰編著　本体１７００円＋税

ヤシの実のアジア学
●鶴見良行・宮内泰介編著　本体３２００円＋税

カツオとかつお節の同時代史　ヒトは南へ、モノは北へ
●藤林泰・宮内泰介編著　本体２２００円＋税

アチェの声　戦争・日常・津波
●佐伯奈津子　本体１８００円＋税

いつかロロサエの森で　東ティモール・ゼロからの出発
●南風島渉　本体２５００円＋税

開発援助か社会運動か　現場から問い直すＮＧＯの存在意義
●定松栄一　本体２４００円＋税

地球買いモノ白書
●どこからどこへ研究会　本体１３００円＋税

歩く学問　ナマコの思想
●鶴見俊輔・池澤夏樹・村井吉敬・内海愛子ほか　本体１４００円＋税

＊好評の既刊書

サシとアジアと海世界
●村井吉敬　本体1900円＋税

スハルト・ファミリーの蓄財
●村井吉敬・佐伯奈津子・久保康之・間瀬朋子　本体2000円＋税

軍が支配する国インドネシア
●S・ティウォン編著　福家洋介ほか訳　本体2200円＋税

日本軍に棄てられた少女たち
●プラムディヤ・アナンタ・トゥール　山田道隆訳　本体2800円＋税

地域漁業の社会と生態
●北窓時男　本体3900円＋税

バングラデシュ農村開発実践研究
●海田能宏編著　本体4200円＋税

北朝鮮の日常風景
●石任生撮影・安海龍文・韓興鉄訳　本体2200円＋税

『マンガ嫌韓流』のここがデタラメ
●太田修・朴一・姜誠ほか　本体1500円＋税

開発NGOとパートナーシップ　南の自立と北の役割
●下澤嶽　本体1900円＋税